빅데이터 시대에 **10대**가 꼭 알아야 할

삼국지 1

도원결의

빅데이터 시대에 **10대**가 꼭 알아야 할

삼국지 1

도원결의

양승욱 지음

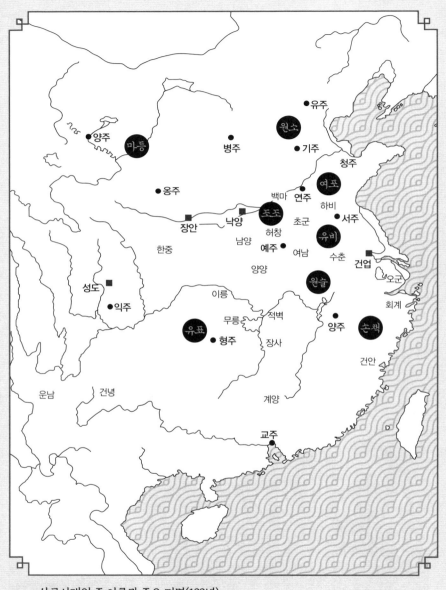

삼국시대의 주 이름과 주요 지명(199년)

삼국지 인물 소개

한나라

영제 한나라의 12대 황제. 살아생전 환관들이 권력을 독차지하고 매관매직을 일삼게 끔 방치했다. 나라가 혼란해진 틈을 타 황건적이 난을 일으켰고, 이후 삼국시대 가 열리게 된다.

헌제 한나라의 14대 황제이자 마지막 황제. 낙양에 입성한 동탁에 의해 강제로 황제 가 되었다. 이후 강력한 세력들에게 이리저리 휘둘리는 꼭두각시 같은 처지가 된다.

십상시 영제 때 정권을 잡고 휘두른 열 명의 환관들. 부정부패와 매관매직을 일삼으며 백성들을 가혹하게 착취했다.

하진 영제의 황후인 하씨의 오빠. 원래 백정이었으나 여동생이 후궁이 되자 관직에 올랐다. 황건적의 난이 일어나자 대장군에 임명되어 총지휘를 맡았다.

왕윤 한나라의 고위 관리. 충성이 깊고 올곧은 성격이라 오래도록 황실을 모셨다. 역 적 동탁을 물리치기 위해 애쓰다 결국 동탁과 여포의 사이를 이간질하는 데 성 공한다.

유비군

유비 자는 현덕. 황실의 먼 친척이다. 팔이 아주 길어 무릎에 닿을 정도고, 귀가 커서 거울 없이도 볼 수 있었다고 한다. 황건적으로부터 백성들을 구하기 위해 관우, 장비와 만나 도원결의를 하고 의병을 일으킨다. 어진 인품으로 주변을 다스렸으 며, 훗날 촉나라의 첫 번째 황제가 된다.

관우 자는 운장. 유비, 장비의 의형제다. 청룡언월도를 휘두르는 강력한 장수로, 오늘 날에도 중국에서 가장 유명한 인물 중 하나다. 수염이 길고 아름다워 '미염공'이 라는 별명으로도 불린다.

장비 자는 익덕. 유비, 관우의 의형제다. 장팔사모를 휘두르는 용맹한 장수로, 술을 지나치게 좋아하는 것이 흠이다. 성격이 불같고 호탕해 의롭지 못한 일을 참지 못한다.

조조군

조조 자는 맹덕. 군인 출신으로 황건적의 난 때 실력을 드러낸 뒤 힘을 키워 반동탁 연합군에서 중요한 역할을 한다. 여러 인재를 널리 불러 모아 커다란 세력을 만드는 데 성공한 이후에는 황제를 손에 넣고 이용한다. 훗날 위나라의 첫 번째 황제가 된다.

하후돈 자는 원양. 조조 휘하의 장수이자 친척. 조조가 군사를 일으킬 때부터 죽을 때까지 계속해서 곁을 지켰다. 전쟁터에서 화살에 맞아 왼쪽 눈을 잃고도 용맹하게 군사를 이끈 것으로 유명하다.

전위 조조 휘하의 군인. 조조의 군대가 장수의 함정에 빠지자 온몸이 화살에 맞아 고슴도치처럼 될 때까지 자리를 지켜 조조가 도망칠 수 있게 했다. 조조는 장남과 조카를 잃은 것보다 전위를 잃은 슬픔이 더 크다고 할 정도로 전위를 아꼈다.

동탁군

동탁 자는 중영. 서쪽의 강족과 맞서 싸우던 군벌 출신. 십상시의 난 이후 혼란해진 상황을 틈타 정권을 잡는다. 황제를 마음대로 바꾸고 백성들을 학살하는 등 악독한 짓들을 저질렀다. 훗날 동탁을 쓰러트리기 위해 모인 반동탁 연합군에게 집중 공격을 당한다.

화웅 동탁의 휘하 장수. 사수관으로 밀어닥친 반동탁 연합군과 맞서 싸워 압도적인 힘으로 많은 장수의 목을 베었다.

여포군

여포 자는 봉선. '말 중에는 적토마, 사람 중에는 여포'라는 말이 있을 정도로 천하제일의 무술 실력을 뽐낸다. 원래 정원의 양아들이었지만 배신하고 동탁의 양아들이 된다. 이후 다시 동탁을 배신하고 죽이기 때문에 '아비만 셋인 후레자식'이라고 모욕당한다. 동탁, 유비, 조조 등과 끊임없이 맞서 싸우며 강력한 힘을 자랑한다.

진궁 자는 공대. 여포 휘하의 참모. 처음에는 동탁을 암살하려다 실패하고 도망치는 조조를 돕지만 조조를 신뢰하지 못하고 떠난다. 이후 장막을 거쳐 여포의 휘하에 들어가 많은 조언을 하지만 대체로 받아들여지지 않는다. 결국 여포와 최후를 함께한다.

원소군

원소 자는 본초. 4대에 걸쳐 삼공을 배출한 명문가 출신으로 원술의 친척 형이기도
하다. 반동탁 연합군의 맹주 자리에 추천받는 등 주변으로부터 널리 인정을 받
는다. 이후 공손찬과는 기주를 두고, 조조와는 예주를 두고 경쟁하는 등 강력한
세력으로 성장한다.

공손찬군

공손찬 자는 백규. 명문 공손 가문의 후계자로 유비와는 노식 밑에서 같이 공부한 사이.
북방의 선비족, 오환족과 싸우며 세력을 키웠다. 활을 잘 쏘는 병사를 모아 흰말
에 태운 부대 '백마의종'을 조직했으며 공손찬 본인은 '백마장군'이라고 불린다.
원소와는 기주를 두고 크게 싸운다.

조운 자는 자룡. 처음에는 원소군에 있었으나 공손찬군으로 소속을 옮긴다. 이때 공
손찬을 공격하는 문추와 호각으로 맞서 싸우는 모습을 보여 공손찬의 눈에 든
다. 비슷한 시기 공손찬의 신세를 지고 있던 유비와 인연을 맺고, 공손찬의 명에
따라 돕기도 한다. 훗날 공손찬이 힘을 잃은 이후에는 유비군에 합류해 죽을 때
까지 충성을 다한다.

손책군

손책 자는 백부. '강동의 호랑이'라 불렸던 손견의 아들이자 훗날 오나라의 첫 번째 황
제가 되는 손권의 형. 미모가 아름다워 '손랑'이라고 불리는 한편 아버지만큼이
나 무예가 뛰어나 작은 항우라는 의미로 '소패왕'이라고 불리기도 한다. 17살이
라는 어린 나이에 군주가 되어 유표, 원술 등과 싸우며 오나라의 기틀을 닦는다.

주유 자는 공근. 손책의 오랜 친구이자 휘하 장수. 손책에게 많은 인재를 추천했으며
주유 본인은 손책에 이어 손권까지 곁에서 모신다. 공연으로도 유명한 '적벽가'
의 주인공 중 한 명이다.

《삼국지》는 명나라 시대 나관중이 역사적 사실을 기반으로 쓴 중국 최초의 장편 소설입니다. 원래 제목은 '삼국지통속연의'인데, 줄여서 '삼국지연의'라고 부릅니다. 《삼국지》는 《서유기》, 《수호지》, 《금병매》와 함께 중국의 4대 기서로 불리며 오랜 기간 중국인들의 마음을 사로잡아 왔습니다. 또한 중국을 넘어 한국과 일본을 비롯한 동양 문화권에서 수백 년간 필독서로 사랑받고 있습니다. 《삼국지》 속 이야기들은 영화와 드라마로 계속해서 제작되고 있지요.

《삼국지》는 소설이지만 역사적 사실을 기반으로 하고 있습니다. 그래서 삼국지를 제대로 이해하려면 중국의 역사에 대한 사전 지식이 필요합니다. 중국을 최초로 통일한 사람은 진나라의 시황제입니다. 그는 황제라는 칭호를 처음 사용한 인물로, 만리장성을 완성한 것으로 유명하지요.

그러나 진시황의 통일 제국은 불과 15년 만에 멸망했습니다. 이후 초나라 항우와 한나라 유방이 일어나 천하를 통일하여 중국 대륙을 지배하기 위한 전쟁을 벌였습니다. 이 전쟁에서 승리한 유방이 중국의 두 번째 통일 왕조를 세웠는데, 그 나라가 바로 삼국지의 무대가 되는 한나라입니다.

한나라는 제14대 황제인 평제 때에 이르러 외척인 왕망의 반란으로 멸망했고, 왕망은 '신'나라를 세우고 황제에 올랐습니다. 그러나 왕망에 세운 나라도 불과 15년 만에 유방의 후손인 유수에 의해 멸망하고 맙니다.

유수는 다시 한나라를 세우고 낙양을 수도로 삼았는데, 역사서는 유방이 세운 한나라를 '전한', 유수가 세운 한나라를 '후한'으로 구분하여 기록하고 있습니다.

한나라는 찬란한 문화를 꽃피우며 전한과 후한을 합쳐 무려 400년간 중국 대륙을 지배했습니다. 그러나 후한의 12대 황제인 영제 때 황건적의 난을 계기로 나라의 운명이 다하게 됩니다.

후한 말, 십상시라는 열 명의 환관이 권력을 잡으며 나라를 혼란에 빠뜨렸습니다. 민심이 흉흉해지자 그 틈을 이용하여 태평도의 수령인 장각이 신도들을 이끌고 반란을 일으켰는데, 이들은 머리에 황색 두건을 썼기 때문에 '황건적'이라 불렸습니다.

황건적의 난이 진압된 후 한나라는 급격하게 무너지기 시작했고, 조조의 위나라, 손권의 오나라, 유비의 촉나라가 중국 대륙을 놓고 다투는 '삼국시대'가 열리게 됩니다. 《삼국지》는 한나라 왕조의 몰락부터 위 · 촉 · 오 삼국의 패권 다툼, 그리고 사마염에 의한 진나라의 천하통일에 이르는 전 과정을 기록하고 있습니다.

《삼국지》는 역사적 사실과 허구의 조화로운 결합을 통하여 다채로운 인물 묘사, 깊이 있는 주제 의식, 뛰어난 문학적 가치를 보여 주는 훌륭한 문학 작품입니다. 그래서 누구나 한 번은 꼭 읽어야 할 필독서라고 말합니다.

이 책을 읽는 모든 이가 중국 대륙을 누비며 웅지를 펼쳤던 영웅호걸들과 같은 큰 꿈을 가슴에 담게 되기를 바랍니다.

지은이 양승욱

차례

1

황건적의 난

"천하의 대세를 논하건대 합한 지 오래면 반드시 나뉘며, 나뉜 지 오래면 반드시 합한다."

중국 역사서의 기록에 따르면, 중국에 첫 왕조 시대를 연 것은 하나라였다. 이때가 기원전 2200년경이다.

하 왕조는 기원전 1750년경 상나라의 통치자에게 정복되었고, 상 왕조는 그때부터 약 700년 동안 존속했다. 하지만 상 왕조 역시 기원전 1045년경 주나라에 정복되어 멸망했다.

기원전 770년 주나라의 수도 호경이 두 제후국에 정복된 후 중국은 140여 개의 왕조가 일어나 천하를 놓고 전쟁을 벌이는 춘추시대로 접어들었다.

그들이 서로 싸우면서 흥하고 망하기를 반복하다가, 기원전 475년에는 전국 7웅[1]이라 불리는 일곱 나라가 패권을 다투는 전국시대를 열게 된다.

기원전 221년, 진나라의 왕 정이 다른 여섯 나라를 정복하고 황제의 자리에 오르니, 그가 바로 진의 시황제이다.

진시황제의 천하 통일로 중국은 전국시대의 막을 내리고, 역사상 첫 통일 국가 시대를 열었다. 그러나 진나라도 기원전 210년 진시황제가 죽자, 전국에서 반란이 일어나 곧 멸망하고 만다.

진나라가 멸망하자, 항우가 세운 초나라와 유방이 세운 한나라가 일어나 천하를 놓고 격돌했다. 이 싸움에서 승리한 유방의 한나라는 진나라에 이어 두 번째 통일 국가 시대를 열었다.

한나라는 200년간 전성기를 누리다가, 황제의 외척인 왕망이 반란을 일으켜 신나라를 세우면서 그 역사가 잠시 중단된다.

기원전 25년에 유방의 9대 후손인 유수, 훗날의 광무제가 왕망을 몰아내고 한 왕조를 이으니, 이를 전 왕조와 구분하여 후한이라 불렀다.

후한은 광무제 때 나라가 크게 발전하여 환제 때까지 번성하다가 12대 황제인 영제 때에 이르러 나라의 운명이 급격하게 기울게 된다.

168년 11대 황제인 환제가 죽고, 그의 조카인 유굉이 황제를 계승하니 그가 영제였다. 영제의 재위 기간에 열 명의 환관들이 권력을 잡고 온갖 악행을 다 저지르니 세상 사람들은 이들을 가리켜 십상시라고 불렀다.

십상시는 고위 관직을 독점하면서 매관매직[2]을 일삼았다. 또한, 뇌물을 받고 이권을 챙겨 주고, 탐관오리[3]의 비리를 덮어 주면서 영제의 눈을 가리고 귀를 먹게 했다.

영제는 십상시의 우두머리인 장양을 지나치리만큼 믿고 의지한 나머지 '아버지'라고 불렀다. 황제가 이 모양이니 나라 꼴은 말이 아니었다. 그야말로 총체적 난국이었다.

십상시로 인해 조정이 부패하니 덩달아 탐관오리들이 날뛰며 백성들의 고혈을 빨았다. 엎친 데 덮친 격으로 홍수와 지진에 전염병까지 창궐하니 백성들의 고통은 이루 말할 수 없는 지경에 이르렀다.

이 무렵 거록 땅에 장씨 삼 형제가 살았는데 첫째의 이름은 장각, 둘째는 장보, 막내는 장량이었다.

장각은 어느 날 약초를 캐러 깊은 산속에 들어갔다가 남화산의 늙은 신선을 만났다.

신선은 장각에게 태평요술이라는 세 권의 책을 주면서 이렇게 당부했다.

"너는 이 책을 배우고 익혀서 하늘을 대신하여, 고통에 신음하는 모든 백성을 구제하여라. 만약 네가 딴생각을 품고 이 책에서 배운 능력을 나쁜 일에 사용하면, 반드시 화를 당할 것이다."

"명심하겠습니다."

장각은 집으로 돌아온 뒤 태평요술을 밤낮으로 공부하여, 마침내 비바람을 부르고 질병을 고치는 능력을 얻게 되었다.

때마침 나라에 전염병이 크게 돌자 장각은 부적과 약수를 사용하여 병자들을 치료해 주었다. 그 소문을 듣고 찾아오는 환자들로 장각의 집 앞은 늘 인산인해⁴를 이루었다.

장각은 스스로 자신을 태평도인, 대현량사라 칭하며 태평도를 세웠는데, 그의 제자가 되려는 사람들이 구름 떼처럼 모여들었다. 이때 장각의 제자는 5백 명에 이르렀고, 이들은 모두 부적을 쓰고 주문을 외울 줄 알았다.

장각은 제자 중 여덟 명을 선발하여 청주, 서주, 유주, 기주, 형주, 양주, 연주, 예주 등 여덟 개 주에 보내 포교 활동을 펼치게 했다. 이후 장각을 따르는 무리를 태평도라고 불렀다. 태평도의 신도가 늘어 그 수가 30여만 명에 이르자 장각은 마침내 천하를 얻겠다는 야심을 드러냈다.

"백성의 뜻은 하늘의 뜻이라 했다. 백성들이 나를 믿고 따르니, 분명 하늘도 나에게 천하를 허락할 것이다."

장각은 신도들을 36개 방으로 나누고, 각 방에 우두머리를 세운 뒤, 두 동생 중 장보를 지공장군, 장량은 인공장군이라 명하고, 자신은 스스로 천공장군이라 하였다.

그는 곧 신도들에게 머리에 누런 두건을 쓰게 한 뒤, 자신이 만든 노래를 널리 퍼뜨리게 했다.

"푸른 하늘은 죽고 누런 하늘이 마땅히 일어나니, 갑자년에 천하가 크게 길하리라."

이는 푸른 하늘(한나라)을 멸망시키고, 새로 누런 하늘(황건적의 나라)을 연다는 것을 의미했다. 즉 장각 자신이 황제가 되려는 야심을 공표한 것이다.

장각을 따르는 신도들은 집마다 다니며 대문 위에 '갑자(甲子)'라는 글자를 써 두고, 미혹된 백성들은 집 안에 '대현량사 장각'이라는 이름을 써서 신처럼 모시고 받들었다.

장각은 낙양 지역을 책임진 대수(방의 우두머리) 마원의를 시켜, 십상시 중 하나인 환관 봉서를 포섭하고, 본격적인 거병을 준비했다.

184년, 장각은 제자인 당주를 시켜 환관 봉서에게 밀서를 전하게 했다. 하지만 당주는 장각을 배신하고 관청에 반란 계획을 밀고했다. 그 결과 마원의는 낙양에서 수레에 찢겨 죽는 형벌을 당했고, 마원의와 함께 거사를 준비하던 환관 봉서, 태평도 신도 천여 명은 모두 사로잡혀 투옥되거나 살해당했다.

거사 계획이 탄로 나자 장각은 모든 방에 일제히 봉기하라고 명했다.

"썩어 빠진 한나라는 곧 망할 것이다! 내가 새 세상을 열고, 태평성대[5]를 누리게 할 것이다. 모두 나를 따르라!"

장각의 명에 따라 청주, 서주, 유주, 기주, 형주, 양주, 연주, 예주 등 여덟 개 주의 태평도 신도들이 동시에 거병하니 그 수가 40~50만 명에 이르렀다. 이들은 누런 두건을 머리에 썼다는 의미로 황건, 또는 아적이라고도 불렸다.

황건적이 강력한 태풍처럼 각 고을을 사납게 휩쓸고 지나가자, 겁을 집어먹은 관군은 제대로 대항조차 못 한 채 도망치기에 급급했다. 황건적은 관청을 불태우고 약탈을 일삼았다. 천하가 그들에게 호응하자 황궁에는 비상이 걸렸다.

영제는 대장군 하진에게 황건적 토벌을 명한 뒤, 전국에 조서를 내려 각처의 방비를 굳게 하고, 황건적을 쳐서 공을 세우라고 명했다.

하진은 즉시 자신의 집무실로 북중랑장 노식, 좌중랑장 황보숭, 우중랑장 주준을 불렀다.

"청주와 유주, 기주 등 8주가 황건적의 수중에 넘어가는 것은 시간 문제라는 급보가 있었소. 황건적을 토벌하는 데, 장군들의 힘이 필요하오."

하진이 황건적의 반란으로 빚어진 위급한 상황을 설명하자 세 사람의 표정은 어두워졌다. 적은 수의 관군으로 수많은 황건적을 상대하는 것에 부담을 느꼈기 때문이다.

"황건적은 50만에 이르는 대군입니다. 적은 병력으로 그들을 상대하려면 젊고 유능한 장수들이 필요합니다."

북중랑장 노식이 말했다.

"말씀만 하시오. 원하는 장수가 있다면 누구든지 데려가도 좋소."

하진이 흔쾌히 승낙하자 세 사람은 몹시 기뻐했다. 생사를 넘나드는 전투에서 장수의 역할이 무엇보다 중요하다는 것을 그들은 오랜 경험에서 터득하고 있었다.

황보숭은 조조를 지명했다.

조조 맹덕은 한나라 영제 3년에 열여덟의 나이로 조정에 출사하여 낭(의랑·중랑·시랑 등 관직의 총칭)에 부임했다. 젊고 야심에 찬 그는 낙양 북도위(치안 책임자)가 된 후 십상시 중 한 명인 건석의 숙부가 조카의 권세를 믿고 국법을 어기자, 그 죄를 물어 처형했다.

십상시는 황제를 자신들의 꼭두각시로 만들어 권력을 독점하고 한나라 조정을 쥐락펴락하는 실세 중 실세였다. 그런 건석의 숙부를 처형한다는 것은 목숨을 건 위험한 일이었다.

조조는 이 일로 건석의 분노를 사게 되었고, 목숨의 위협을 받기도 했다. 하지만 국법을 소신 있게 집행한 조조의 행동과 용기는 많은 이들의 지지를 얻었고, 결국 건석도 숙부의 복수를 포기해야만 했다. 이 일로 조조는 낙양 일대에 명성을 널리 떨치게 되었다.

주준은 손견을 선택했다. 손견 문대는 회계의 허창이라는 자가 스스로 양명 황제라 칭하며 반란을 일으키자, 1천의 의병을 모아 관군과 함께 수만에 이르는 반란군을 진압했다.

이 일로 손견의 명성은 높아졌고, '강동의 호랑이'라는 별호를 얻게 되었다. 조정에서도 그의 공적을 인정하여 염독현의 승(차관)에 임명했고, 이후 간태, 하비현에서도 같은 직책을 맡겼다.

"두 분이 모두 훌륭한 장수들을 선택했으니, 이번엔 내 차례요. 나는 원소를 데려가겠소."

노식이 선택한 원소 본초의 가문은 4대에 걸쳐 삼공[6]을 배출한 최고의 명문가였다. 그는 명문가 출신임에도 신분을 따지지 않고 사람들과 어울려 백성들 사이에서 인기가 높았다. 대장군 하진의 휘하에서 관직 생활을 시작하여 시어사(관리들의 비리를 감찰하는 직책)를 거쳐 사례교위(수도의 치안과 수비를 담당하는 직책)로 승진했다.

세 명의 중랑장이 각자 마음에 드는 젊은 장수들을 지명하자 하진은 세 사람에게 도합 군사 4만 명을 주고, 노식은 기주, 황보숭과 주준은 예주로 파견하여 황건적을 진압하게 했다.

한편, 장각의 명을 받은 황건적의 장수 정원지는 5만 명의 부하를 이끌고 기세등등하게 유주로 쳐들어갔다. 유주 태수 유언은 그 사실을 보고받고 교위인 추정과 대책을 논의했다. 추정이 의견을 냈다.

"황건의 무리는 어림잡아 수만에 이르고, 우리 군사는 그 수가 적으니 당장 의병을 모아 대항하십시오."

유언은 그 말에 공감하여 곧 경내 곳곳에 공고문을 내걸고, 의병을 모집했다.

2

도원결의

당시 유주 탁군의 탁현에 한나라 황실의 후손이 살았는데, 그의 이름은 유비, 자는 현덕이었다. 그는 보통 사람들과는 다른 신체적 특징이 있었다.

키가 8척에 얼굴은 옥같이 희고, 입술은 유난히 붉었으며, 팔은 무릎에 닿을 만큼 길었고, 유난히 큰 귀는 어깨까지 축 늘어져 있었다.

유비는 원래 전한의 6대 황제인 경제의 아들 중산정왕 유승의 후예로서 한나라 황실의 종친이었다. 그의 선대인 유승의 아들 유정이 한무제 때 탁록정후에 임명되었으나 뇌물을 받은 사건으로 삭탈관직[7]을 당하면서, 그 후손은 탁현의 누상촌에 자리 잡고 살게 되었다.

유비의 아버지 유홍은 효렴[8]으로 발탁되어 관리가 되었지만, 일찍 세상을 떠났다. 어려서 아버지를 여읜 유비는 가세가 기울자 짚신을 삼고 돗자리를 짜서 시장에 내다 팔아 생계를 꾸렸는데, 효성이 지극하여 인근에 소문이 자자했다.

탁현 누상촌 유비의 집 앞에는 높이가 다섯 길이나 되는 큰 뽕나무가 있었는데, 멀리서 바라보면 마치 황제가 타고 다니는 수레의 덮개처럼 보였다.

유비가 어렸을 때였다. 친구들과 어울려 뽕나무 아래에서 놀던 유비는 그 뽕나무를 바라보며 이렇게 소리쳤다.

"나는 커서 황제가 되어, 이 뽕나무 잎처럼 생긴 덮개가 있는 수레를 탈 거야."

마침 그곳을 지나던 숙부 유원기는 그 말을 듣고 "이 아이는 보통 인물이 아니로구나."라고 감탄하며, 유비를 적극적으로 돕기 시작했다.

유비가 열다섯 살이 되자, 유원기는 당시 존경받던 대학자인 정현과 노식에게 학문을 배우도록 주선해 주었다. 이때 노식의 문하에 공손찬이라는 뛰어난 제자가 있었는데, 유비는 그와 친형제처럼 각별하게 지내며 오래도록 우정을 나누게 된다.

유주 태수 유언이 각처에 공고문을 내걸고 의병을 모집할 때, 유비는 어느덧 스물여덟의 건장한 청년이었다.

그는 방문을 읽다가 자기도 모르게 저절로 탄식이 흘러나왔다. 이때 등 뒤에서 우렁찬 목소리가 들려왔다.

"사내대장부가 나라를 구할 생각은 하지 않고 어찌 한숨만 쉬고 계시오?"

유비가 그 소리에 놀라 뒤를 돌아보니, 키가 8척이나 되어 보이는 우람한 체구의 장한이 태산처럼 우뚝 서 있었다. 그의 머리는 표범 같고, 거친 수염은 사방으로 뻗쳐 있었으며, 호랑이를 닮은 두 눈은 불꽃처럼 이글거렸다. 마치 거칠고 사나운 맹수를 연상케 하는 사내였다.

유비가 물었다.

"공은 뉘시오?"

"내 이름은 장비요. 이 탁군에서 태어나고 자랐소.

나는 술과 돼지를 잡아 팔지만, 장사보다는 천하의 호걸들과 사귀는 일에 더 관심이 많소."

유비는 장비가 범상치 않은 인물이라는 것을 한눈에 간파했다. 그래서 최대한 예의를 갖춰 말했다.

"나는 이 나라 황실 종친으로 유비라고 합니다. 황건적이 난을 일으켜 백성들을 괴롭히는데도 백성들을 구할 힘이 없는 나 자신이 한심해서 절로 한숨이 나왔소."

"오! 듣고 보니 당신도 백성을 걱정하는 마음이 나와 같구려. 우리 함께 뜻을 모아 봅시다. 내게 재산이 조금 있으니 그것을 팔아 자금을 만들고, 이 고을 사람들을 설득하여 함께 의병을 일으키면 어떻겠소?"

유비와 장비는 의기투합⁹하여 함께 마을 주막으로 갔다. 두 사람이 술과 고기를 권하며 앞일을 의논할 때였다. 한 사내가 성큼성큼 주막 안으로 들어와 자리에 앉으며, 우렁찬 목소리로 술을 주문했다.

"여기 술 한 동이만 빨리 가져오게! 얼른 마시고 성안에 가서 의병에 지원해야 하네."

유비가 보니 그 사람은 키가 9척에 수염은 가슴을 덮고도 남을 만큼 길었고, 대춧빛 얼굴에 봉황의 눈, 붉은 입술을 지니고 있었다. 그의 모습에서 위풍당당한 기운과 상대를 압도하는 위엄이 뿜어져 나왔다.

유비는 그 사람을 자리에 청하여 함께 앉은 뒤 이름을 물었다.

"내 이름은 관우요. 나는 원래 하동 혜량 땅 출신이오. 그곳의 벼슬아치가 양민을 하도 괴롭히기에 홧김에 그를 때려죽이고 말았소. 그 일로 고향을 떠나 도피 생활한 지도 어느덧 5~6년이 지났소.

황건적이 난을 일으켜 백성을 괴롭힌다는 소식을 듣고, 의병에 지원하기 위해 이곳 유주성으로 달려왔소이다."

관우의 말을 들은 유비가 기뻐하며 말했다.

"반갑습니다. 우리 역시 의병을 모아 황건적을 토벌할 계획을 세우는 중이었습니다."

세 사람은 서로의 속마음을 확인한 후 의기투합하였다. 술이 몇 순배 돌자 흥이 한껏 오른 장비가 말했다.

"우리 집 뒤에 복숭아나무가 울창한 동산이 있는데, 지금 꽃이 활짝 피었소. 내일 거기서 천지신명께 제사를 지내고, 우리 세 사람이 의형제를 맺읍시다. 우리가 먼저 한마음 한뜻으로 뭉쳐야 큰일을 도모할 수 있지 않겠소?"

"그것참 좋은 생각이오."

유비와 관우가 한목소리로 호응했다.

다음 날, 세 사람은 복숭아밭에 모여 제단을 만든 뒤 검은 소와 흰 말 등 제물을 마련했다. 세 사람은 향을 태우고 두 번 절한 뒤 하늘과 땅의 모든 신에게 맹세했다.

"하늘과 땅의 모든 신이시여, 저희 세 사람은 비록 성은 서로 다르나 오늘 한 형제가 되기로 맹세합니다.

우리는 앞으로 서로 힘을 합해 위로는 나라에 충성하고, 아래로는 백성들이 평안하도록 보살피겠습니다.

저희가 태어난 날은 서로 다르지만, 죽는 날은 같은 날이 되기를 소원합니다.

하늘과 땅의 모든 신께서는 저희의 뜻을 굽어살피셔서, 우리 중 하나가 만약 맹세를 깨뜨린다면, 그에게 천벌을 내려 주소서!"

세 사람이 맹세를 마치고 나이에 따라 형과 동생을 정하니, 유비가 큰형, 관우가 둘째, 장비가 막내가 되었다. 먼저 관우와 장비가 유비에게 나란히 절을 올려 형을 대하는 예를 갖추었고, 이어 장비가 관우에게 절을 올렸다.

세 사람은 제사를 마친 뒤 소를 잡고 술자리를 마련하여 마을의 젊은이들을 불러 모았다. 이렇게 해서 복숭아 동산에 모인 젊은이가 300여 명에 이르렀고, 유비 삼 형제는 그들과 함께 취하도록 마셨다.

다음 날, 유비 삼 형제는 젊은이들이 전투에 나설 수 있도록 훈련을 시키기로 했다. 그런데 막상 많은 인원이 모이자 곤란한 문제가 생겼다. 당장 말과 무기는 물론 밥을 지어 먹을 군량미를 마련해야 했기 때문이다.

유비와 관우, 장비는 머리를 맞대고, 이 문제를 풀어 보려고 했지만 마땅한 방법이 떠오르지 않았다. 그들이 한참 머리를 싸매고 고민할 때, 한 젊은이가 헐레벌떡 뛰어와서 보고했다.

"어서 가 보셔야겠습니다. 웬 나그네 두 사람이 수십 마리의 말에 물건을 싣고 찾아왔습니다."

유비는 그 말에 귀가 번쩍 뜨였다.

"오오, 하늘이 우리를 도와주시는구나! 아우들은 나와 함께 어서 그들을 맞이하도록 하자."

세 사람은 속히 대문으로 나가 찾아온 손님을 맞이했다. 그들은 중산 고을에 사는 상인으로 한 사람은 장세평, 다른 한 사람은 소쌍이었다. 그들은 해마다 북방으로 말을 팔러 다녔는데, 이번에는 황건적 때문에 길이 막혀 도중에 되돌아오는 길이었다.

유비는 두 사람을 장원으로 안내한 후 술을 대접하면서 관우, 장비와 더불어 의병을 일으킨 사연을 설명했다.

"황건적의 말발굽 아래 백성들의 삶이 짓밟히고 있습니다. 그들은 약탈과 방화는 물론 사람의 목숨을 함부로 해치고 있습니다. 우리는 황건적으로부터 고통받는 백성을 구하기 위해 힘을 모으고 있습니다."

두 상인은 유비의 말을 듣고 크게 감탄했다.

"세 분의 우국충정[10]과 백성을 위하는 마음에 감동했습니다. 우리도 작은 힘이나마 보태고 싶습니다. 말 50마리와 금은 500냥, 무쇠 1천 근을 드릴 테니 황건적을 토벌하는 데 사용하여 주십시오."

유비 삼 형제는 두 상인에게 사례하고 그들을 배웅한 뒤, 이웃 마을에 사는 솜씨가 뛰어난 대장장이를 불렀다. 삼 형제는 각자 자신들의 무기를 주문했는데 유비는 쌍고검, 관우는 무게가 80근이나 되는 청룡언월도, 장비는 길이가 1장 8척이나 되는 장팔사모였다.

의병으로 지원한 젊은이들 역시 갑옷과 투구, 창과 칼을 만들어 전투 준비를 갖추었다. 그사이 지원자도 늘어 의병의 숫자는 5백여 명이 되었다. 관우와 장비가 군사 훈련을 맡고, 유비가 정신 교육을 하자 그들은 차츰 군사다운 면모를 갖추어 나갔다.

유비 삼 형제는 마침내 출정의 깃발을 올리고, 5백여 명의 의병과 함께 유주성으로 달려갔다.

유주성은 황건적을 맞아 싸울 준비를 하느라고 분주했다. 태수 유언이 참모 추정과 머리를 맞대고 한참 전투 계획을 세우고 있을 때였다.

"성주님, 유비라는 분이 의병 5백 명을 이끌고 찾아왔습니다."

성문을 지키고 있던 군사가 달려와서 보고했다.

"뭐? 의병이라고!"

유언은 크게 기뻐하며 친히 나아가서 유비 삼 형제와 의병들을 맞이했다.

"전 탁현에서 온 유비라고 합니다. 황건적을 토벌하는 데 힘을 보태려고 달려왔습니다."

"반갑네. 난 유주 태수 유언일세."

"이쪽은 제 아우들인 관우와 장비입니다."

유비가 좌우에 서 있던 관우와 장비를 소개하자, 유언은 두 사람을 눈여겨보았다.

'흠, 의병이라고 하나 저 두 사람에게서 장수의 기백이 넘쳐흐르는구나.'

"그대들을 보니 내 마음이 든든하구먼. 아무쪼록 나라를 위해 큰 공을 세워 주게."

유언은 유비가 황실의 종친인 데다 자신의 조카뻘이 되는 것을 알자 더욱 기뻐했다.

며칠 후, 황건적의 장수 정원지가 이끄는 5만의 황건적이 마침내 유주 땅을 밟고 탁군에 들이닥쳤다.

"그대는 유비 등 세 사람과 함께 군사 5백 명을 이끌고 가서 황건적을 무찔러라!"

태수 유언은 보고를 받자마자 교위 추정에게 명령했다. 그러자 유비가 앞으로 나섰다.

"태수님, 저희에게 선봉을 맡겨 주십시오."

유언과 추정은 그 말을 듣고 깜짝 놀랐다.

"선봉에 서는 것은 매우 위험하네. 그대들은 전투 경험도 없지 않나?"

추정이 걱정스러운 눈빛으로 말했다.

"기회를 주십시오. 저에겐 일당백[11]의 뛰어난 장수들이 있습니다."

유비는 관우와 장비를 가리키며, 간곡하게 요청했다. 유언은 관우와 장비를 향해 걱정스러운 눈빛을 던졌다.

'흠, 다시 봐도 두 사람 모두 대장군의 기백이 느껴지는군. 어쩌면 기대를 해 볼 수도……'

유언은 잠시 생각에 잠기더니, 마침내 고개를 끄덕였다.

"좋네. 그럼 자네를 믿어 보지. 잘 부탁하네."

"실망시키지 않겠습니다."

"추정 장군은 군사들을 거느리고 가서 유비를 지원해 주게."

첫 출전에 나선 유비는 관우, 장비와 함께 5백 명의 의병을 이끌고 황건적을 맞으러 나아갔다. 그들의 사기는 하늘을 찌를 듯 높았다.

유비가 말을 달려 대흥산 기슭에 이르자, 황건적은 이미 그곳까지 몰려와 있었다. 그들은 모두 머리를 풀어헤친 채 황색 천을 이마에 두르고 있었다.

양편 군사가 서로 대치하자 일촉즉발[12]의 긴장감이 대흥산 산기슭을 휘감았다. 유비는 슬며시 부하들의 표정을 살폈다. 유주성을 나설 때와 달리 모두 겁을 집어먹은 표정이 역력했다.

　'모두 두려움에 사로잡혀 있구나. 첫 전투인 데다 저런 대군과 맞서 싸우려니 겁을 집어먹는 게 당연하지. 정면으로 맞섰다가는 얼마 버티지 못하고 전멸하게 될 거야.'

　유비는 손짓으로 관우와 장비를 불렀다.

　"저들과 정면으로 맞섰다가는 잠시도 버티기 힘드네. 그러니 우리는 적장을 도발해서 승부를 걸 수밖에 없어."

　유비는 관우와 장비에게 자신의 전략을 설명한 뒤, 적진을 향해 말을 몰고 앞으로 나아갔다. 관우와 장비가 좌우에서 그를 호위했다.

　유비가 말채찍을 들고 정원지를 가리키며 큰 목소리로 꾸짖었다.

　"이 역적 놈아! 네놈은 어찌하여 황제 폐하를 거역하고 백성들을 괴롭히느냐? 지금도 늦지 않았으니 무기를 버리고 당장 항복해라!"

　"뭐야? 저놈이 지금 우리를 보고 항복하라고 한 것이냐?"

　황건적의 장수 정원지는 어이가 없다는 듯 코웃음을 쳤다.

　"네. 그런 것 같습니다. 저것들이 단체로 더위를 먹은 것 같습니다."

　정원지의 부하 장수인 등무가 실소를 머금으며 말했다.

　"네 말대로 저놈이 제대로 실성을 한 모양이로구나. 겨우 수백 명의 군사로 5만 명이나 되는 우리를 보고 항복하라니, 등무는 당장 저 실성한 놈의 목을 베어 죄를 묻도록 하라!"

　정원지의 명이 떨어지자, 등무는 칼을 뽑아 들고 유비를 향해 사나운 기세로 말을 달려 나왔다. 그 모습을 본 장비가 기다렸다는 듯 마주 달려 나가 벼락 같은 호통과 함께 장팔사모를 휘둘렀다.

1장 8척의 사모는 바람을 가르며 순식간에 등무의 가슴팍을 찔렀다. 그야말로 전광석화[13]와도 같은 공격에 등무는 제대로 방어조차 못 하고 외마디 비명을 지르며 말에서 굴러떨어졌다. 숨을 죽여 가며 전투를 지켜보던 양쪽 진영이 동시에 술렁거렸다.

"와아아!"

유비의 진영에서 환호성이 터져 나왔지만, 황건적의 진영에서는 탄식이 흘러나왔다.

'황건적의 수가 아무리 많아도 우두머리만 없애면 나머지는 오합지졸[14]에 불과하지.'

유비는 적장인 정원지가 자신의 계획대로 움직여 주자 만족스럽게 고개를 끄덕였다.

"어이! 넌 힘 좀 쓰냐? 힘도 못 쓰는 약해 빠진 부하들 그만 희생시키고, 겁쟁이가 아니라면 네놈이 직접 나서라!"

장비가 정원지를 향해 소리쳤다. 장비의 도발에 흥분한 정원지는 이를 부드득 갈았다.

"오냐, 이 멧돼지처럼 무식하게 생긴 놈아. 죽기가 소원이라면 죽여 주마!"

그는 쌍칼을 뽑아 든 채 말에 박차를 가하며 장비를 향해 달려 나왔다. 그러자 이번에는 관우가 청룡언월도를 비껴들고 말을 몰아 정원지를 향해 쏜살같이 내달렸다.

장비를 향해 돌진하던 정원지는 난데없이 달려 나오는 관우를 보자 놀라서 멈칫했다. 다음 순간 관우의 청룡언월도가 바람을 가르며 순식간에 날아들어 정원지의 몸을 두 동강 내 버렸다. 두목인 정원지가 비명조차 지르지 못하고 목숨을 잃자, 황건적의 무리는 크게 동요했다.

　　"이때다, 쳐라!"

　　유비와 관우, 장비가 군사들을 이끌고 맹렬한 기세로 공격해 들어가자, 겁을 집어먹은 황건적들은 저마다 무기를 버리고 사방으로 도망쳤다.

　　첫 전투에서 유비는 5백 명의 군사를 이끌고 5만 명의 황건적을 맞아 기적 같은 대승을 거두었다.

　　유비의 군대가 승전고를 울리며 돌아오자, 유언은 크게 기뻐하며 잔치를 베풀어 군사들을 위로했다.

3

모여드는 영웅 호걸들

이튿날, 유언은 청주 태수 공경으로부터 도움을 요청하는 편지를 받았다. 유언은 즉시 유비를 불렀다.

"청주성이 황건적에게 포위당해 위험하다네. 자네가 가서 도와주면 어떻겠나?"

"저희에게 맡겨 주십시오. 당장 달려가서 돕겠습니다."

"그럼 부탁하네."

유언은 교위 추정에게 군사 5천 명을 주어 유비와 함께 청주로 파견했다.

이즈음 청주성에서는 날마다 황건적과 관군 사이에 격렬한 전투가 계속되고 있었다. 그러나 황건적의 수가 너무 많아 관군은 고전을 면치 못했다. 황건적은 청주성을 포위한 채 공격했고, 관군은 성

안에서 농성을 벌였다.

유비와 추정의 군대는 청주에 도착하자마자, 성을 포위하고 있던 황건적과 접전을 펼쳤다. 하지만 상황을 역전시킬 수는 없었다. 적은 수로 많은 적이 물리치기에는 역부족이었다.

유비와 추정은 일단 후퇴하여 전열을 재정비하기로 의견을 모았다. 군사를 뒤로 물리고 주둔지를 세운 뒤 유비는 관우와 장비에게 말했다.

"적군의 수가 너무 많아서 무턱대고 싸워서는 절대 승리할 수 없어. 아무래도 전략이 필요할 것 같네.

내일 날이 밝기 전 아우들은 각자 군사 1천 명을 이끌고 산의 왼쪽과 오른쪽에 나누어 매복하게. 나는 추정 장군과 함께 나머지 군사들을 이끌고 적과 맞서 싸우다가 적당한 기회에 아우들이 매복한 곳으로 후퇴하겠네. 적군이 추격해 오면 세 방향에서 동시에 공격하도록 하세."

다음 날, 유비와 추정은 군사들을 이끌고 북과 징을 울리며 적진을 향해 나아갔다. 황건적도 마주 나와 맞서 싸웠다.

유비군은 황건적을 맞아 치열한 싸움을 벌이면서도 피해를 최소화하기 위해 수비에 치중했다. 한참 후 유비와 추정은 서로 눈빛을 교환한 뒤 퇴각 명령을 내렸다.

"후퇴! 모두 후퇴하라!"

유비의 병사들은 작전대로 일사불란[15]하게 후퇴하기 시작했다.

"놈들이 도망간다! 쫓아라! 한 놈도 놓치지 마라!"

황건적은 그것이 속임수인지도 모르고 맹렬한 기세로 추격해 왔다. 쫓고 쫓기는 추격전 속에 유비군과 황건적이 관우와 장비가 매복한 지점에 이르렀을 때, 유비의 군대에서 징 소리가 울렸다. 그러자 산 왼쪽과 오른쪽에서 관우와 장비의 복병이 물밀듯이 쏟아져 내려와 황건적들을 공격했다. 달아나던 유비와 추정의 군사들도 방향을 돌려 추격해 오는 적에게 역습을 가했다.

　세 방향에서 협공을 당한 황건적들은 크게 패하여 달아났다.

　유비는 그 기세를 몰아 적들을 청주성의 성벽 아래까지 몰아붙였다. 그 모습을 본 파수병이 급히 달려가서 태수 공경에게 보고했다.

　"태수님, 지금 황건적들이 유주성에서 온 관군에게 패하여 쫓기고 있습니다."

　"뭐라고? 그 말이 사실이냐?"

　공경이 급하게 성루에 올라가서 내려다보니, 과연 파수병의 말대로 황건적이 관군에게 쫓겨 이리저리 도망치고 있었다.

　"보십시오. 황건적들이 쫓기고 있습니다."

　"태수님, 지금이야말로 저놈들을 물리칠 때입니다."

　"좋다! 성문을 열고 우리도 나가서 싸우자!"

　청주 태수 공경도 군사들을 이끌고 성 밖으로 나와 공격에 가세했다. 황건적은 갈팡질팡하며 이리저리 쫓겨 사방으로 도망쳤고, 미처 달아나지 못한 자들은 관군의 창검에 목숨을 잃었다. 이날, 청주성 앞 들판은 황건적의 시체로 산을 이루었다.

청주 태수 공경은 잔치를 열어 군사들을 위로하고, 유비 삼 형제와 추정을 따로 불러 그 공을 치하했다.

"고맙소. 하루만 늦었어도 이 청주성은 황건적의 수중에 떨어지고 말았을 거요. 오늘은 마음껏 먹고 마시고, 푹 쉬도록 하시오."

"태수님의 뜻은 고맙습니다만, 이제 청주성도 위험에서 벗어났으니 저희는 속히 돌아가 봐야 합니다. 병사들이 충분히 먹고 마시면, 잠시 휴식을 취한 후 곧장 떠나겠습니다. 유주성이 언제 또 황건적의 공격을 받을지 모릅니다."

추정의 대답에 공경은 고개를 끄덕였다.

"음, 그것도 그렇군요. 좀 더 머물러 주었으면 했는데 아쉽군요. 돌아가면 유언 태수께 진심으로 감사하다는 말씀을 전해 주시오."

"알겠습니다."

잔치가 끝나고 병사들이 잠시 휴식을 취한 후 추정과 유비는 군사들을 이끌고 서둘러 청주성을 나섰다. 청주성이 시야에서 사라질 무렵 유비가 추정에게 말했다.

"추정 장군. 저도 여기서 작별 인사를 드리겠습니다."

"작별 인사를 나누다니? 갑자기 어디로 간다는 말씀이오?"

추정이 놀라서 물었다.

"소식을 들으니 제 스승이신 노식 장군께서 황건적의 두목인 장각과 싸우고 있다고 합니다. 그분이 계신 광종으로 달려가서 돕고자 합니다."

"음……. 우리 태수님께서 몹시 서운해하실 거요. 하지만 스승을 돕겠다는 유비 공의 뜻을 어찌 막겠소."

"그럼 저희는 이만……."

"그동안 정말 수고 많았소이다. 잘 가시오."

유비는 추정과 작별 인사를 나눈 후 광종 땅으로 달려갔다. 노식은 유비를 반갑게 맞이했다.

"유비야. 장하구나. 네가 벌써 대장부가 되어 나라를 위해 의병을 일으키다니, 정말 대견하구나."

"모두 스승님의 가르침 덕분입니다. 이쪽은 저와 의형제를 맺은 아우들입니다."

관우와 장비가 노식에게 공손한 자세로 인사를 올렸다.

"호오, 두 사람 다 영웅의 기개가 엿보이는구나. 유비를 도와 나라를 위해 큰 공을 세워 주게."

노식은 유비와 관우, 장비를 자신의 집무실로 사용하는 장막으로 안내했다. 유비는 노식에게 의병을 모집해서 황건적 토벌에 나서게 된 과정을 설명했다. 노식은 그런 제자를 흐뭇한 표정으로 바라보았다.

이때, 젊은 장수 한 명이 장막 안으로 들어왔다. 그는 노식이 대장군 하진에게 요청하여 데리고 온 젊은 장수 원소였다.

"장군, 내일 있을 전투에 대해 의논 드릴 게 있어서 왔습니다."

"오, 원소. 마침 잘 왔네. 여기 소개할 사람이 있네. 이쪽은 내 제자 유비라네. 이쪽은 내 휘하 장수인 원소."

노식은 원소와 유비 두 사람을 소개하며 서로 인사를 나누게 했다.

"반갑소. 난 원소요."

"저는 유주성의 탁군에서 온 유비라 합니다. 원소 공의 명성은 익히 들어서 잘 알고 있습니다."

원소는 다소 거만한 태도로 인사했고, 반면 유비는 예의를 다하여 원소를 대했다. 그 모습을 본 관우와 장비는 심사가 뒤틀려 미간을 찌푸렸다.

'원소는 4대에 걸쳐 삼공을 배출한 명문가의 자제지만 상대의 신분을 따지지 않고 사람들과 어울려 칭찬이 자자한데, 지금 보니 다 헛소문이구나.'

"손님이 오셨으니 전 나중에 다시 오겠습니다."

"그렇게 하게."

원소가 인사를 하고 나가자, 유비와 노식은 다시 이야기를 이어 갔다.

"나를 도우러 온 것은 고맙지만, 지금은 이곳보다 영천이 더 위급한 상황이야. 황보숭과 주준 두 장군이 장각의 아우 장보와 장량이 이끄는 황건적을 맞아 싸우고 있는데, 적들의 수가 너무 많아서 관군이 고전을 면치 못하고 있어. 미안하지만 네가 영천으로 가서 그들을 도와줘야겠다."

"알겠습니다. 당장 영천으로 가겠습니다."

"고맙다. 내가 병사 1천 명을 내어 주마."

스승인 노식의 간곡한 부탁에 유비는 그날로 5백의 의병에 관군 1천 명을 더해 영천 땅으로 향했다.

한편 영천에서는 황보숭과 주준이 황건적을 맞아 치열한 전투를 벌이고 있었다. 이때 황건적은 가뭄으로 물이 부족해지자 장사로 물러나 잡풀이 무성한 곳에 진을 쳤다.

그 사실을 알게 된 황보숭은 만족스럽게 웃었다. 그는 급히 주준을 불러 의논했다.

"하늘이 우리를 돕는 것 같소. 황건적이 어리석게도 숲에 진을 쳤다고 하오. 마침 바람도 거세니 화공으로 적을 공격합시다."

"좋소. 당장 공격할 준비를 하겠소."

주준은 모든 군사에게 영을 내려 각기 마른 풀이나 짚단을 한 묶음씩 마련하게 했다. 그러고 나서 어두워지기를 기다려 군사들을 적진에 잠입시켰다.

밤이 깊어 사방이 어두워지자 군사들은 준비한 마른 풀과 짚단에 불을 붙인 후 적진을 향해 던졌다. 때마침 불어오는 거센 바람을 타고 황건적의 진영은 삽시간에 불바다로 변했다.

황건적들은 놀라서 불길을 피해 앞다투어 숲을 빠져나왔다. 매복해 있던 관군은 일제히 그들을 공격했다. 무기도 제대로 챙기지 못한 채 불길을 피해 도망치던 황건적들은 불시에 기습을 받고, 관군의 창칼에 수없이 목숨을 잃었다.

"놈들의 기습 공격에 힘 한 번 제대로 못 쓰고 당하다니……."

"광종에 있는 형님께 가서 전열을 재정비한 후 오늘의 치욕을 몇 배로 갚아 줍시다."

장보와 장량이 패잔병을 이끌고 허겁지겁 도망치고 있을 때, 갑자기 한 무리의 군사들이 달려와 그들의 앞을 가로막았다.

"도적놈들아! 어딜 도망가느냐?"

장보와 장량이 놀라 호통을 친 장수를 보니, 그는 붉은 투구에 붉은 갑옷으로 무장을 한 채 붉은 말을 타고 있었다.

그의 모습은 마치 타오르는 한 덩이 불길 같았고, 가늘고 길게 찢어진 날카로운 두 눈에서는 예리한 안광이 번득였다.

좌중랑장 황보숭의 부름을 받고 달려오던 기도위(황제의 경호 대장) 조조였다.

"저놈들을 한 놈도 살려 보내지 마라!"

조조의 명령이 떨어지자 관군은 함성을 지르며 황건적을 공격해 들어갔다. 황건적 중에는 무기도 제대로 챙기지 못한 자들이 많았다. 그들은 관군의 공격에 겁을 집어먹고 도망치려고 했다.

"겁먹지 말고 퇴로를 뚫어라!"

장보와 장량은 관군에 맞서 싸우며 부하들을 격려했지만, 황건적들은 이미 전의를 상실했다. 그들은 관군의 공격에 제대로 맞서 싸우지도 못하고 삽시간에 무너졌다.

조조는 이날 황건적을 공격하여 1만 명의 목을 베고, 주인 잃은 전투마를 만여 마리나 확보했다. 보고를 받은 황보숭은 매우 기뻐했다.

"이번 승리는 자네의 공이 참으로 컸네. 그런데 놈들이 도망칠 길목을 어찌 알고 매복해 있었는가?"

황보숭이 궁금한 듯 물었다.

"이곳으로 오던 중 불길을 보고 두 장군께서 화공을 펼치신 것을 짐작했습니다. 타격을 받은 놈들이 분명 광종의 장각에게 갈 것이라 여겨 길목을 지키고 있었습니다."

조조의 대답을 들은 황보숭과 주준은 속으로 감탄을 금치 못했다.

'대단해. 젊은 친구가 정말 대단해! 멀리서 불길만 보고도 모든 상황을 정확하게 파악하다니, 앞으로의 활약이 기대되는군.'

황보숭과 주준이 조조와 함께 승리의 기쁨을 나누고 있을 때 유비가 군사들을 이끌고 도착했다. 하지만 영천에서의 전투는 끝이 났고, 장보와 장량은 조조에게 대패하여 이미 도주한 뒤였다.

"저는 노식 장군의 제자 유비라고 합니다. 스승님의 명을 받들어 두 분을 돕기 위해 왔습니다."

유비가 영천에 온 이유를 고하자 황보숭은 시큰둥한 표정으로 말했다.

"괜한 헛걸음한 것 같군. 영천은 이제 황건적의 위험에서 벗어났소. 장량과 장보가 패잔병을 이끌고 광종에 있는 장각에게 의지하러 갔을 것이오. 그러니 다시 돌아가서 노식 장군을 돕는 게 낫겠소."

이때 유비는 황보숭과 주준의 곁에 서 있는 조조와 시선이 마주쳤다.

'저 사람은 누구지? 영웅의 기개가 엿보이는구나.'

유비는 조조의 모습을 보며 강한 호기심을 느꼈다.

'흠, 행색은 초라하지만 비범함이 넘치는 자들이구나.'

조조 역시 유비 삼 형제의 모습에서 강한 인상을 받았다. 두 사람의 만남은 찰나였지만 서로에게 남긴 인상은 강렬했다.

유비는 군사들을 이끌고 다시 광종을 향해 말 머리를 돌려야 했다.

"이게 대체 뭡니까? 전투가 끝나서 도움이 필요 없다지만 먼 길을 쉬지 않고 달려온 우리에게 이런 푸대접을 하다니요."

성격이 급한 장비가 불만을 터뜨렸다.

"그만해라. 우리가 싸우지 않고도 영천이 무사하니 오히려 기뻐해야지. 자, 불평은 그만하고 서두르자. 우리가 장보와 장량보다 광종에 먼저 도착해야 한다."

유비가 이끄는 군대가 광종에 가까워질 무렵이었다. 맞은편에서 한 떼의 군마가 죄수를 가두어 호송하는 수레를 호위하며 다가왔다. 그런데 놀랍게도 수레에 갇혀 있는 죄수는 바로 중랑장 노식이었다.

"스승님, 이게 대체 어찌 된 일입니까?"

노식은 한숨을 길게 내쉬었다.

"나는 몇 차례 장각의 본거지를 습격했지만, 그때마다 장각이 펼친 요사스러운 술법에 당해 번번이 실패했다. 그러자 조정에서는 환관 좌풍을 감독관으로 내려보냈어. 그런데 좌풍은 전선의 형세는 살피지도 않고, 대뜸 나에게 뇌물을 요구하지 뭔가. 그래서 나는 군량도 부족한 판에 바칠 뇌물이 어디 있느냐며 단호하게 거절했지. 그러자 좌풍은 앙심을 품고 돌아가 황제 폐하께 나를 모함한 모양이다. 황제께서 나를 잡아들이게 하고, 새로운 중랑장을 임명하여 내 자리를 대신하게 하셨다."

"스승님, 어찌 그럴 수 있나요? 전투 중인 장수에게 뇌물을 요구하고 누명을 씌워 죄인을 만들다니요."

유비는 노식의 이야기를 듣고 기가 막혔다. 두 사람의 이야기를 듣고 있던 장비도 화가 나서 크게 소리쳤다.

"큰형님! 저놈들을 모두 없애고, 당장 노식 장군님을 구합시다."

장비는 말을 마치자마자 호송하는 병사들을 향해 장팔사모를 휘두르려고 했다. 그러자 유비가 재빨리 장비를 가로막으며 호통을 쳤다.

"아우, 이게 무슨 짓이냐? 감히 황제 폐하의 명을 거역하려느냐? 스승님께서는 죄를 짓지 않았으니 조정에서 진실을 밝힐 기회가 있을 것이다. 그러니 경거망동[16]하지 말아라."

유비가 제지하자 장비는 마지못해 장팔사모를 거두어들였다.

"유비 말이 맞네. 난 잘못이 없으니 머지않아 풀려날 걸세. 그러니 내 걱정은 말고 자네들은 계속 황건적 토벌에 힘을 써 주게."

노식이 당부의 말을 마치자, 장비에게 겁을 집어먹은 병사들은 서둘러 길을 떠났다. 유비는 차마 발걸음이 떨어지지 않아 스승을 태운 수레가 시야에서 사라질 때까지 그 자리에 그대로 서 있었다.

이때 관우가 말했다.

"노식 장군께서 저렇게 잡혀가고, 새로운 중랑장이 부임했다는데 굳이 광종으로 갈 필요가 있겠습니까? 차라리 탁군으로 돌아가서 앞날을 도모하는 게 어떻습니까?"

장비도 거들고 나섰다.

"내 생각도 같소. 전쟁에 나간 장수에게 누명을 씌워 죄인으로 만

드는 판에 우리가 왜 목숨 걸고 싸운단 말입니까? 당장 고향으로 돌아갑시다."

"아우들의 뜻이 정 그렇다면 일단 고향으로 돌아가서 앞일을 의논해 보도록 하자."

유비는 관우와 장비의 의견을 받아들여 탁군으로 향했다.

영천을 떠난 지 이틀째 되는 날, 유비 일행이 잠시 휴식을 취하고 있을 때 갑자기 산 너머에서 요란한 함성이 들려왔다. 유비가 급히 말을 달려 높은 언덕에 올라서 살펴보니, 수많은 황건적에게 관군들이 쫓기고 있었다.

"황건적의 깃발에 천공장군이라고 쓰여 있는 것을 보니 장각의 군대가 틀림없다. 아무래도 새로운 중랑장이 이끄는 관군이 패하여 쫓기는 것 같구나."

유비는 즉시 군사들을 향해 공격 명령을 내렸다.

"당장 전투 태세를 갖추어 진격하라!"

유비가 앞장서자 관우와 장비도 청룡언월도와 장팔사모를 휘두르며 뒤를 따랐다. 관군을 쫓던 장각의 군대는 유비군의 갑작스러운 공격을 받고 혼란에 빠졌다.

유비의 쌍고검이 번쩍이고, 관우의 청룡언월도와 장비의 장팔사모가 춤을 출 때마다 황건적들이 비명을 내지르며 쓰러졌다.

도망치던 관군도 그 모습을 보고 말 머리를 돌려 유비군과 합세했고, 전세는 삽시간에 역전되었다.

"저놈들은 갑자기 어디서 온 놈들이냐?"

장각이 묻자 옆에 있던 부하 장수가 대답했다.

"적이 매복 작전을 펼친 것 같습니다."

"관군에게 저토록 용맹스러운 장수들이 있었단 말이냐? 아무래도 오늘은 적의 중랑장을 사로잡긴 틀린 것 같구나. 아쉽지만 그만 군사를 물리도록 하라."

장각의 명령에 따라 황건적은 전투를 멈추고 물러났다.

장각에게 쫓기던 관군의 대장은 동탁이었다. 동탁은 노식의 후임으로 중랑장에 임명되었고, 광종에 부임하던 길에 황건적의 습격을 받았다.

궁지에 몰려 쫓기던 동탁은 유비의 도움이 아니었다면 참담한 패배를 면치 못했을 것이다. 위기를 모면하고 겨우 한숨을 돌린 동탁이 유비에게 물었다.

"그대들은 어떤 관직을 맡고 있는가?"

"저희는 탁군에서 온 의병들이며, 아무런 직책도 맡고 있지 않습니다."

유비의 대답에 동탁은 얼굴빛이 변했다.

"뭐. 의병이라고?"

동탁은 곧 불쾌한 표정을 지으며 콧방귀를 뀌었다. 그는 일개 의병들에게 도움을 받은 것을 알게 되자 자존심이 몹시 상했다.

"기분 한 번 더럽군. 그만 물러가라."

동탁은 고맙다는 인사도 없이 자신의 군막 안으로 들어가 버렸다.

유비는 동탁의 무례한 행동에 할 말을 잊고 헛웃음을 지었다.

그 모습을 본 장비가 이를 부드득 갈았다.

"저런 은혜도 모르는 놈! 다 죽어 가는 걸 살려 줬더니 고맙다는 인사는커녕 사람을 이렇게 무시하다니! 내 당장 저놈의 목을 쳐 죽이겠소."

장비는 장팔사모를 치켜들고 동탁의 군막을 향해 달려 나갔다. 유비와 관우가 황급히 장비의 앞을 막아섰다.

"진정하게. 동탁은 조정에서 임명한 관리야. 그를 해치는 것은 황제 폐하의 명을 거역하는 것이네."

"그렇다고 저런 놈의 명령에 따라야 한단 말이오? 나는 싫소. 두 형님이나 여기 남으시오. 나는 고향으로 가던 길을 계속 가겠소."

장비가 분을 삭이지 못하고 투덜대자, 유비가 달랬다.

"우리 세 사람은 의형제가 되어 한날한시에 죽기로 맹세했네. 그런데 지금 헤어진다는 것이 말이 되는가? 떠나려면 함께 떠나세."

유비는 관우와 장비를 설득하여 황보숭과 주준이 있는 영천으로 찾아갔다.

4

황건의 종막

유비가 도착했을 때, 황보숭은 조조와 함께 황건적을 뒤쫓아 멀리 하남의 곡양과 완성으로 떠났고, 영천에는 주준만이 남아 있었다.

'갈수록 병사들의 사기는 떨어져 가는데 큰일이구나. 이대로 앉아 적의 공격을 기다릴 수도 없고, 그렇다고 적은 병력으로 선제공격했 다가는 오히려 역습당하기에 십상이니 이를 어쩌면 좋단 말인가.'

주준은 장보가 이끄는 8만의 황건적과 맞서고 있었는데, 병력이 턱없이 부족하여 근심하고 있었다. 때마침 유비가 군사를 이끌고 오 자 주준은 몹시 기뻐했다.

"잘 왔네. 지난번에 자네들을 그냥 돌려보낸 건 내 실수였어. 황 건적 토벌에 힘을 보태 주게."

주준이 유비군을 정성껏 대접하자 이에 감격한 유비가 말했다.

"최선을 다해 장군을 보필하겠습니다."

주준은 유비군을 선봉에 세우고 장보가 이끄는 8만의 황건적 토벌에 나섰다. 이에 장보는 부장 고승을 앞세웠다.

"주준은 당장 나와서 목을 내놓아라!"

고승이 호기롭게 외치며 말을 달려 나오자, 장비가 나섰다.

"형님, 저놈은 제가 맡겠습니다."

장비는 곧장 사모 창을 비껴들고 말을 달려 나가 고승과 맞섰다. 창검과 장창이 번쩍이며 몇 차례 맞부딪치더니 고승은 이내 외마디 비명과 함께 장비의 창에 찔려 말에서 굴러떨어졌다.

"지금이다. 총공격하라!"

유비는 때를 놓치지 않고 군사들에게 공격 명령을 내렸다. 관우와 장비가 청룡도와 장팔사모를 휘두르며 말을 달려 나가자 장수를 잃은 황건적 선봉은 삽시간에 무너졌다. 유비는 숨 돌릴 틈도 주지 않고 황건적을 몰아붙였다.

"쫓아라! 한 놈도 놓치지 마라!"

유비가 달아나는 황건적을 추격하여 험준한 산봉우리가 길 양쪽으로 펼쳐진 지점에 이르렀을 때였다.

홀연히 산골짜기에서 사나운 회오리바람이 일더니 검은 안개가 하늘을 뒤덮었다.

"뭐…… 뭐야!"

유비가 놀라서 고개를 들어 산봉우리 위를 쳐다보니, 그곳에 장보가 검은 옷을 입은 채 칼을 들고 주문을 외우고 있었다.

─우르릉! 번쩍!

천둥이 요란하게 울리고, 번개가 검은 하늘을 빛으로 가르더니 바람이 더욱 거세게 몰아쳤다. 그와 동시에 하늘에서 거대한 괴물 새를 탄 수많은 군사가 창을 들고 쏟아져 내려왔다.

"저…… 저게 뭐냐?"

"괴물 새다!"

그 모습을 본 관군은 겁에 질려 우왕좌왕하며 큰 혼란에 빠졌다. 시야조차 어두워진 상황에서 군사들이 앞다투어 도망치다가 서로 밟고 밟히는 불상사까지 일어나면서 관군은 큰 피해를 보았다. 유비는 패잔병을 이끌고 주준의 진영으로 돌아와 대책을 논의했다.

"하늘에서 군사들이 괴물 새를 타고 내려오다니, 눈으로 보고도 믿기지 않습니다."

유비의 말에 주준은 놀라움을 금치 못했다.

"어떻게 그런 일이……."

"뭔가 속임수가 분명한데 대처할 방법을 모르겠습니다."

유비는 미간을 찌푸리며 말했다.

"내가 듣기로는 돼지와 양과 개의 피가 사악한 술수를 깨뜨리는 힘이 있다고 하더군. 하지만 그것을 어떻게 사용하는지는 잘 모르겠네."

주준의 말에 유비는 번득 뇌리를 스치는 생각이 있었다.

"아! 좋은 생각이 떠올랐습니다. 제가 방법을 찾아볼 테니 맡겨주십시오."

유비는 그 길로 관우와 장비를 불러 마을에 가서 돼지와 양과 개의 피를 모아 오게 했다.

　다음 날, 유비는 장보에게 다시 싸움을 걸었다.

　"장보야, 나와서 한판 붙자!"

　"어리석은 놈들, 그렇게 당하고도 또 덤비다니. 오늘은 아예 끝장을 내 주마!"

　전날의 승리로 기세가 등등해진 장보는 군사를 보내 유비군을 맞아 싸우게 했다. 하지만 황건적은 전면전을 펼치자마자 전날 관군을 공포에 몰아넣었던 골짜기로 후퇴했다.

　장보는 관군들을 그곳으로 유인하여 또다시 술법을 펼쳐 공격하려는 속셈이었다. 그러나 유비는 이미 장보의 속셈을 눈치챘다. 하지만 유비 역시 따로 대비해 둔 터여서 망설임 없이 황건적을 뒤쫓았다.

　장보는 유비군이 골짜기에 들어서자마자 술법을 펼치기 시작했다.

　"모두 정신 똑바로 차려라!"

　유비는 부하들을 향해 큰 소리로 외쳤다.

　하늘에서 천둥이 울리고 번개가 치더니, 강한 회오리바람에 검은 안개가 실려 사방을 뒤덮었다. 뒤이어 하늘에서 괴물 새를 탄 군사들이 창을 들고 쏟아져 내려왔다.

　'드디어 나타났군.'

　"모두 침착하게 뒤로 물러서라!"

　유비는 즉시 말을 돌려 후퇴 명령을 내렸다. 관군은 전날과 달리 당황하지 않고 침착하게 대오를 갖추어 골짜기를 빠져나갔다.

관군이 후퇴하자 황건적은 기세등등하게 뒤를 쫓기 시작했다.

"쫓아라! 한 놈도 살려 보내지 말아라!"

관군이 모두 골짜기를 빠져나온 것을 확인한 유비가 왼손을 높이 치켜들며 크게 외쳤다.

"지금이다!"

유비의 외침이 끝나자마자 갑자기 징과 북소리가 요란하게 울려 퍼졌다. 동시에 계곡 위에 매복했던 장비가 부하들을 거느리고 나타냈다.

"으하하. 기다리고 있었다. 이거나 받아라!"

장비와 부하들은 괴물 새를 탄 군사들의 머리 위로 돼지와 양과 개의 피를 쏟아부었다. 건너편 계곡 위에서 관우의 군대도 합세했다.

"여기도 있다!"

피를 덮어쓰자 신기하게도 하늘에서 괴물 새를 타고 내려오던 군사들이 종이와 짚단으로 변해 땅바닥에 떨어졌다.

또한, 무섭게 휘몰아치던 회오리바람의 기운이 약해지면서 검은 안개도 점차 사라졌다. 이윽고 하늘도 다시 푸르게 맑아지면서 시야가 밝아졌다.

"아니 이럴 수가, 내 술법을 깨뜨리다니……."

장보는 크게 당황했다.

"모두 보았느냐? 요사스러운 적의 술법은 깨졌다. 이제 두려워하지 말고 공격하라!"

유비의 명령이 떨어지자 계곡 위에서 관우와 장비가 이끄는 군사들이 쏟아져 내려와 황건적을 공격했다. 유비군도 말 머리를 돌려 추격해 오던 황건적을 공격했고, 뒤이어 주준의 군대까지 협공하자 당황한 황건적은 감히 맞서 싸우지 못하고 도망치기에 급급했다. 이 전투에서 관군은 수많은 황건적을 베거나 사로잡았다.

'이런, 안 되겠다!'

"모두 후퇴하라!"

장보는 부하들을 이끌고 황급히 도망쳤다. 그 모습을 발견한 유비는 장보를 향해 활시위를 당겼다.

"이 도적놈아! 어디를 도망가느냐? 네놈의 심장을 꿰뚫어 주마!"

화살은 바람을 가르고 날아가 장보의 오른쪽 어깨에 명중했다. 장보는 부상을 입은 채 패잔병을 이끌고 양성으로 달아났다. 주준은 양성을 포위한 채 공격했으나 장보는 성안에 틀어박혀 시위하며 밖으로 나오지 않았다.

주준은 양성을 바라보며 혼잣말로 중얼거렸다.

"흥, 쥐구멍에 숨어든 쥐처럼 꼼짝도 안 하는군."

주준은 문득 황건적 추격에 나선 황보숭의 소식이 궁금해서 전령을 보냈다. 임무를 마치고 돌아온 전령이 보고했다.

"황보숭 장군은 싸울 때마다 승리했고, 동탁 장군은 싸울 때마다 패하여 황제 폐하께서 동탁을 물러나게 하시고, 그 자리에 황보숭 장군을 임명하셨습니다.

황보숭 장군이 적의 본거지를 공격했을 때 장각은 이미 병들어 죽고 동생인 장량이 황건적을 이끌었답니다.

황보숭 장군은 조조를 선봉으로 삼아 장량과 일곱 번을 싸워 모두 승리한 뒤 마침내 장량의 목을 베었다고 합니다. 이에 조정에서 큰 공을 세운 황보숭 장군을 거기장군으로 승진시킨 후 기주 목사로 보내고, 조조는 제남 지방 감사로 임명했다고 합니다.

그리고 노식 장군은 황보숭 장군의 변호로 누명을 벗고 다시 중랑장에 복직했다고 합니다."

전령이 전한 스승 노식의 소식에 유비는 기뻐했으나, 주준은 마음이 무거워졌다.

'황 장군은 이미 적의 주력 부대를 섬멸하여 큰 공을 세우고 승진까지 했는데, 나는 작은 양성 하나를 무너뜨리지 못하고 발목이 잡혀 있구나.'

마음이 다급해진 주준은 양성을 함락시키기 위해 밤낮을 가리지 않고 대대적인 공격을 펼쳤다. 이에 성안의 황건적은 크게 동요했고, 장보의 부하 장수인 엄정은 대세가 이미 기울었음을 깨닫고 두목 장보의 목을 벤 후 투항했다.

이렇게 하여 황건적의 난을 일으킨 장씨 삼 형제는 모두 목숨을 잃었다.

하지만 장각의 휘하에 있던 조홍, 한충, 손중 등이 장각의 원수를 갚겠다며 뿔뿔이 흩어져 있던 잔당들을 완성으로 집결시켰다. 그 수가 수만에 이르자 위협을 느낀 조정에서는 주준에게 완성의 황건적 잔당들을 토벌하게 했다.

주준이 군사를 이끌고 완성을 공격하자 조홍은 한충을 내보내 싸우게 했다.

주준은 유비 삼 형제에게 완성의 서남쪽 성문을 공격하게 했다. 때마침 한충은 부하들을 이끌고 서쪽 성문을 빠져나오다가 유비가 이끄는 군사들을 보고 매우 놀라, 말 머리를 동북쪽으로 돌렸다.

"어디를 도망가느냐?"

유비는 기회를 놓치지 않고 그들을 추격하여 맹공을 퍼부었다.

한편, 주준은 스스로 2천의 군사를 이끌고 동북쪽으로 달려가 쫓겨 오는 한충의 무리를 공격했다. 다급해진 한충은 성이 함락될 것이 염려되어 성안으로 후퇴했다. 추격해 온 주준의 군대가 성을 철통같이 포위했다.

"적은 이제 독 안에 든 쥐다. 머지않아 저들의 식량도 떨어져 스스로 무너질 것이다."

주준은 성을 물 샐 틈 없이 포위한 채 철통같은 경계를 세웠다. 주준의 말대로 황건적은 얼마 지나지 않아 군량미가 바닥나고 말았다. 게다가 관군이 성을 포위하고 있는 터여서 한충은 조홍과 손중에게 원군을 요청할 상황도 아니었다.

한충은 더는 버티지 못하고 전령을 보내어 항복할 터이니 목숨만은 살려 달라고 요청했다. 그러나 주준은 한충의 요청을 무시하고 전령의 목을 베었다. 그 모습을 본 유비가 의아스럽게 여겨 물었다.

"옛날 한고조께서 천하를 얻으신 것은 적에게 항복을 권하고, 투항한 적을 너그럽게 받아들였기 때문이라고 들었습니다. 장군께서는 어찌하여 한충의 항복을 받아들이지 않으십니까?"

"지금은 그때와 경우가 다르네. 그 당시에는 천하가 어지러워 백성들이 의지할 주인이 없었네. 그래서 적군이어도 항복하면 상을 내리고 백성으로 삼아 민심을 수습하고 힘을 길렀던 것일세. 그러나 지금은 어떤가? 천하가 통일되었고, 오직 황건적만이 조정에 반기를 들고 반란을 일으켰네. 지금 그들의 항복을 받아들인다면 어떻게 악을 징계할 수 있겠나? 도적들이 자신들에게 유리할 때는 반란을 일으켰다가 불리해지면 항복할 것이 아니겠는가?"

주준의 말에 유비는 고개를 끄덕였다.

"듣고 보니 장군의 말씀에도 일리가 있습니다. 하지만 사방에서 포위한 채 항복을 받아들이지 않는다면 적은 필사적으로 저항할 것입니다. 이렇게 하면 어떻겠습니까? 동문과 서문의 포위를 풀고, 남문과 북문을 공격하면 놈들은 틀림없이 성을 버리고 달아날 것입니다. 이때 한충을 사로잡는 것입니다."

"그것참 좋은 생각이네. 그렇게 하세."

주준은 유비의 제안을 받아들여 동문과 서문의 포위를 풀고 남문과 북문으로 일제히 공격해 들어갔다.

유비의 예상은 적중했다. 한충은 동문과 서문의 포위가 풀어진 틈을 타서 성을 빠져나왔다. 매복하고 있던 유비의 군대가 한충의 무리를 급습했다. 한충은 전투 중에 화살을 등에 맞고 말에서 떨어져 목숨을 잃었다. 대장을 잃은 황건적은 혼란에 빠져 싸울 의지를 잃어버리고 사방으로 달아났다.

관군은 여세를 몰아 도망치는 황건적을 추격하여 섬멸했다. 그 소식은 곧 남은 황건적 우두머리인 조홍과 손중에게 전해졌다.

"뭐야! 한충이 전사했다고?"

조홍과 손중은 한충의 죽음에 분노하여 곧장 군사를 몰아 완성에 주둔해 있던 주준의 군대를 공격했다.

"죽음을 각오하고 싸워라! 한충 장군의 원수를 갚자!"

예상하지 못했던 황건적의 갑작스러운 공격에 관군은 큰 피해를 보고 완성에서 물러났다.

완성을 되찾은 조홍과 손중은 성문을 굳게 닫고 전투에 임했다. 주준과 유비는 완성에서 10리쯤 떨어진 곳에 진을 치고 완성을 탈환하기 위한 전략을 구상하고 있었다.

이때 주준의 부름을 받은 손견이 1천 5백여 명의 군사들을 이끌고 도착했다. 주준의 소개로 손견과 유비는 서로 인사를 나누었다.

"만나서 반갑소. 잘 부탁하오."

"손견 공의 명성은 익히 들었습니다. 만나 뵙게 되어 영광입니다."

손견은 첫 만남에서 유비에게 겸손한 사람이라는 인상과 함께 묘한 매력을 느꼈다. 반면 유비는 손견의 대장부다운 풍모에 호감을 느꼈다.

'사람들이 왜 손견을 강동의 호랑이라고 부르는지 이해가 가는군.'

다음 날, 주준은 완성을 공격하기 위해 손견과 유비를 불렀다.

"내가 서문을 맡을 테니, 손견 자네는 남문을, 유비는 북문을 맡아 공격하게. 동문은 적군이 달아날 수 있도록 퇴로를 열어 두겠네. 오늘은 기필코 완성을 탈환하세."

"예! 장군."

손견과 유비는 마치 약속한 것처럼 동시에 대답했다.

손견은 수하들을 이끌고 남문으로 쳐들어간 후 단신으로 성벽을 기어올랐다. 손견이 성문을 열기 위해 달려가자 황건적들이 우르르 덤벼들었다. 그러나 손견의 칼이 춤을 출 때마다 황건적들은 제대로 싸워 보지도 못하고 목이 달아났다. 그 모습을 본 적장 조홍이 말을 달려 손견을 가로막았다.

"이놈! 목을 내놓아라!"

"네놈에게 그만한 재주가 있겠느냐?"

손견이 여유 있게 조홍의 공격을 받아 내며 조롱했다. 조홍은 성이 나서 장창을 휘두르며 더욱 거칠게 공격을 퍼부었다. 그러나 조홍은 애초 손견의 적수가 못 되었다. 몇 차례 조홍의 공격을 받아 내던 손견이 돌연 큰 소리로 호통을 쳤다.

"이놈! 그만 목숨을 내놓아라!"

"크억!"

비명과 함께 조홍은 손견의 칼 아래 목숨을 잃고 말았다.

조홍이 손견과의 결투에서 맥없이 패하자 또 다른 적장 손중은 겁을 집어먹었다. 그는 싸움을 포기한 채 부하들을 이끌고 달아났다. 그 모습을 발견한 유비의 부하가 외쳤다.

"적장이 도망가고 있습니다."

"흥, 그냥 보내 줄 수 없지."

유비는 도망치는 손중을 향해 재빨리 화살을 날렸다. 화살은 정확하게 손중의 목을 관통했고, 그는 외마디 비명과 함께 말 위에서 굴러떨어져 숨을 거두고 말았다.

손견과 유비의 대활약으로 관군은 완성을 탈환하고 큰 승리를 거두었다. 또한, 그 여세를 몰아 여러 고을의 황건적 잔당들까지 모두 소탕하자, 남양 일대에서 황건적은 다시는 흔적을 찾아보기 어렵게 되었다.

"모두 기뻐하라! 드디어 황건적의 무리를 모두 토벌했다. 이제 승리의 소식을 전하러 다 함께 낙양으로 가자."

주준이 승리를 선포하자 병사들은 환호했다.

"와아아아!"

주준은 손견과 유비를 데리고 낙양으로 개선했다. 그리고 황제에게 나아가 손견과 유비의 활약을 아뢰었다.

5

관직을 내려놓다

조정에서는 주준의 공로를 치하하여 거기장군으로 승진시킨 후 하남 윤에 임명했다. 그러나 유비는 벼슬은커녕 성안으로 들어갈 수조차 없었다.

전국에서 황건적을 물리치고 입성한 장수들로 성안이 넘쳐나서 자리가 부족하다는 이유에서였다. 하지만 그것은 핑계였고, 사실은 뇌물을 받고 벼슬을 파는 십상시의 농간 때문이었다. 손견은 연줄이 있어서 뇌물을 주고 별군사마(소속이 없는 별개 군대의 사령관)에 임명되었다.

그 사실을 모르는 유비는 부하들과 함께 성 밖에 대기한 채 추위와 싸워야 했다. 그렇게 며칠이 지나자 준비한 식량마저 바닥을 드러냈다.

"형님, 식량이 동이 났습니다. 하루에 두 끼씩 죽을 끓여 배급하고 있지만, 이대로 가다간 이삼일도 버티기 어렵습니다."

관우가 식량 걱정을 하자 장비가 불만을 쏟아 냈다.

"세상에 이런 법이 어디 있습니까? 목숨 걸고 나라를 지키기 위해 싸웠는데 얻은 게 겨우 추위와 배고픔에 문전박대[17]라니요."

"조정에서도 사정이 있다고 하니 조금 더 기다려 보자. 곧 안에서 좋은 소식이 오겠지."

유비는 관우와 장비에게 의연한 태도를 보였지만 내심은 그렇지 못했다.

'역시 관직이 없는 나는 아무리 큰 공을 세워도 인정받기 힘든 것인가?'

유비가 상념에 잠겨 있을 때 마침 그곳을 지나던 낭중(황궁의 문서를 관리하는 차관급 관직) 장균이 유비를 알아보고 다가왔다. 장균과 유비는 노식 문하에서 함께 공부하던 동문 사이였다.

장균은 유비로부터 자초지종[18]을 듣고 분개하여 그 길로 황제를 알현했다.

"폐하! 황건적이 반란을 일으킨 것은 모두 십상시들 때문입니다. 저들은 자격도 없는 자들에게 뇌물을 받고 관직을 팔았습니다. 자신들에게 아부하는 자들은 등용하고 반대하는 자들은 무자비하게 처형했습니다.

저들에게 돈을 주고 관직을 산 자들이 탐관오리가 되어 백성들의 고혈을 짜냈기 때문에 나라가 혼란에 빠졌던 것입니다. 당장 저들의 목을 베어 그 책임을 물으십시오. 그리고 지금 저 성 밖에는 황건적을 토벌하는 데 큰 공을 세우고도 문전박대를 당한 채 추위에 떨고 있는 의병들이 있습니다. 그들을 즉시 불러들여 공을 세운 만큼 정당한 보상을 하고 관직을 내려 주십시오."

장균의 말에 매우 놀란 십상시들도 반격했다.

"폐하! 저놈이야말로 의병들에게서 뇌물을 받고 저희를 모함하는 것입니다. 저희는 억울합니다. 당장 저놈을 처벌하여 주십시오."

황제는 십상시들의 청을 받아들여 군사들에게 장균을 궁 밖으로 끌어내게 했다. 장균이 끌려 나가자 십상시들은 사태를 진정시키기 위해 대책 회의를 열었다.

"오늘 소동은 황건적을 토벌하는 데 공을 세운 자들에게 벼슬을 주지 않았기 때문이오. 그러니 우선 저들에게 작은 벼슬이라도 내려 불만을 잠재운 후 장균을 제거합시다."

십상시의 결정에 따라 황건적을 토벌하는 데 공을 세우고도 상을 받지 못한 이들이 벼슬길에 나서게 되었다. 유비에게도 중산부 안희현 현위(현의 치안을 담당하는 관직)라는 낮은 관직이 주어졌다. 유비는 그날로 휘하의 의병 중 20여 명만 남기고 모두 고향으로 돌려보낸 후 관우, 장비와 함께 남은 병사를 거느리고 임지로 부임했다.

안희현의 현위가 된 유비는 식사 때면 항상 관우, 장비와 함께 한 상에서 밥을 먹고 잘 때도 한 침상에서 함께 잤다. 또한, 백성들을 가족처럼 보살폈다. 백성들도 유비를 믿고 의지하며 따랐다. 이렇게 유비는 부임한 지 수개월이 채 지나지 않아 백성으로부터 인심을 얻었다. 황건적의 난으로 흉흉하던 민심도 안정되어 갔다.

그러던 어느 날 조정에서 독우(태수의 소속으로 영내 고을을 순찰하며 감독하는 관리)가 안희현에 감찰을 나왔다. 유비는 독우를 맞이하여 숙소인 역관으로 안내했다. 독우가 마루 위 의자에 앉자 유비는 계단 아래 서서 머리를 조아렸다. 한동안 거드름을 피우며 말없이 유비를 바라보던 독우가 불쑥 물었다.

"유 현위는 고향이 어디인가?"

"저는 중산정왕의 후손으로 유주 탁군 탁현 출신입니다. 고향에서 의병을 모아 황건적에 맞서 싸운 후 30여 회의 전투에서 공을 세워 이 고을 현위에 임명되었지요."

그러자 독우가 버럭 소리를 질렀다.

"닥쳐라! 네가 황제 폐하의 친척뻘이라 속이고, 공을 세웠다고 허위 보고한 것을 내 모를 줄 알았더냐? 조정에서 나를 이곳에 파견한 이유를 알고 있는가? 그대처럼 황실의 종친으로 속이거나 거짓으로 공을 내세우는 자들을 척결하기 위해서다."

유비는 하도 기가 막혀 할 말을 찾지 못한 채 허리를 굽혀 인사한 뒤 그 자리에서 물러났다. 집무실로 돌아온 유비는 휘하의 관리들을 불러 독우가 화를 낸 까닭을 물었다.

"독우가 위세를 부리는 것은 뇌물을 바라고 하는 수작입니다."

그 말을 들은 유비는 어처구니가 없어서 한탄해 마지않았다.

"내가 백성으로부터 아무것도 거둔 것이 없는데 무슨 재물이 있어서 뇌물을 바친단 말인가?”

다음 날, 유비가 뇌물을 바칠 기미가 없자 독우는 유비를 보좌하는 관리를 불러들여 포박한 뒤 불호령을 내렸다.

“너는 그동안 유 현위를 곁에서 보좌했으니 그가 무슨 죄를 지었는지 잘 알 것이다. 유 현위가 황실 종친으로 속이고 백성을 괴롭힌 죄를 하나도 빠짐없이 낱낱이 고하거라!”

“현위님이 백성을 괴롭히다니요? 그분은 절대 그런 적이 없습니다.”

“어허, 네놈이 지금 유 현위를 감싸는 것이냐? 당장 모든 죄를 이실직고[19]하거라! 사실대로 고하지 않으면 네놈을 처형하겠다.”

독우가 다그치자 관리는 울상이 되었다.

“나리, 없는 죄를 어떻게 만듭니까? 전 죽어도 못 합니다.”

독우는 관리에게 원하는 대답을 얻지 못하자 분노가 폭발했다.

“에잉! 저놈이 자백할 때까지 사정없이 쳐라!”

독우의 명을 받은 병사들은 관리에게 곤장을 쳤다. 그 사실을 알게 된 유비는 몇 번이나 관리를 풀어 달라고 사정하기 위해 독우를 찾아갔다. 그러나 독우는 그때마다 문지기에게 명해 유비의 출입을 막으며 면담조차 허락하지 않았다. 이에 마을 노인들까지 나서서 관리를 풀어 줄 것을 간청했으나 문지기는 그들을 윽박지르며 쫓아냈다.

마침 그곳을 지나던 장비가 그 장면을 목격하고 노인들에게 어찌 된 사연인지 물었다.

“독우 나리께서 현위님께 누명을 씌우려고 관리를 잡아다가 고문하고 있습니다.”

노인을 통해 자초지종을 알게 된 장비는 격노했다.

‘이놈이 뇌물을 안 바치니까 이젠 없는 죄까지 만들려고 하는구나.’

“이제 더는 못 참는다!”

장비는 온몸으로 거칠게 역관의 문을 열어젖혔다. 살기등등한 그 모습을 보고 독우를 수행한 병사들이 우르르 달려와 막아섰다.

“비켜라!”

장비는 그들을 손에 잡히는 대로 때려눕힌 후 곧장 별당으로 달려갔다. 대청 위에 독우가 거만한 모습으로 앉아 있고, 관리는 포박을 당한 채 땅바닥에 쓰러져 있었다. 그 모습을 본 장비는 두 눈을 부릅뜨며 큰 소리로 호통을 쳤다.

“야, 이 도둑놈아! 뭐 뜯어먹을 게 있다고 이런 촌구석까지 찾아와서 뇌물 타령이냐! 너 오늘 내 손에 혼 좀 나 봐야겠다.”

장비는 다짜고짜 독우의 상투를 틀어쥐고 관아까지 끌고 가서 말뚝에 달아맸다. 독우가 핏대를 올리며 호통을 쳤다.

“네 이놈! 네가 이러고도 무사할 것 같으냐?”

“이놈아! 네가 지금 날 걱정할 처지가 아니야. 네놈 걱정이나 해라!”

장비는 소매를 걷어붙이고는 양 손바닥에 침을 퉤퉤 뱉더니 손바닥을 마주쳐 쓱쓱 비볐다. 그러고는 말뚝 곁에 버들가지를 꺾어 작심한 듯 독우를 매질하기 시작했다. 매질이 가해질 때마다 독우는 마치 살점이 떨어져 나가듯 극심한 통증을 느꼈다. 하지만 통증보다 더 공포스러운 것은 장비의 폭주였다. 매질을 가하는 장비의 모습은 흡사 귀신과도 같았다. 죽음의 공포가 독우의 심장을 사정없이 후벼 팠다.

"아이고! 인제 그만, 내가 잘못했소. 제발 살려 주시오."

독우는 죽겠다고 비명을 질러 대며 용서를 빌었다. 하지만 그 소리가 분노가 폭발한 장비의 귀에 들어올 리 없었다.

집무실에 앉아 수심에 잠겨 있던 유비는 독우의 비명에 놀라 밖으로 나왔다. 독우가 매달린 채 장비에게 매질을 당하는 모습을 본 유비는 깜짝 놀랐다.

"이게 대체 웬일이냐?"

장비는 아직도 분이 풀리지 않는지 씩씩거리며 대답했다.

"백성들의 고혈을 빠는 이런 도적놈은 때려 죽여야 합니다."

독우는 유비를 보자 눈물을 흘리며 다 죽어 가는 목소리로 사정했다.

"현덕 공, 부디 목숨만 살려 주시오. 내 그 은혜는 잊지 않으리다."

유비는 낮게 한숨을 내쉬고는 장비를 옆으로 밀어냈다. 어느새 뒤쫓아 온 관우도 그의 곁에 와서 섰다.

"형님은 큰 공을 세웠지만 겨우 시골 구석의 현위 자리를 얻었소. 그런데 이젠 저따위 인간에게 모욕까지 당했소.

원래 봉황은 가시덤불 속에 살지 않는 법, 이렇게 된 이상 저 탐관오리를 죽입시다. 차라리 벼슬을 버리고 고향으로 돌아가서 다시 원대한 계획을 세워 보는 것이 어떻겠습니까."

관우의 말에 유비는 잠시 생각에 잠기더니 곧 품속에서 현위의 관직을 나타내는 도장을 꺼내어 독우의 목에 걸어 준 뒤 준엄하게 꾸짖었다.

"관직을 빙자해 백성의 고혈을 빤 죄를 생각하면 네놈은 죽어 마땅하다. 하지만 인명을 귀히 여김이 덕이라 목숨만은 살려 준다. 앞으로 죄를 뉘우치며 새 삶을 살기 바란다."

유비는 그 길로 안희현을 떠나 고향인 탁군으로 향했다. 죽음에서 벗어난 독우는 죄를 뉘우치기는커녕 이를 갈며 정주로 돌아가 태수에게 유비를 모함했다.

정주 태수는 독우의 말을 곧이곧대로 믿고 여러 고을에 유비 삼형제를 잡아들이라는 명령을 내리고 군사를 풀어 유비를 쫓게 했다. 그 소식은 유비의 귀에도 들어갔다.

"형님, 죄송합니다. 저 때문에 형님이 쫓기는 몸이 되다니, 정말 면목이 없습니다."

장비가 미안한 듯 고개를 숙이자, 유비는 장비의 어깨를 가볍게 어루만졌다.

"죄송하긴, 아우의 잘못이 아니니 신경 쓸 것 없네."

"이제 어쩌면 좋겠소?"

관우가 걱정스러운 듯 묻자 유비가 대답했다.

"대주의 유회 태수를 찾아가세. 그분은 나와 같은 황실의 종친이니 우리를 내치지는 않을 걸세."

유비 삼 형제는 고향으로 가던 발길을 돌려 대주의 유회를 찾아갔다. 대주 태수 유회는 예상대로 황실 종친인 유비를 반갑게 맞아 주었다.

"잘 오셨소. 내 집이려니 생각하고 편히 쉬도록 하시오."

"정말 고맙습니다."

유비 삼 형제는 예를 다하여 유회에게 고마움을 표했다. 그들은 유회의 보호 아래 쫓기는 신세를 면할 수 있었다.

6

십상시

한편 황건적의 난이 평정되자 숨을 죽이고 있던 십상시가 다시 위세를 떨치기 시작했다. 그들에게 황제는 자신들의 꼭두각시에 불과했다.

조정의 권세는 그들의 손에서 좌지우지[20]되었다. 십상시는 먼저 자신들의 뜻에 반대하는 자들의 벼슬을 빼앗고, 내쫓거나 죽이기로 모의했다. 심지어 그들 중 장양과 조충은 황건적의 난에 공을 세운 장수들에게도 뇌물을 강요했다.

대다수 장수가 울며 겨자 먹기로 십상시에게 뇌물을 갖다 바쳤다. 하지만 강직하기로 소문난 황보숭과 주전 두 사람은 십상시의 요구를 단호하게 거절했다.

그러자 십상시는 두 장군을 모함했다.

"황제 폐하, 거기장군 주전과 황보숭은 부하 장수들의 공을 가로 채 높은 관직과 상을 받은 자들입니다. 하지만 그들은 나랏일을 팽 개친 채 사리사욕[21]만 채우고 있습니다. 당장 그들을 파직하고 엄하 게 벌하여 본보기로 삼아야 합니다."

십상시들의 끈질긴 요구에 시달리다 못한 영제는 마침내 주전과 황보숭의 관직을 박탈하고, 환관 조충을 거기장군에 임명했다. 또 한, 장양을 비롯한 환관 열 명을 제후에 봉하고, 사공 장온을 태위 (군사 부문을 담당하는 재상)에 임명했다. 이러한 파격적인 인사는 국 정의 문란과 부정부패로 이어졌다. 백성은 폭정과 착취에 신음하고 민심은 다시 흉흉해졌다.

마침내 짓눌렸던 민심이 폭발하자 장사 땅에서 구성이란 자가, 어 양 지방에서는 장거와 장순 형제가 반란을 일으켰다.

장거는 스스로 황제를 칭하고 장순은 대장군이라 칭하며 백성들 을 선동하자 수많은 이가 그들의 휘하에 구름처럼 모여들었다. 그들 의 기세는 하늘을 찌를 듯 드높았다.

각 지방의 태수들은 도적들의 기세와 상황의 위급함을 앞다투어 조정에 보고했다. 하지만 십상시는 이 보고서를 모두 가로챈 뒤 황 제에게 알리지도 않았다.

어느 날 영제는 후원에서 십상시와 더불어 잔치를 벌였다. 한창 분 위기가 무르익어 흥을 돋우고 있는데 갑자기 간의대부(황제에게 잘못 이 있으면 간하는 직책) 유도가 달려 나와 황제 앞에 엎드려 통곡했다.

"흥겨운 술자리에서 그대는 어찌하여 슬피 우는가?"

영제가 물었다.

"사방에서 도적 떼가 들불처럼 일어나 관청을 침범하고 마구 노략질하고 있습니다. 나라가 위급한 상황에 황제 폐하께서는 어찌 환관들과 어울려 한가로이 술을 마시나이까?"

유도가 대답했다.

"그게 무슨 소리냐? 이토록 평화로운 시절에 도적 떼가 날뛰다니, 네 말대로라면 어찌 해당 관청에서 보고조차 한 번 없었단 말이냐?"

영제는 이해가 가지 않는다는 표정으로 되물었다.

"각지의 태수들이 올리는 보고서가 빗발치고 있지만, 저 십상시가 그것을 폐하께 숨기고 있나이다. 이 위기는 모두 저들이 매관매직을 일삼으며 폐하의 눈과 귀를 가리고 어진 이들을 조정에서 쫓아냈기 때문입니다. 이 어찌 위급하고 슬픈 일이 아니겠습니까?"

유도의 말에 십상시는 당황해서 표정이 굳어졌다. 그들은 서로 눈빛을 교환하더니 일제히 관을 벗고 다 함께 영제 앞에 꿇어 엎드렸다.

"대신들로부터 이러한 비난을 듣고서야 저희가 폐하를 어찌 모시겠나이까? 저희는 벼슬을 내어놓고 시골로 내려가서 살고자 하오니 허락하여 주시옵소서. 그리고 저희 재산은 모두 다 바치겠으니 군비에 보태 쓰도록 하시옵소서."

십상시가 눈물을 흘리며 고하자 영제는 그들의 거짓 충성에 속아 금세 마음이 흔들렸다.

"너희 집에도 가까이 시중드는 자가 있겠지? 한데 어찌하여 너는 짐이 신임하는 십상시를 모함하는 것이냐? 여봐라! 이놈을 당장 끌어내서 목을 베거라!"

황제의 명에 유도는 땅을 치며 한탄했다.

"내 한 몸 죽는 것이야 억울할 것 없다만 슬프도다! 고조께서 세우신 한나라 천하가 4백여 년 만에 이토록 허무하게 무너져 가는구나!"

황제의 호위병들이 달려들어 유도를 잡아끌고 막 나가려는데 갑자기 한 대신이 병사들의 앞을 가로막으며 소리쳤다.

"잠깐 기다려라! 너희들은 내가 폐하께 아뢰고 나올 때까지 유 대부에게 손을 대지 말라!"

그는 사도 진탐이었다. 진탐은 황제 앞에 나아가 꿇어 엎드렸다.

"폐하! 간의대부 유도가 무슨 죄를 지었기에 죽이려 하시나이까? 그는 폐하께 간언하는 자신의 임무에 충실했을 뿐입니다."

"그는 짐이 아끼는 충신들을 모함하였다. 더구나 짐을 모독하였으니 죽어 마땅하도다."

황제의 말에 진탐이 소리 높여 아뢰었다.

"폐하! 십상시들에 대한 원성이 하늘을 찌르고 있습니다. 천하의 백성이 모두 저들을 향해 이를 갈고 있나이다. 그런데 어찌하여 폐하께서는 백성들을 돌보지 않으시고 십상시를 부모처럼 공경하시며, 아무런 공적도 없는데 제후에 봉하셨습니까?

저들과 한패였던 봉서는 황건적에게 뇌물을 받고 반란까지 일으키려고 하지 않았습니까? 폐하께서 계속 저들의 말만 믿고 경계하지 않으신다면 머지않아 종묘사직은 무너지고 말 것입니다."

"무엄하도다! 봉서가 처형된 일을 가지고 증거도 없이 저들을 의심하느냐? 그 일로 십상시 모두를 비난하는 것은 모함일 뿐이다. 저들 중에 충신이 없다고 네가 어찌 장담하느냐?"

"폐하, 간악한 십상시의 말에 더는 속지 마십시오. 저들은 폐하를 파멸로 이끌 것입니다. 부디 현명한 판단을 내려 주십시오."

진탐은 다시 한 번 엎드려 간곡하게 청했다. 그러나 황제는 들으려고 하지 않았다.

"닥쳐라! 네놈이야말로 나와 십상시를 이간질하려는 것이 아니더냐?"

황제의 호통에 사도 진탐은 원통함을 이기지 못해 스스로 댓돌에 머리를 찧었다. 상처에서 붉은 피가 흘러내려 그의 옷을 적셨다. 영제는 피를 흘리며 간언하는 진탐의 충성심을 오히려 자신을 거스르려 하는 것이라 생각하여 화를 냈다.

"당장 진탐을 끌어내어 유도와 함께 옥에 가두어라!"

그날 밤, 십상시는 자객을 보내 사도 진탐과 간의대부 유도를 살해했다.

다음 날, 유도와 진탐을 제거하고 한숨 돌린 십상시는 장사에서 난을 일으킨 구성과 어양에서 난을 일으킨 장거와 장순 형제를 칠 일을 의논했다. 건석이 의견을 냈다.

"손견을 장사 태수로 임명한 후 구성을 토벌하게 하고 유우를 유주 목사(유주의 행정, 군사 책임자)로 삼아 장거 형제를 치게 합시다."

모두 그의 의견에 찬성했다. 그들은 즉시 황제 몰래 조서를 만들어 손견을 장사 태수, 유우를 유주 목사로 임명했다.

손견은 황개, 한당, 정보, 조무 등 네 장수를 거느리고 구성을 토벌하기 위해 나선 지 50여 일 만에 구성을 죽이고 난을 평정했다. 조정은 그 공로를 인정하여 손견을 오정후로 봉했다.

한편 어양의 장거와 장순을 토벌하기 위해 나섰던 유우는 예상치 못했던 강력한 저항에 부딪히자 같은 황실의 종친인 대주 태수 유회에게 도움을 요청했다.

이에 유회는 자기 집에 숨어 지내던 유비를 불러 의논했다.

"오명을 벗을 좋은 기회요. 내가 추천서를 써 줄 테니 유주로 가서 공을 세워 보시오."

"좋습니다."

유비는 유회의 제안을 받아들여 관우와 장비를 데리고 유주 땅으로 갔다. 유비가 유회의 추천서를 바치자 유우는 크게 기뻐하며 유비를 도위(유주의 군사 책임자)로 삼았다.

"군사 3천을 줄 테니 그대는 즉시 장거 형제를 토벌하도록 하시오."

"명을 받들겠습니다."

유비는 군사들을 이끌고 전투에 나서 반란군의 본거지를 에워싸고 쉴 새 없이 퍼부었다.

며칠간 계속된 공격에 반란군은 서서히 기세가 꺾이기 시작했다. 전황이 불리하게 돌아가자 장순에게 원한을 품은 장수 하나가 장순의 목을 베어 부하들을 거느리고 투항했다. 동생이 죽임을 당하고 그 무리가 항복했다는 소식을 들은 장거는 스스로 목숨을 끊었다. 이렇게 하여 어양 땅에서 일어난 장거와 장순의 반란도 진압되었다.

유우가 조정에 유비의 공적을 표문으로 올리자 조정에서는 독우를 매질한 죄를 용서하고 고당 땅 현위(현령을 보좌하는 관리)로 발령했다. 이어서 공손찬이 유비가 황건적의 난에서 세운 공로를 자세히 표문으로 올리자 조정에서는 유비를 다시 평원 현령(현의 행정 책임자)에 임명했다. 평원은 비옥하고 기름진 땅에 수확량도 많아 관의 창고에는 곡식이 넘쳐났다. 평원에 부임한 유비는 매일 군사를 조련하며 때가 오기를 기다렸다.

7

대장군 하진

중평 6년 4월이었다. 영제는 몸져누운 후 병세가 갈수록 깊어졌다. 영제에게는 아들이 둘 있었는데 큰아들 변은 하황후의 소생이었고, 둘째인 협은 왕미인의 소생이었다. 하황후는 원래 백정 집안 출신이었으나 영제의 눈에 들어 후궁이 된 후 황자 변을 낳고 황후가되었다. 그 덕분에 하황후의 오라버니 하진은 백정의 신분에서 대장군이 되어 그야말로 벼락출세를 했다.

그 후 영제는 후궁 왕미인에게서 아들 협을 얻었는데 하황후는 영제가 왕미인을 총애하자 이를 질투하여 결국 왕미인을 독살하기에이르렀다. 이 때문에 협은 영제의 어머니 동태후의 품에서 성장해야했다. 동태후는 원래 해독정후 유장의 아내였다.

그런데 황제인 환제가 아들이 없어서 유장의 아들을 양자로 맞았는데 그가 바로 영제였다. 환제를 계승하여 황제가 된 영제는 친어머니를 태후로 모셨다.

동태후는 영특한 협을 몹시 총애해서 영제에게 협을 황자로 삼을 것을 권하기도 했다. 영제 또한 어미를 잃고 할머니의 손에서 자란 협이 가엾기도 하고, 한편으로 영특하기도 하여 하태후 소생인 변 황자보다 더욱 총애했다. 그래서 협을 황태자로 책봉하려던 참에 병세가 깊어져 침상에 눕게 된 것이다. 십상시도 그 점을 잘 알고 있었다. 그들은 황자 변이 황제를 계승할 경우 대장군 하진이 더욱 득세할 것을 염려했다.

중상시 건석은 영제의 병상에 나가 은밀히 속삭였다.

"협 황자를 태자로 세우시려면 먼저 대장군 하진을 죽여 후환을 없애야 합니다."

영제도 건석의 말에 공감했다. 그는 자신의 병세가 위독하다는 것을 알고 죽기 전에 후사를 서둘러 매듭짓고 싶었다.

그래서 영제는 지체하지 않고 명령을 내렸다.

"대장군 하진을 궁으로 불러들여라!"

황제의 부름을 받은 하진은 곧바로 궁으로 향했다. 그가 궁문에 이르렀을 때 부관 반은이 하진에게 귀띔했다.

"지금 궁에 들어가시면 안 됩니다. 황제께서 장군을 부르신 것은 건석이 장군을 암살하기 위해 꾸민 함정입니다."

하진은 그 소리를 듣고 깜짝 놀라 말 머리를 돌렸다. 서둘러 집으로 돌아온 하진은 급히 대신들을 불러 모았다.

"십상시들이 나를 죽이고 협 황자를 황태자로 세우려고 음모를 꾸미고 있소. 안 그래도 십상시의 악행으로 천하가 분노하고, 백성들의 원성이 하늘을 찌를 듯한데 이 기회에 놈들을 모조리 제거하는 것이 어떻겠소?"

하지만 대신들은 누구 하나 입을 열지 못했다. 조정의 권력을 틀어쥐고 있는 십상시는 그 세력이 워낙 막강해서 자칫 잘못 건드렸다가 역으로 화를 당할 수 있었기 때문이었다. 대신들이 서로 얼굴만 마주 보며 침묵을 지키고 있을 때, 한 젊은이가 앞으로 나서며 말했다.

"지당하신 말씀이지만 십상시를 한꺼번에 제거하기는 현실적으로 매우 어렵습니다. 그들이 조정 안 구석구석에 마치 거미줄처럼 촘촘한 조직망을 구축해 놓았기 때문입니다. 자칫 잘못 건드렸다가는 오히려 우리가 거미줄에 걸린 파리 목숨이 될 것입니다. 만일 이 일이 밖으로 새는 날이면 우리 모두 멸족을 당할 테니 부디 심사숙고하십시오."

모든 사람의 시선이 그에게 쏠렸다. 그는 전군교위(경비대장) 조조였다. 대장군 하진의 신분에서 보면 그는 말단 장교에 불과했다. 더구나 조조는 외척인 하진이 가장 미워하는 환관 중에서도 가장 영향력 있는 인물 조등의 손자가 아닌가. 하진은 조조의 말에 비위가 거슬려 노기 띤 얼굴로 호통을 쳤다.

"닥쳐라! 너 같은 애송이가 조정의 대사를 어찌 안다고 입을 함부로 놀리느냐?"

하진이 노기를 띠자 좌중의 분위기는 더욱 무거워졌다. 이때 사도 반은이 달려와 소식을 전했다.

"큰일 났습니다. 황제께서 운명하셨습니다. 건석 등 환관들이 십상시와 의논하여 황제께서 운명하셨다는 사실을 숨기고, 거짓 조서를 꾸며 장군을 황궁으로 유인한 뒤 암살하려고 합니다. 그러고 나서 협 황자를 황제로 삼자는 계책을 꾸미고 있습니다."

반은의 말에 하진은 분노가 폭발했다.

"내 이놈들을 용서치 않을 것이다."

이때 조정에서 칙사가 와서 황제의 명을 전했다. 그 칙사는 십상시들이 보낸 거짓 조서를 읽었다.

"대장군께서는 곧바로 입궐토록 하시오. 황제 폐하의 명이 경각에 달려 있습니다. 폐하께서는 장군과 더불어 후사를 논하신다고 하십니다."

그러나 십상시의 계획을 전부 알고 있는 하진은 칙사를 향해 두 눈을 부라리며 반은에게 명했다.

"먼저 이놈부터 끌어내서 참수하라!"

하진은 칙사의 목을 베게 한 다음 좌중을 둘러보며 큰 소리로 말했다.

"누가 나와 함께 역적들을 토벌하고, 흔들리는 황실을 바로 세우겠소?"

여러 대신이 나서기를 주저하며 서로 눈치만 보고 있을 때 하진의 질책을 받았던 조조가 다시 나섰다.

"먼저 새로운 황제를 모신 후, 십상시를 처치해도 늦지 않을 것 같습니다."

하진도 조조의 말이 매우 일리가 있다고 느꼈다. 일에는 순서가 있고, 거사에는 명분이 필요하다. 명분 없는 거사는 도적 떼의 반란과 다름없다. 비록 천한 백정 출신으로 대장군의 지위에 오른 하진이지만 그 정도 이치는 깨닫고 있었다.

"그대의 말이 옳다. 누가 새 황제를 모신 후 나를 도와 역적들을 처단하겠는가?"

"사례교위 원소가 함께하겠습니다."

하진의 말이 끝나기가 무섭게 우렁찬 목소리와 함께 한 젊은이가 자리에서 벌떡 일어났다.

"저에게 군사 5천 명만 주십시오. 당장 궁으로 쳐들어가서 새 황제를 모시겠습니다. 그러고 나서 십상시 무리를 모조리 처단하여 조정을 일신하고 종묘사직을 바로 세우겠습니다."

하진이 보니 그는 사도 원봉의 아들이며, 원외의 조카인 사례교위 원소였다. 그의 집안은 4대에 걸쳐 삼공을 배출한 이름 높은 명문가였다.

하진은 크게 기뻐하며, 자신의 휘하 부대 중 가장 용맹스러운 친위병 5천 명을 원소에게 주었다.

원소는 즉시 군사들을 거느리고 황궁으로 달려갔다. 하진은 하옹, 순유, 정태 등 대신 30여 명을 거느리고 원소의 뒤를 따랐다.

원소는 황궁에 들어가자마자 먼저 황궁의 출입문부터 모두 봉쇄

했다. 그러고서 지위의 고하를 막론하고 모든 이의 황궁 출입을 통제했다.

하진과 대신들이 황궁에 도착하여 영제의 관 앞에 나아가 하태후의 소생인 유변을 옹립하고 새 황제의 즉위를 만천하에 선포했다. 문무백관이 절하고 만세를 불렀다. 황제의 즉위식은 일사천리[22]로 진행되어 순식간에 끝났다.

"반역의 수괴 건석의 목을 베어 그 피로 억울하게 목숨을 잃은 충신들의 넋을 위로하리라!"

원소는 직접 장검을 빼 들고 십상시 중 한 명인 건석을 잡으러 궁 안을 뒤졌다. 건석은 상황의 위급함을 파악하고 궁궐 내 정원의 꽃밭에 몸을 숨겼다. 그 모습을 발견한 중상시 곽승은 제 살길을 찾기 위해 한패인 건석을 찔러 죽인 후 하진에게 투항해 버렸다. 그러자 건석이 거느리던 금군(황궁 군사)도 대세가 기울었음을 파악하고 모두 하진에게 귀순했다.

"이 기회에 십상시는 물론 환관 놈들까지 모조리 없애셔야 합니다."

원소가 하진에게 건의했다. 이 소식을 들은 장양 등 십상시 무리는 서둘러 내궁으로 들어가서 하태후에게 목숨을 구해 달라고 애원했다.

"하진 대장군을 살해하려고 했던 것은 건석이란 놈이 단독으로 저지른 소행입니다. 저희는 그 일에 관여한 적이 없습니다. 그런데 하진 대장군께서는 원소의 말만 믿고 저희를 다 죽이려 하고 있습니다. 태후마마, 그동안 신들이 마마께 얼마나 충성을 다 바쳤는지 잘 아시지 않습니까? 부디 저희를 구해 주시옵소서."

하태후가 대답했다.

"알았다. 너희들은 나만 믿고 걱정하지 말라. 내가 너희를 지켜 줄 것이다."

하태후는 즉시 하진을 불러 타이르듯 말했다.

"우리 남매는 원래 미천한 신분이 아니었소? 오늘날 우리가 이처럼 부귀영화[23]를 누리게 된 것은 지난날 장양 등 십상시가 도왔기 때문이 아닌가요? 더구나 반역을 도모한 건석은 이미 죽임을 당했습니다. 오라버니는 어찌 다른 이의 말만 믿고 죄 없는 환관들을 모조리 죽이려 하십니까?"

하태후의 말에 하진은 백정 시절 자신의 모습을 떠올렸다. 하태후가 궁녀의 몸에서 단숨에 황후에 오른 것도 따지고 보면 장양 등의 도움이 있어서 가능했다. 그 사실을 잘 알고 있는 하진은 동생 하태후의 말에 뭐라고 반박할 수 없었다. 원래 아둔하고 결단력이 없던 하진인지라 하태후의 말에 수긍하고 내궁에서 물러 나왔다.

"반역의 수괴인 건석은 이미 죽었으나 그 일족을 모조리 죽여 본보기로 삼겠다. 하지만 죄가 없는 다른 환관들까지 해칠 필요는 없으니 함부로 죽이지 말라."

원소는 갑자가 돌변한 하진의 태도에 납득이 가지 않는 듯 말했다.

"그게 무슨 말씀입니까? 풀은 뿌리째 뽑아 버리지 않으면 다시 자라나듯이 지금 저들을 살려 준다면 반드시 큰 화근이 될 것입니다."

"자네의 말뜻은 충분히 이해하네. 하지만 내 결심은 변함이 없네.

그러니 더는 말하지 말게!"

하진이 손을 내저으며 말했다. 여러 대신은 하진의 우유부단[24]함에 속으로 탄식했다. 그들은 모두 원소의 의견에 공감했으나 누구하나 입을 열지는 않았다.

8

궁중암투

　건석이 죽은 이튿날, 하태후는 대장군 하진에게 녹상서사(궁중의 문서를 맡아 보고 조서와 칙서를 기초하는 직위)를 겸하게 하고, 다른 대신들의 벼슬도 높여 주었다.

　한편 영제의 생모 동태후는 장양 등 십상시의 무리를 은밀히 궁으로 불렀다.

　"하진의 누이는 지난날 내가 천거했는데, 이제 그것이 내게 묻지도 않고 제 자식을 멋대로 황제에 즉위시켰다. 신하들 또한 저들의 잘못됨을 바로잡기는커녕 꿀 먹은 것처럼 입을 닫고 모두 충성을 맹세했다니, 나는 장차 어찌하면 좋단 말이요?"

　장양은 권모술수[25]에 뛰어난 자였다. 그는 동태후가 근심이 가득한 얼굴로 묻자 계책을 내었다.

"태후마마는 조회 때 나아가서 주렴을 드리우시고 정사에 관여하십시오. 또한, 황자 협을 왕으로 책봉하시고, 마마의 조카이신 동중에게 큰 벼슬을 내려 병권을 장악하십시오. 그리하시면 훗날 큰일을 도모하실 수 있습니다."

장양의 계책이 마음에 든 동태후는 크게 기뻐했다. 이튿날 아침, 동태후는 조정에 나아가 황자 협을 진류왕에 봉하고, 자신의 조카 동중을 표기장군에 임명했다. 또한, 장양 등 십상시에게 다시 요직을 주어 정사를 돌보게 했다.

이 사실을 안 하태후는 매우 놀랐다. 생각지도 못했던 동태후의 행보에 화가 났지만, 동태후는 영제의 생모가 아닌가? 함부로 대처할 일이 아니라고 여긴 하태후는 시어머니인 동태후를 회유하기로 했다.

며칠 뒤 하태후는 잔치를 베풀어 동태후를 초대했다. 동태후가 잔칫상에 앉자 하태후는 동태후에게 잔을 올리고 두 번 절했다.

"마마, 우리는 모두 부녀자이니 정사에 참여하는 것은 옳은 일이 아닌 줄 아뢰옵니다. 지난날 여황후(한고조 유방의 황후)께서 나라의 대권을 움켜쥐었다가 그것이 화근이 되어 그 일족 천여 명이 모두 목숨을 잃었습니다. 부디 그 일을 교훈으로 삼으셔서 조정의 일은 대신들에게 맡기시는 것이 복이 될 듯하옵니다."

그 말에 동태후는 그만 분노가 폭발했다.

"방자한 것! 지금 나를 협박하는 것이냐? 네가 왕미인을 독살하고, 이제 네 아들을 황제로 옹립하더니 눈에 보이는 것이 없구나!

네가 오라비 하진이 대장군이라 하여 그 세력을 믿고 이리 방자하게 군다만 나도 표기장군 동중에게 분부하면 네 오라비의 목을 치는 것이 그리 어려운 일만은 아니다!"

동태후의 말에 하태후도 발끈했다.

"나는 좋은 뜻으로 말씀 드렸는데 어찌 그처럼 역정을 내십니까?"

"너희는 짐승을 잡고 술이나 팔던 천한 백정 집 출신이 아니냐? 일찍이 내가 천거하지 않았다면 네가 어찌 황태후까지 되어 이처럼 부귀영화를 누렸겠느냐? 너야말로 함부로 나서지 말고 근신하거라!"

시어머니와 며느리 사이인 두 태후가 서로 감정이 격화되어 심하게 다투자 장양이 끼어들어 중재에 나섰다. 그러나 다툼의 불씨는 쉽게 사그라지지 않았다.

이날 밤 하태후는 은밀하게 하진을 궁으로 불렀다. 그러고는 동태후와 다툰 일을 이야기했다. 황궁에서 집으로 돌아온 하진은 삼공을 모두 불러 함께 동태후를 제거할 계략을 꾸몄다. 세 명의 재상이 한목소리로 말했다.

"동태후를 궁 밖으로 내쫓으면 어떻겠습니까?"

"내가 바라던 바요. 하지만 무슨 근거를 댄단 말이오?"

"황후 출신이 아니라는 이유를 대시지요."

원래 태후는 황제의 어머니를 의미하는 칭호이다. 황후의 아들인 태자가 황제의 자리에 오르면 어머니인 황후는 태후로 신분이 바뀐다. 하지만 헌제가 죽은 뒤 아들이 없어 유굉이 재위를 계승하여 영제가 되었고, 영제의 어머니는 황후가 아니었지만 단번에 태후의 지위에 올랐다. 그들은 바로 그 점, 즉 동태후가 황후 출신이 아니라는 이유를 내세워 궁 밖으로 쫓아냈다. 그리고 금군을 보내어 표기장군 동중에게서 도장을 찾아오게 했다. 동중은 금군이 집을 포위하자 사태가 위급한 것을 깨닫고 스스로 목숨을 끊었다.

장양 등 십상시는 동태후가 힘없이 궁에서 쫓겨나고 표기장군 동중이 스스로 목숨을 끊자 자신들의 신변에 위협을 느꼈다. 그들은 서둘러 하진의 동생 하묘에게 금과 은 등 값진 보물을 뇌물로 바치고, 하진의 어머니에게도 환심을 사려고 온갖 정성을 쏟았다. 두 모자는 뇌물에 마음을 빼앗겨 십상시를 대신하여 하태후와 하진을 달랬다. 그 덕분에 장양과 단규 등은 겨우 안전을 보장받을 수 있었다.

갈등이 발생한 지 몇 개월 뒤 하진은 은밀히 자신의 심복을 하간군으로 보내 마침내 동태후를 독살했다. 그는 동태후의 시신을 낙양으로 옮겨 장사 지내게 했으나 자신은 병을 핑계로 장례식에 참석하지 않았다. 그러고는 한동안 집에서 나오지 않았다.

어느 날 원소가 하진을 찾아왔다.

"요즘 십상시 무리가 황궁 밖으로 유언비어²⁶를 퍼뜨리는 사실을 아십니까? 그들은 장군이 동태후 마마를 독살했다는 소문을 퍼뜨리며 은밀하게 흉계를 꾸미고 있습니다. 당장 그 역적들을 처단하지 못하면 훗날 반드시 큰 화근이 될 것입니다. 지난날 두무 대장군께서 환관들을 죽이려다가 그 정보가 새어 나가는 바람에 오히려 역공을 당해 목숨을 잃었던 사건을 잘 아시지 않습니까?

지금 장군의 곁에는 강하고 충성스러운 부하들이 포진해 있으니 지금이야말로 저들을 처단할 다시없는 기회입니다. 부디 기회를 잃지 마십시오."

그러나 하진은 또다시 주저했다.

"알았네. 내 생각을 좀 해 볼 테니 다시 상의하기로 하세."

그러나 원소와 하진이 나눈 대화는 곧 십상시의 귀에 흘러 들어갔다. 십상시가 하진의 집안에 끄나풀을 심어 놓았던 것이다.

십상시는 크게 당황했다. 그들은 서둘러 금은보화를 챙긴 뒤 하묘를 찾아가 눈물로 호소하며 도움을 요청했다. 하묘는 십상시를 구명하기 위해 하태후를 찾아갔다.

"형님께서 요즘 새 황제를 보좌하면서 덕을 베풀 생각은 하지 않고 계속 십상시를 처단할 생각만 하고 계십니다. 형님은 그들이 과거 태후마마를 도왔던 일은 안중에도 없는 듯합니다. 이는 은혜를 저버리는 일이며, 마마의 수족을 자르겠다는 것과 무엇이 다르겠습니까?"

"내 알아듣도록 오라버니를 타이를 테니 걱정하지 말아라."

하묘가 돌아간 후 이번엔 하진이 하태후를 찾아왔다.

"아무래도 십상시를 처단해야겠습니다."

"오라버니, 왜 그렇게 십상시를 죽이지 못해서 안달하시오?

궁궐 안의 일은 환관이 관장하는 것이 전통이거늘 그것을 무시하고 환관들을 해친다면 이는 곧 황궁의 전통을 거스르는 일입니다.

더는 피를 볼 생각을 하지 마세요."

하태후는 단호한 어조로 하진을 나무랐다. 결국, 하진은 십상시를 제거하겠다는 의사를 밝혔다가 하태후로부터 잔소리만 잔뜩 듣고 물러나야만 했다.

하진이 집으로 돌아오자 기다리고 있던 원소가 영접하며 질문했다.

"태후마마의 허락은 받으셨습니까?"

"태후께서 십상시를 저토록 감싸시니 내가 어찌 함부로 손을 쓸 수 있겠나?"

하진이 힘없이 말하자 원소는 하진의 우유부단함에 실망하면서도 그에게 다시 한 번 결단을 촉구했다.

"환관들은 과거 태후마마를 도왔던 일을 내세워 마마께 눈물로 호소하면 통한다는 것을 잘 알고 있습니다. 또한, 태후마마의 말씀을 장군께서 거역하지 못한다는 것을 잘 알고 계속 태후마마를 이용하고 있습니다. 더 저들의 농간에 넘어가서는 안 됩니다."

"그럼 어찌해야 하겠는가?"

하진이 무기력하게 되물었다.

"이렇게 하시면 어떻습니까? 대장군께서 직접 나서지 않고 다른 사람의 손을 빌리는 것입니다. 널리 사방에 있는 장수들을 불러들여 그들에게 환관들을 모조리 베어 버리게 하십시오. 그렇게 하면 장수들이 한 짓이라 태후마마께서도 장군을 꾸짖을 명분이 없을 것입니다."

하진은 무릎을 치며 감탄했다.

"좋은 생각이야. 그렇게 하면 되겠어."

이때 나무 뒤에 숨어 그들의 대화를 엿듣는 사람이 있었다. 전군교위 조조였다.

"쥐새끼 한 마리 잡으려고 초가삼간을 태우시렵니까? 십상시를 잡아들여 옥에 가둔 후 군사를 시켜 몰래 죽이면 그만입니다.

사방에 있는 장수들을 불러들이면 조정의 분란을 만천하에 알리는 꼴이 됩니다. 만약 그들이 황궁으로 몰려와 서로 대권을 잡겠다고 다투기라도 한다면 오히려 더 큰 화를 불러들이게 되는 것입니다. 참으로 어리석은 방법이 아닐 수 없습니다."

조조가 나무 뒤에서 걸어 나오며 말했다. 그 말에 하진이 역정을 냈다.

"조조, 그대는 나에게 태후마마를 거역하게 해서 남매간의 의를 갈라놓을 셈이냐? 어찌 손대지 않고 코를 푸는 방법을 어리석은 방법이라고 깎아내리느냐?"

하진의 태도에 조조는 실망하여 쓴웃음만 지으며 물러났다. 그는 속으로 생각했다.

'고양이를 내쫓기 위해 호랑이를 집 안으로 불러들이다니, 어리석게도 하진이 스스로 큰 화를 자초하는구나.'

하진은 원소의 의견을 받아들여 주부(문서 담당 책임자) 진림으로 하여금 각처에 공문을 보내도록 지시했다. 하진의 명을 받은 진림 역시 깜짝 놀라서 만류했다.

"이 일은 국가 대사에 관한 일이니 신중하셔야 합니다. 십상시를 처치하는 것은 장군께서 마음만 먹으면 언제든지 가능합니다. 하지만 지방의 장수들을 불러들이는 일은 맹수를 우리에서 풀어놓고 마음껏 날뛰게 하는 것과 다름없습니다. 그들이 통제를 벗어나 폭주하면 조정에 큰 화가 미칠 것입니다."

"그들이 맹수라면 나는 조련사다. 그러니 걱정할 것 없다."

하진은 진림의 말에 귀를 닫고 자기 생각을 밀어붙였다. 그는 심복 부하들에게 황제의 조서를 주어 비밀리에 사방으로 내려보냈다.

9

십상시의 반격

하진이 보낸 황제의 조서는 서량 자사 동탁에게도 전해졌다. 동탁은 황건적을 토벌할 때 패하기만 하고 행실 또한 문제가 많아 평판이 매우 좋지 않았다.

조정의 문책 대상에 올랐던 그는 십상시에게 많은 뇌물을 바치고 처벌을 면하였다. 그뿐만이 아니었다.

십상시는 동탁을 자신들의 심복으로 삼을 속셈에 그의 벼슬을 중랑장에서 자사로 높이고 군사 20만을 거느린 막강한 실력자로 만들었다.

그러나 동탁은 십상시의 기대와 달리 야심이 큰 자였다. 그가 원한 것은 천하였다. 동탁이 머리가 좋고 재주가 뛰어나기로 소문난 이유를 사위로 맞이한 것도 알고 보면 자신의 야망을 실현하기 위한 포석이었다.

동탁은 황제의 조서를 받고 흡족해했다.

"이제야 천하를 내 손안에 거머쥘 기회가 제 발로 찾아오는구나. 이 기회를 놓친다면 나는 평생 땅을 치며 후회하게 될 것이다."

동탁은 출발에 앞서 자신의 또 다른 사위인 중랑장 우보에게 자신의 근거지인 섬서 땅을 지키게 했다. 동탁 자신은 이각, 곽사, 장제, 번조 등 휘하의 장수들을 모두 거느리고 낙양을 향해 길을 떠났다. 이때 사위이자 모사인 이유가 말했다.

"황제의 조서를 받았지만, 그 내용이 불확실하니 우선 황제께 보고를 올리는 게 좋겠습니다. 그렇게 하면 대의명분[27]도 서게 되고 만인의 의심을 피해 큰 일을 꾀할 수 있습니다."

동탁은 매우 기뻐하며 표문을 올렸다.

'신이 생각건대 천하가 혼란스러운 원인은 장양 등 십상시가 하늘의 뜻을 어기고 질서를 어지럽혔기 때문이라고 여겨집니다. 끓는 물을 식히려면 불을 꺼야 하고, 고름이 든 종기를 째는 것은 고통스럽지만 독을 키우는 것보다 낫다고 하였습니다. 이에 신이 감히 군대를 이끌고 징과 북을 울리며 낙양으로 가서 십상시 무리를 처단하겠사오니, 황제 폐하께서는 신의 충정을 헤아려 주시기 바라나이다.'

하진은 동탁이 올린 표문을 여러 대신에게 보여 주었다. 그러자 시어사 정태가 표문을 읽고 깜짝 놀라 근심하며 말했다.

"동탁은 늑대 같은 자입니다. 그를 도성으로 끌어들이면 반드시 큰 화근이 될 것입니다."

정태의 말이 끝나자 이번엔 유비의 스승이기도 한 중랑장 노식이 앞으로 나섰다. 그는 황건적의 난 때 모함을 받아 감금되었다가 누명을 벗고 다시 복직되었다.

"저도 동탁을 잘 압니다. 그는 잔인하고 탐욕스러운 성품의 소유자입니다. 만약 그가 20만의 대규모 병력을 이끌고 낙양에 들어오는 날이면 그 순간부터 아무도 그를 통제할 수 없게 됩니다. 장차 그가 일으킬 재앙을 막으려면 지금이라도 그를 돌아가게 하십시오."

그러나 하진은 정태와 노식의 충언을 무시했다.

"그대들은 무슨 의심이 그리 많소? 그래서야 어찌 천하의 영웅들을 우리 편으로 끌어들일 수 있겠소? 그대들과 큰일을 꾀하자니 답답하기 그지없소이다."

이에 실망한 정태와 노식은 깊이 탄식하며 관직을 버렸다. 그들을 따라 여러 대신이 관직을 버리고 고향으로 내려갔다.

한편 장양 등 십상시 무리는 동탁이 대군을 이끌고 낙양을 향해 달려오고 있다는 소식을 들었다.

"우리가 먼저 움직여야 하오. 동탁이 입성하고 나면 늦소."

그들은 하진을 죽이지 않으면 자신들이 화를 면치 못하리라는 것을 알고 계책을 꾸몄다. 먼저 무장한 50여 명의 자객을 장락궁의 가덕문 안에 매복시킨 뒤 하태후를 찾아갔다.

"대장군께서 지방의 군사들을 불러들여 저희를 죽이려고 합니다. 부디 저희의 목숨을 구해 주십시오."

하진이 지방의 군사들까지 동원했다는 말을 들은 하태후는 상황이 매우 급하게 돌아감을 느꼈다. 이전처럼 하진이 쉽게 물러서지 않을 것 같은 예감이 들었다.

"이번에는 너희가 대장군을 찾아뵙고 무조건 빌어라."

그러자 장양이 정색하며 말했다.

"그랬다간 저희의 목이 단칼에 떨어질 것입니다. 마마께서 대장군을 부르시어 먼저 설득하신 연후에 저희가 사죄하는 것이 순서입니다. 부디 저희의 청을 들어주소서."

십상시의 흉계를 알지 못하는 하태후는 그들이 눈물로 호소하자 마음이 약해져 하진을 불러들였다. 하진이 하태후의 부름을 받고 입궐하려는데 주부 진림이 만류했다.

"이 시기에 태후마마께서 부르시는 게 수상합니다. 이는 분명 십상시의 흉계가 틀림없습니다."

"태후가 나를 부르시는데 뭐가 수상하단 말인가? 아무 일 없을 테니 걱정하지 말게."

하진이 진림의 말을 가볍게 여기자 원소도 나섰다.

"장군께서 굳이 입궐하시려면 십상시를 먼저 궁 밖으로 불러낸 후 입궐하십시오."

원소의 말에 하진은 헛웃음을 터뜨렸다.

"이 사람아. 내가 십상시가 두려워 입궐하지 못한다면 천하 사람들이 웃지 않겠는가? 천하의 병권을 내가 거머쥐고 있는데 그들이 무슨 짓을 할 수 있겠는가?"

원소가 다시 입을 열었다.

"그렇다면 저희가 무장한 군사를 이끌고 호위하겠습니다. 이는 만일의 사태에 대비하기 위해섭니다."

원소의 말에 하진도 더는 거절하지 못하고 수락했다.

원소와 조조는 각자 자기들이 거느린 정예병 5백 명씩을 선발하여 원소의 동생 원술에게 이끌도록 했다.

원술이 군사들을 이끌고 청쇄문 앞에 대기하자 원소와 조조는 하진을 호위하여 장락궁 앞에 이르렀다. 이때 환관 하나가 나와서 말했다.

"태후마마께서 대장군만 드시라고 하십니다. 두 분은 여기서 기다리십시오."

"그렇게 하게. 여기서부터야 무슨 일이 있겠는가?"

조조와 원소는 어쩔 수 없이 궁문 밖에 대기한 채 하진을 기다려야 했다. 하진이 혼자 가덕전 문턱에 이르렀을 때였다. 장양과 단규가 하진을 맞이하러 나왔다. 동시에 50여 명의 자객이 하진을 에워쌌다.

"하진, 이 은혜도 모르는 놈아. 동태후께서 무슨 죄가 있다고 독살하였느냐? 미천한 백정 놈을 오늘날 대장군의 지위에 올려 부귀영화를 누리도록 해 주었더니 은혜를 원수로 갚아?"

장양의 호통에 하진은 정신이 번쩍 들었다. 그는 비로소 자신이 함정에 빠진 것을 깨달았으나 이미 때는 늦었다.

"쳐라!"

자객들의 도끼와 칼이 춤을 추며 사방에서 하진을 향해 날아들었다. 하진은 칼을 뽑아 들고 그들과 맞섰으나 중과부적[28]이었었다. 결국, 하진의 목은 떨어졌다. 후세 사람들이 이 일을 두고 노래를 지어 탄식했다.

한나라 황실의 천수가 다하니
어리석은 하진이 삼공이 되었구나.
충신들의 충고를 물리친 지 몇 번이던가.
마침내 궁중에서 칼에 맞아 죽었도다.

원소와 조조는 이 사실을 모른 채 하진이 나오기만을 기다리고 있었다. 시간이 오래 지나자 그들은 궁문 밖에서 큰 소리로 외쳤다.

"대장군께서는 인제 그만 나오셔서 수레에 오르십시오."

그러자 성문 위에서 장양과 단규 등 십상시가 무언가를 던졌다. 병사들이 놀라 바라보니 하진의 머리였다.

"너희가 모시는 하진은 이미 반역죄로 참형을 당했다. 너희에게는 더는 죄를 묻지 않겠다. 그러니 하진의 머리를 가지고 조용히 돌아가거라!"

원소는 땅에 떨어진 하진의 머리를 보자 격노하여 소리쳤다.

"환관 놈들이 대장군을 암살했다. 저놈들을 죽여 대장군의 원수를 갚고자 하는 자는 나를 따르라!"

가장 먼저 하진의 부장 오광이 달려와 청쇄문 바깥에서 불을 질렀다. 궁문이 허물어지자 원술이 군사들을 이끌고 궁 안으로 들어가 환관들을 닥치는 대로 죽였다.

원소와 조조도 군사를 이끌고 궁중 깊숙한 내전까지 쳐들어가 십상시 중 조충, 정광, 하운, 곽승 등 네 명의 목을 베었다.

궁궐은 삽시간에 아비규환[29]으로 변했다. 장양과 단규 등 네 명의 환관은 상황이 자신들의 의도와 다르게 전개되자 놀라서 얼굴이 새파랗게 질렸다. 그들은 하태후와 어린 황제 그리고 진류왕을 협박해 방패막이로 삼으려고 했다. 그들이 군사들의 눈을 피해 가까스로 북궁을 벗어났을 때였다.

온몸을 갑주로 무장한 장수가 말을 몰아 그들을 향해 달려왔다. 관직을 떠났던 노식이었다. 그는 아직 낙양에 머무르고 있었는데 궁궐에 불길이 치솟는 것을 보고 급히 무장하고 달려온 것이다. 이때 단규는 하태후를 협박하여 전각 아래로 끌어내리던 중이었다.

"역적 단규야. 네가 감히 무엄하게도 태후마마를 겁박하는 것이냐?"

노식의 호통 소리에 깜짝 놀란 단규는 하태후를 버려두고 그대로 줄행랑을 쳤다. 하태후는 노식의 호위를 받으며 무사히 내전으로 돌아갔다.

한편 하진의 부하 오광은 눈에 불을 켜고 환관들을 찾아다니다가 하진의 동생 하묘와 마주쳤다.

"저놈은 환관들과 공모하여 자신의 형인 대장군을 암살했다. 당장 저놈을 죽여 대장군의 한을 풀어 드리자!"

장광의 호령에 군사들이 우르르 몰려들어 창과 칼로 하묘를 찌르자 순식간에 그의 몸은 피투성이 벌집이 되고 말았다.

원소는 군사를 나누어 황궁 안을 샅샅이 수색하여 환관 1천여 명을 베었다. 궁궐의 곳곳에 환관의 시체가 쌓였고, 바닥의 틈새로 피가 흘러내려 실개울을 방불케 했다. 궁궐 안은 순식간에 피 냄새로 진동했다.

조조는 군사 중 일부는 궁궐의 불을 끄게 하고 일부는 장양과 단규를 추적하게 했다.

한편 장양과 단규는 어린 황제와 진류왕을 납치하여 북망산에 이르렀다. 밤이 깊어져 사방은 분간하기 어려울 만큼 어두웠다.

장양은 추격대가 거리를 바짝 좁혀 오자 더는 도망칠 수 없다는 것을 깨닫고 강물에 몸을 던져 자결했다. 그러자 단규는 황제와 진류왕을 버려둔 채 어둠 속으로 도망쳤다.

황제와 진류왕은 숲속을 헤매다가 반딧불에 의지하여 인가를 찾아 나섰다. 그들은 동쪽 하늘이 밝아 오도록 숲속을 헤매다가 지쳐 더는 걸을 수 없는 지경이 되었다.

마침 산기슭에 쌓여 있는 풀 더미를 발견하고 그곳에 쓰러지듯이 몸을 뉘었다. 그러고는 이내 서로 부둥켜안고 깊은 잠에 빠져들었다.

진류왕과 황제가 시야가 어두워서 발견하지 못했지만, 풀더미 뒤에 장원이 하나 있었다. 그 집 주인은 최의라는 사람이었는데 두 개의 태양이 자신의 집 뒤로 떨어지는 꿈을 꾸었다.

"참으로 이상한 꿈이로구나."

그는 꿈에서 깨나자마자 서둘러 옷을 입고 집 주위를 둘러보았다. 이때 뒤뜰에 쌓아 둔 풀 더미에서 한 줄기 붉은빛이 하늘을 향해 치솟고 있었다. 깜짝 놀란 최의가 가서 보니 그곳에 두 소년이 잠들어 있었다. 최의가 살펴보니 두 소년의 행색이나 생김새가 예사롭지 않았다.

"대체 두 분은 어느 댁 자제들이시오?"

최의가 두 소년을 흔들어 깨우며 공손하게 물었다. 먼저 잠에서 깬 진류왕이 황제를 가리키며 말했다.

"이분은 황제 폐하이시다. 십상시를 피해 황궁을 빠져나왔다가 이곳까지 오게 되었다. 그리고 나는 이분의 동생 진류왕이다."

최의는 깜짝 놀라 엎드려 두 번 절한 뒤 황제와 진류왕을 부축하여 장원으로 모신 후 술과 음식을 대접하며 말했다.

"경황이 없어서 아뢰지 못했습니다. 저는 선조 때 관직에 있던 사도 최열의 아우입니다. 십상시가 벼슬을 사고팔며 횡포를 부리는 것이 싫어서 세상과 인연을 끊은 채 이곳에 살고 있었습니다."

최의는 정성을 다해 황제와 진류왕을 대접했다.

한편 장양과 단규를 추격하던 추격대의 대장은 하남의 중부 연사 민공이었다. 민공은 밤새 추격을 계속한 끝에 마침내 산기슭에 숨어 있던 단규를 붙잡았다. 민공이 다그쳤다.

"네 이놈, 황제 폐하는 어디 계시느냐?"

"도중에 헤어져서 나도 모르겠다."

민공은 단규의 대답에 분노하여 단칼에 단규의 목을 베어 버렸다. 그는 단규의 머리를 말안장에 매단 후 군사를 나누어 사방으로 황제를 찾게 했다. 그리고 자신도 말을 몰아 황제의 흔적을 찾아 나섰다가 최의의 집을 발견했다.

민공은 최의의 안내로 황제와 진류왕을 알현한 후 그들을 호위하여 황궁으로 향했다. 그 소식을 들은 사도 왕윤과 태위 양표, 우군교위 조맹, 후군교위 포신, 중군교위 원소 등 많은 대신이 달려와 황제를 맞이했다.

그들이 황제를 모시고 낙양으로 돌아가고 있을 때였다. 저편 언덕 너머에서 뽀얀 먼지를 일으키며 수많은 군사가 말을 몰아 달려오는 것이 보였다.

그들은 서량 자사 동탁이 이끄는 군대였다. 그들이 황제의 행렬과 가까워지자 원소가 앞으로 달려 나가며 외쳤다.

"멈춰라! 그대들의 지휘관은 누구인가?"

달려오던 군사들이 멈춰 서서 물결이 갈라지듯 양쪽으로 갈라지자 그 사이로 동탁이 말을 타고 원소를 향해 다가왔다.

동탁은 원소가 안중에도 없다는 듯 자신의 정체는 밝히지도 않은 채 거만한 표정으로 되물었다.

"황제는 어디 계시는가?"

그의 태도가 어찌나 위풍당당한지 평소 대범하기로 소문난 원소까지 위축될 정도였다. 또한, 어린 황제는 군대의 출현에 겁을 집어먹었고, 대신들도 기가 질려 숨소리까지 죽였다. 그러나 진류왕만은 달랐다. 그는 말을 달려 나가 동탁 앞에 서서 또렷한 목소리로 당차고 준엄하게 꾸짖었다.

"그대는 도대체 누구인데 감히 황제의 앞길을 막는 것이냐?"

"서량 자사 동탁입니다."

"나는 황제 폐하의 동생인 진류왕이다. 그대는 무엇 하러 여기까지 온 것인가? 황제 폐하의 행렬을 보호하기 위한 것인가? 아니면 겁박하기 위해서인가?"

진류왕의 날카로운 질책에 안하무인[30]처럼 행동하던 동탁도 갑자기 공손해졌다.

"황공하옵니다. 저는 황제 폐하를 호위하러 왔습니다."

"그렇다면 황제께서 여기 계시는데 어찌하여 말에서 내리지도 않고 무례를 범하느냐?"

진류왕의 이어지는 질책에 당황한 동탁은 황급히 말에서 내려 황제가 탄 가마를 향해 절을 올렸다. 진류왕은 황제를 대신하여 동탁을 치하했다.

동탁은 진류왕의 당당한 태도에 내심 감탄했다. 그는 이때부터 황제를 폐위시키고 진류왕을 옹립하려는 마음을 품게 되었다.

황제와 진류왕은 무사히 궁으로 돌아와 난리 통에 불타고 부서진

곳을 보수하고 환관들의 시신을 수습한 후 모든 물건을 조사했다. 그런데 어찌 된 일인지 황제의 권위를 상징하는 진국 옥새가 없어져 아무리 찾아도 보이지 않았다.

동탁과 여포

　동탁은 낙양성 밖에 군대를 주둔시킨 후 자신은 날마다 1천여 명의 철갑병을 거느리고 성안을 제 세상인 양 휘젓고 다녔다. 그는 황궁도 제멋대로 드나들며 조금도 거리낌이 없었다.

　백성들은 동탁의 군대를 볼 때마다 두려움에 떨며 길을 비켜 주었다. 대신들 또한 불안한 시선으로 동탁을 주시했다. 후군교위 포신은 동탁의 오만불손한 행동을 보다 못해 원소와 왕윤에게 동탁을 없애자고 제안했다. 하지만 협력을 끌어내지 못하자 그는 후환이 두려워 부하들을 이끌고 낙양을 떠났다.

　얼마 후 동탁은 하진의 장수들을 꾀어 그들을 자신의 휘하에 거느리고 조정의 병권을 완전히 장악했다. 이제 힘으로 그에게 대항할

자는 아무도 없었다. 두려울 게 없어진 동탁은 사위인 모사 이유와 함께 황제를 폐하고 어린 진류왕을 옹립하려는 계획을 세웠다. 조정을 장악하여 무소불위[31]의 권력을 행사하겠다는 큰 야망을 드러낸 것이다.

동탁은 자신의 계획을 실천하기 위해 온명원에 대신들을 초대하여 잔치를 베풀었다. 동탁을 두려워한 대신들은 빠짐없이 모두 참석했다. 술이 몇 차례 돌자 동탁은 왼손으로 허리에 찬 칼을 잡고, 오른손을 힘차게 흔들며 대신들에게 물었다.

"천자는 모름지기 위엄이 있어야 하오. 그래야 백성들의 존경을 받고 종묘사직을 굳건히 지킬 수 있소. 하지만 불행히도 지금의 황제께서는 나약하기 그지없소. 그대들의 생각은 어떠시오?"

동탁의 말에 일순간 대신들의 몸이 굳어 버렸고, 가슴은 철렁 내려앉았다. 그들은 흔들리는 눈동자를 겨우 수습하여 동탁을 쳐다보았다.

"나는 감히 말씀 드리겠소. 학문을 좋아하고 총명한 진류왕이야말로 황제의 자리에 앉을 만한 분이시오. 그래서 나는 황제를 폐하고 진류왕을 새 황제로 받들고자 하는데 여러분의 의견은 어떠하오?"

일순간 연회장에 정적이 흘렀다. 숨소리조차 크게 내는 이가 없을 정도였다. 그만큼 동탁의 말은 대신들에게 큰 충격을 안겨 주었다. 그들은 모두 당황하여 이 상황을 어떻게 받아들여야 할지 갈피를 잡지 못했다.

그때였다. 대신 중에 한 사람이 자리에서 벌떡 일어났다.

"당치도 않은 소리! 대체 그대가 무슨 자격으로 감히 황제 폐하의 자격을 논한단 말인가? 지금 반역을 일으키겠다는 것인가?"

모든 사람이 놀라 바라보니 그는 바로 형주 자사 정원이었다. 동탁이 눈을 부릅뜨고 정원을 노려보며 호통을 쳤다.

"닥쳐라! 나에게 거역하는 자는 오늘 이 자리에서 살아서 나가지 못할 것이다."

동탁은 허리에 찬 칼을 뽑아 들고 정원을 위협했다. 그러나 정원은 눈 하나 꿈쩍하지 않았다. 그의 뒤에는 우람한 체격의 대장부가 우뚝 서 있는데 그 모습은 위풍당당하고 늠름했다. 그는 정원의 양자인 여포였다.

오원군 태생인 그는 천하장사이며 무예 또한 대적할 상대가 없을 만큼 뛰어난 장수였다. 여포는 방천화극을 손에 들고 성난 눈으로 동탁을 노려보았다. 그 모습이 여차하면 당장이라도 몸을 날려 동탁의 목을 벨 기세였다. 모사 이유가 그 모습을 보고 놀라 황급히 동탁을 만류했다.

"오늘같이 좋은 날 서로 얼굴 붉힐 필요가 뭐가 있겠습니까? 지금은 술과 음식을 즐기고 나랏일은 내일 다시 모여 상의하는 것이 좋겠습니다."

그제야 동탁도 자신을 노려보고 있는 여포를 의식하고 칼을 칼집에 넣고 뒤로 물러났다. 전장에서 산전수전[32]을 다 겪은 동탁이기에 공기 중에 흐르는 살기만으로 위험을 직감했다.

정원은 대신들의 권고로 여포와 함께 말을 타고 떠났다. 이후 연회는 계속되었지만, 이번엔 노식이 고사를 인용하며 황제를 폐위하는 일의 부당함을 지적했다. 이에 화가 난 동탁이 노식을 죽이려 하면서 다시 한 번 큰 소동이 일어났다.

대신들의 만류로 목숨을 구한 노식은 연회장에서 쫓겨났다. 이날 그는 시골로 내려간 이후 두 번 다시 세상에 모습을 드러내지 않았다.

"황제를 폐위하는 일에 대한 논의는 다시 날을 잡기로 하고 오늘은 이만 연회를 마치는 것이 어떻겠습니까?"

사도 왕윤의 제안에 대신들이 기다렸다는 듯 찬성하고 나서자 동탁도 기분이 언짢았던 탓에 반대하지 않았다. 대신들은 도망치듯이 앞다투어 연회장을 떠났다.

다음 날 형주 자사 정원은 반역의 마음을 품은 동탁을 죽이기로 하고, 군사들을 이끌고 동탁에게 싸움을 걸었다.

"이 역적 놈아! 당장 나와서 목숨을 내놓아라!"

동탁은 분노하여 이유와 함께 군사를 거느리고 성 밖으로 나가 앞에 섰다. 그의 모습을 발견한 정원이 꾸짖었다.

"환관들이 날뛰며 백성을 도탄에 빠뜨리더니 이제는 너 같은 놈까지 나라를 어지럽히느냐? 일개 자사에 불과한 놈이 감히 황제를 폐위하겠다 말하다니 천벌이 두렵지 않으냐? 이제 내가 네놈의 목을 쳐 저잣거리에 효수하여 만백성의 본보기로 삼을 것이다."

동탁이 정원에게 뭐라고 대꾸할 사이도 없이 여포가 방천화극을 휘두르며 쏜살같이 달려왔다. 동탁이 놀라서 피하자 그를 호위하던 부하들이 여포를 막아섰다. 그러나 그들은 순식간에 방천화극의 제물이 되었다.

여포는 자유롭게 동탁의 진영을 누비며 동탁의 부하들을 마구 베었다. 정원의 군대가 혼란에 빠진 동탁의 군사들을 공격하자 동탁군은 크게 패하여 30리 밖으로 쫓겨 달아났다.

이날 밤, 동탁은 본진으로 부장들을 소집한 뒤 근심하며 말했다.

"정원이라는 놈은 두렵지 않지만, 그놈에게 여포가 존재하는 한 우리에게 승산이 없다. 여포를 내 휘하에 둘 수만 있다면 천하를 얻는 게 뭐가 힘들겠는가?"

동탁이 탄식하자 호분 중랑장 이숙이 나서며 말했다.

"제게 좋은 계책이 있습니다. 주공께선 염려하지 마십시오."

동탁이 반색하며 물었다.

"그래, 어떤 계책인가?"

"여포는 저와 고향이 같습니다. 저는 어린 시절을 여포와 함께 보내서 누구보다 그를 잘 압니다. 그는 용맹하지만, 지혜가 부족하고, 자신의 이익을 위해서라면 의리를 쉽게 저버리는 성격입니다.

주공께서 아끼시는 명마 적토마는 하루에 천 리를 간다고 하니 먼저 그 말을 여포에게 선물로 주십시오. 거기에 더하여 황금 천 냥과 값진 구슬 열 개와 옥으로 장식한 허리띠 한 벌을 챙겨 주신다면 제가 충분히 여포를 포섭할 수 있습니다."

동탁이 반신반의하며 모사 이유에게 의견을 물었다.

"이숙이 저토록 장담하는데 자네의 생각은 어떤가?"

"주공이 천하를 얻을 수만 있다면 그까짓 말 한 마리와 황금이 뭐가 아깝겠습니까?"

이유의 말에 동탁은 고개를 끄덕이며 흔쾌히 이숙이 원하는 것을 모두 내어 주었다.

이튿날 밤, 이숙은 은밀히 여포의 진영을 방문했다. 여포는 고향 친구가 찾아왔다는 부하의 보고를 받고 의심 없이 이숙을 불러들였다.

"아우는 그동안 잘 지냈는가?"

이숙이 장막 안으로 들어서며 여포에게 반갑게 인사를 건넸다.

"어이구 이게 누구요? 정말 오랜만이오. 그래 그동안 무엇을 하며 지내셨소?"

여포도 고향 사람인 이숙을 곧바로 알아보고 반갑게 맞았다.

"나는 지금 호분 중랑장으로 있네. 듣자 하니 아우가 이번에 나라를 위해 큰일을 한다기에 내 마음을 담아 축하 선물을 가져왔네.

자네도 적토마에 대한 소문은 들어 봤겠지? 그 말은 하루에 천 리를 달리며, 물을 건너고 산을 달릴 때도 평지처럼 가볍게 달리는 천하제일의 명마일세."

여포가 그 말을 끌어오게 하여 살펴보니 그 모습만으로도 과연 천하의 명마라고 부를 만했다. 여포는 적토마를 보고 너무나 기쁜 나머지 벌린 입을 다물지 못했다.

비록 부대 안이었지만, 여포는 이숙을 위해 기꺼이 술잔치를 베풀었다. 술이 몇 차례 돌자 이숙은 이리저리 말을 돌려 가며 정원과 여포가 서로 얼마나 신뢰하는 관계인지 시험했다.

"아우는 하늘을 떠받치고 바다를 걸머질 만큼 무용과 지략이 뛰어난 영웅이니 그 누가 존경하지 않겠는가?

자네가 마음만 먹으면 손쉽게 부귀와 공명을 얻을 수 있을 텐데 정원의 양자가 되어 형주라는 무대에서 썩고 있으니 나는 참으로 안타깝네. 자네라면 천하를 무대로 큰 뜻을 펼쳐야 하지 않겠는가?"

단순한 성격의 여포는 이숙의 부추김에 넘어가 그만 속마음을 털어놓았다.

"나도 사나이 대장부로서 어찌 큰 뜻이 없겠소. 내가 양아버지인 정원 어른을 모시는 것은 그분이 좋아서가 아니라 나에게 천하를 품을 기회가 없었기 때문이오."

여포가 속내를 드러내자 이숙은 기회를 놓치지 않고 여포를 더욱 부추겼다.

"옛말에 좋은 새는 나무를 가려서 앉고 어진 선비는 그 주인을 골라서 섬긴다고 했네. 세월은 화살처럼 빠르게 지나가는 것. 기회가 왔을 때 잡지 못하면 다음 날 후회해도 소용이 없다네."

이쯤 되자 단순한 여포도 이숙의 의도를 충분히 파악할 수 있었다. 여포도 단도직입[33]적으로 물었다.

"형님은 한나라 조정에 이 여포가 주인으로 섬길 만한 훌륭한 인물이 있다면 누구라고 생각하시오?"

"내 생각에 자네처럼 뛰어난 장수를 담을 만큼 큰 그릇을 가진 인물은 세상에 찾아보기 어려울 걸세. 하지만 굳이 찾는다면 동탁 장군 같은 영웅은 없다고 확신하네. 그분은 어진 이를 공경하고, 선비를 대우할 줄 알며 상벌이 분명하다네. 거기에다 덕망까지 높으니 머지않아 천하가 그분의 손바닥에서 움직이게 될 것이네.”

“동탁이 그렇게 뛰어난 인물인 줄은 이 여포 상상도 못 했소. 기회가 주어진다면 나도 그를 주인으로 모시고 싶소.”

여포가 자신의 계획대로 움직이자 이숙은 가져온 보자기를 풀었다. 그 속에는 동탁이 내어 준 황금과 보석이 들어 있었다. 여포는 눈부시게 빛나는 보석과 찬란한 옥 허리띠를 보자 눈이 휘둥그레졌다.

“대관절, 이 황금과 보석들은 무엇이오?”

“이 예물은 동탁 장군께서 자네가 마음에 들어서 보내신 선물이네. 그리고 적토마도 그분의 말인데 성 하나를 주어도 바꾸지 않을 만큼 아끼셨다네. 동 장군께서 자네의 용맹을 얼마나 마음에 들어 하셨으면 이처럼 귀한 보물들을 아낌없이 내어 주셨겠는가?”

이숙의 말에 여포는 감격하여 떨리는 목소리로 물었다.

“동 장군께서 특별한 인연도 없는 나에게 이토록 귀한 선물을 주시다니, 나는 그분께 무엇으로 보답하면 좋겠소?”

“나처럼 재주가 부족한 사람에게도 중랑장이라는 중책을 맡기셨는데 하물며 자네처럼 뛰어난 장수는 얼마나 크게 쓰시겠는가? 나와 함께 동 장군의 휘하에서 천하를 무대로 마음껏 뜻을 펼쳐 보는 것이 어떠한가?”

이숙의 말에 여포가 한숨을 내쉬었다.

“그러고야 싶지만 이렇게 큰 선물을 받고도 빈손으로 찾아뵙는 것은 도리가 아닌 것 같소."

여포는 이숙을 조금도 의심하지 않았다. 적토마와 금은보화에 정
신이 팔린 여포는 자신이 이숙의 농간에 놀아난다는 사실을 전혀 눈
치채지 못했다. 이숙은 내심 회심의 미소를 지었다.

"자네만 결심한다면 공을 세울 방법이야 없겠는가? 문제는 그 방
법을 선택하느냐 마느냐 하는 것이지."

이숙의 말에 여포는 짚이는 것이 있어 잠시 생각에 잠겼다. 잠시
후 무엇인가 결심한 듯 여포가 비장한 표정으로 입을 열었다.

"내가 정원을 죽인 후 그의 군대를 이끌고 동 장군께 간다면 어떻
겠소?"

"그렇게만 한다면 동 장군께서 크게 기뻐하실 걸세. 모든 일은 결
심이 섰을 때 즉각 실행하는 것이 후회가 없네. 내 먼저 가서 이 기
쁜 소식을 동탁 장군께 아뢰고 자네를 기다리겠네."

이숙은 여포의 결심이 흔들리지 않도록 여러 차례 다짐을 받은 후
돌아갔다.

늦은 밤이었다. 여포는 칼을 차고 정원의 장막 안으로 들어갔다.
정원은 병서를 읽다가 여포를 보고 물었다.

"나의 아들아. 이 야심한 밤에 어쩐 일이냐?"

여포가 되물었다.

"닥치시오! 누가 당신의 아들이란 말이오."

"뭐라고? 봉선, 네가 마음이 변했구나. 갑자가 이러는 이유가 대

체 무엇이냐?"

정원이 놀라며 자리에서 일어나자 여포는 대답 대신 한칼에 정원의 목을 쳐서 떨어뜨렸다. 워낙 순식간에 벌어진 일이라 정원은 손한 번 제대로 쓰지 못하고 죽임을 당했다.

여포는 정원의 머리를 들고 밖으로 나와 군사들을 향해 큰 소리로 외쳤다.

"모두 들어라! 정원은 어질지 못하기에 내가 참하였다. 나를 따르려는 자는 여기에 남고 그렇지 않은 자는 당장 이곳을 떠나라!"

정원의 군사들은 갑작스러운 변고에 놀라서 한동안 술렁이다가 절반이 넘는 병력이 여포를 떠났다.

이튿날 여포는 남은 군사들을 이끌고 동탁을 찾아가 정원의 머리를 바쳤다. 동탁은 크게 기뻐하며 잔치를 열어 치하하고 황금 갑옷과 비단옷을 하사했다. 이에 여포는 감격하여 동탁에게 엎드려 두번 절하며 말했다.

"보잘것없는 저를 이처럼 환대해 주시니 몸 둘 바를 모르겠습니다. 옛말에 사람은 자기를 알아 주는 주인을 위해 목숨을 바친다고 하였습니다. 장군께서 허락하신다면 이 여포는 장군을 아버지로 모시고 싶습니다."

동탁은 크게 기뻐하며 여포와 아버지와 아들의 인연을 맺었다. 여포는 여포대로 제 세상을 만났다고 기뻐했고, 동탁은 동탁대로 천하제일의 무장을 아들로 얻었다며 즐거워했다.

여포를 얻은 동탁의 위세는 갈수록 가관이었다. 그는 스스로 전군을 거느리는 영전군사가 되고 아우인 동민을 좌장군에, 여포를 기도위 중랑장 도정후에 봉했다. 이제 동탁의 앞에 거칠 것이 없었다. 마음만 먹으면 무엇이든 가능했고, 모두가 그를 두려워했다. 그러나 아직 남은 문제가 있었다. 황제를 폐위시키는 일이었다.

동탁은 궁중에 큰 잔치를 베풀고 다시 여러 대신을 초청했다. 여포는 군사 천여 명을 연회장 좌우에 배치하여 경계 태세를 갖추도록 했다. 이는 대신들에게 위협적인 분위기를 조성하려는 목적이었다. 몇 차례의 술이 오고 간 후 동탁이 갑자기 칼을 빼 들었다. 대신들이 놀라서 바라보자 동탁은 위엄이 담긴 어조로 입을 열었다.

"황제가 어리석고 나약해서, 종묘사직을 받들기 어려우므로 나는 황제를 폐하여 홍릉왕으로 모시고, 진류왕을 황제로 추대하고자 하니 모두 내 뜻을 따라 주시오. 만약 거역하는 자가 있다면 당장 그의 목을 벨 것이오."

동탁의 위세에 눌린 대신들은 감히 숨조차 크게 쉬지 못했다. 공포가 연회장을 무겁게 짓눌렀다. 이때 중군교위 원소가 자리를 박차고 일어났다.

"황제께서 즉위하신 지 얼마나 되었다고 폐위를 논하시오. 또한, 그분이 덕을 잃은 일도 없으신데 그대는 어찌하여 적자를 폐하고 서자를 세우려 하시오? 이것이 곧 반역이 아니고 무엇이겠소."

동탁은 원소가 자기 뜻을 거스르자 분노가 치솟았다.

"닥쳐라! 천하가 이미 내 손안에 있거늘 네가 감히 나를 거역하려는 것이냐? 네 눈에는 이 칼날이 보이지 않느냐?"

"그대의 칼만 날이 서 있는 줄 아는가? 내 칼도 날카롭다는 것을 보여 주겠다."

동탁이 칼을 치켜들고 위협하자 원소도 지지 않고 칼을 뽑아 들며 맞섰다. 연회장은 순식간에 수라장이 되고 말았다. 여포는 방천화극을 움켜쥐고 상황을 주시하며 동탁의 명령이 떨어지기만을 기다렸다.

동탁이 원소를 죽이려 하자 이유가 급히 달려가 만류했다.

"고정하십시오. 일이 성사되기도 전에 사람부터 죽이면 안 됩니다."

이유가 말리는 바람에 물러서기는 했지만, 동탁은 분을 삭이지 못해 씩씩거리며 거칠게 숨을 몰아쉬었다. 원소도 못 이기는 척 물러섰다. 계속 맞서다가 자칫 여포의 방천화극이 날아들면 목숨을 지키기 어렵다는 것을 그도 잘 알고 있었다. 더구나 동탁의 부하 천여 명이 연회장을 철벽처럼 에워싸고 있지 않은가. 원소는 서둘러 자리를 피해 기회를 엿보는 것이 현명하다고 판단했다.

"이런 불충한 자리에 더는 있고 싶지 않소."

원소는 모든 문무백관에게 인사한 후 자리를 박차고 연회장을 뛰쳐나왔다. 그 길로 관직을 버린 원소는 가족과 자기 사람들을 거느리고 원씨 일족이 모여 사는 기주 땅으로 떠났다.

원소가 떠난 후 동탁은 눈에 쌍심지를 켜고 태부 원외에게 물었다.

"그대의 조카 원소는 무례하기 짝이 없으나 그대의 체면을 봐서 용서하겠다. 그대는 황제를 폐위하자는 내 의견에 대해 어떻게 생각하는가. 설마 그대도 조카인 원소와 의견이 같은가?"

원외는 당황했다. 원소가 일으킨 소동 때문에 앉은 자리가 가시 방석이었다. 그런데 동탁이 곤란한 질문까지 던지자 머릿속이 하애졌다.

여기서 동탁의 화를 돋우면 자신의 목이 떨어질 게 분명했다. 생명의 위협을 느낀 원외는 기어들어 가는 목소리로 겨우 대답했다.

"장군의 말씀이 옳습니다."

동탁은 원외의 대답을 듣자 득의만만[34]해서 이번엔 대신들을 향해 물었다.

"그대들의 생각은 어떻소?"

원외가 찬성한 마당에 누가 생명을 담보로 반대하겠는가? 대신들은 두려움에 떨며 한목소리로 대답했다.

"동 장군의 말씀이 지당하오."

동탁은 마침내 무력을 동원하여 자기 뜻을 관철했다. 진류왕은 천자의 자리에 올랐고, 문무백관이 동탁의 무력에 의한 위협에 굴복하여 만세를 불렀다.

보위에 오른 진류왕 협의 자는 백화요, 영제의 둘째 아들로 하태후에게 독살당한 왕미인의 아들이다. 그가 바로 후한의 마지막 황제인 헌제였다. 이때 헌제의 나이는 겨우 아홉 살이었다.

동탁은 연호를 초평 원년이라고 고치고 스스로 승상(황제를 보필하는 최고 관직)의 지위에 올랐다. 그는 또 양표를 사도에, 황완을 태위에, 순상을 사공에 앉혔다. 또한, 조정은 물론 지방의 관리조차 모두 자신의 심복들로 채워 무소불위의 권력을 휘둘렀다. 두려울 게 없어진 그는 황제에게조차도 예를 차리지 않고 안하무인처럼 행동하며 나라를 어지럽혔다.

그리고 마침내 폐위된 소제와 하태후마저 강제로 독주를 마시게 해서 목숨을 빼앗았다. 이후 동탁의 폭정은 극에 달했다. 매일 밤 궁에 들어가 궁녀를 번갈아 욕보이는가 하면 무엄하게도 황제의 자리에 올라 잠을 잤다. 한나라는 그야말로 동탁의 세상이 되고 말았다.

한 번은 동탁이 술에 취한 채 궁녀들까지 데리고 낙양성 교외로 나섰다. 동탁 일행이 어느 마을을 지나가고 있을 때였다. 때마침 마을 축제 기간이어서 사람들은 곱게 몸단장을 하고 축제를 즐겼다. 동탁은 그들을 보자 공연히 심사가 뒤틀렸다.

"괘씸한 것들. 농사철에 일은 제쳐 둔 채 춤이나 추고 노래나 부르며 시간을 낭비하다니, 당장 저것들을 모조리 쳐 죽여라."

동탁의 군사들은 신이 나서 부녀자와 재물을 약탈한 뒤 수레에 싣고 사람들의 목을 마구 베었다. 이렇게 희생된 사람만 천여 명에 달했다. 동탁은 빼앗은 재물을 수레에 가득 싣고 희생자들의 목을 매단 채 낙양으로 돌아왔다. 그리고 군사들에게 거짓 소문을 퍼뜨리게 했다.

"오늘 성 밖에서 반역을 꾀하는 역적들을 처형하고 그들이 숨겨둔 재물까지 빼앗아 왔다."

동탁은 희생자들의 목을 성문 밖에서 불사르게 하고 노략질한 재물과 부녀자들을 군사들에게 나누어 주었다. 그러나 진실은 숨길 수 없었고, 그 내막은 백성들의 입에서 입으로 전해졌다. 백성들은 천인공노[35]할 악행에 충격을 금치 못했고, 동탁을 욕하거나 저주하지 않는 이가 없었다.

11

동탁을 처단하라

한편, 기주로 내려갔던 원소는 발해 태수에 임명되었다. 이는 원소가 다른 뜻을 품지 못하도록 하기 위한 동탁의 조치였다.

그러나 동탁의 의도대로 움직일 원소가 아니었다. 동탁의 악행을 전해 듣고 몹시 분노한 원소는 왕윤에게 한 통의 비밀 편지를 보냈다.

'역적 동탁이 저지른 악행은 족히 하늘을 채우고도 남음이 있습니다. 그런데도 공께서는 어찌 모른 체 잠잠하십니까? 그러고도 황제 폐하께 충성하는 신하라 할 수 있겠습니까?

이 원소는 역적 동탁을 처단하고 무너진 종묘사직을 바로 세우고자 합니다. 공께서 나와 뜻을 함께하신다면 나는 공의 명을 받들어 언제든지 군사를 일으키겠습니다.'

왕윤은 원소의 편지를 받고 깊이 생각해 보았으나 좋은 방법이 떠오르지 않았다.

며칠 후, 사도 왕윤은 생일을 핑계로 조정의 대신들을 집으로 초대했다. 이날 초대받은 문무백관은 대부분 동탁과 거리를 두고 지내는 이들이었다. 술이 몇 차례 돌자 갑자기 왕윤이 얼굴을 소매로 가리고 흐느껴 울기 시작했다.

대신들이 당황하여 물었다.

"대감께서는 이 기쁜 날 어찌하여 이토록 슬피 우십니까?"

왕윤이 울음을 그치고 눈물을 닦으며 슬픈 목소리로 말했다.

"고백하자면 오늘은 내 생일이 아니오. 내 진작에 자리를 만들어 여러분과 함께 분한 마음을 풀고 싶었소. 하지만 동탁의 의심을 살 것이 두려워 핑계를 댄 것이니 넓은 마음으로 이해를 해 주시구려.

고조께서 천하를 통일하신 지 4백 년, 오늘날 그 사직이 동탁의 손에 무너질 줄 어찌 알았겠소. 내 끓어오르는 슬픔을 참지 못해 그만 눈물을 보이고 말았소."

왕윤의 말을 듣고 모여 있던 사람들이 일제히 목 놓아 통곡했다. 이때 한 사람이 껄껄 웃기 시작했다. 왕윤이 고개를 돌려 보니 그는 효기교위 조조였다. 왕윤이 언성을 높여 꾸짖었다.

"자네는 상국 조참의 후손으로 대대로 황실의 은혜를 받아 온 터에 나라가 이 지경이 되었는데 어찌 웃음이 나오는가? 우리들의 우국충정이 자네에겐 그렇게도 우습단 말인가?"

왕윤이 꾸짖자 조조가 정색하며 말했다.

"갑자기 웃음을 터뜨려 죄송합니다. 조정의 대신들께서는 밤낮을 가리지 않고 우시지 않습니까? 그런다고 동탁이 눈 하나 꿈쩍하던가요?

동탁을 죽일 방도는 세우지 않고 울고만 계시니 저도 모르게 그만 웃음이 나왔습니다. 용서하십시오."

조조가 말하자 왕윤이 다그쳐 물었다.

"그럼 자네는 동탁을 죽일 방법이 있다는 말인가?"

"그렇습니다. 저에게 맡겨 주시면 동탁의 목을 베어 도성 위에 높이 매달겠습니다. 저는 요즈음 동탁의 환심을 사기 위해 노력하고 있습니다. 그를 한칼에 없앨 기회를 엿보기 위해서이죠. 동탁도 최근 들어서는 저를 많이 신뢰하는 눈치입니다."

"아니, 맹덕 그대는 진즉부터 그런 결심을 하고 있었단 말인가?"

"그렇지 않다면 어찌 제가 여러 어르신 앞에서 경망스럽게 웃을 수 있었겠습니까?"

조조의 말에 왕윤은 물론 모든 백관 또한 표정이 밝아졌다. 그러자 조조는 왕윤을 향해 허리를 숙이며 말했다.

"대감께서는 집안 대대로 내려온 칠보 보검을 가지고 계신다고 들었습니다. 바라건대, 그 검을 제게 빌려주시면 동탁을 찔러 죽이겠습니다. 만약 실패한다면 제 목숨을 잃어도 여한이 없겠습니다."

"맹덕이 그리해 준다면 천하를 위해 그 이상 다행스러운 일이 어디 있겠는가. 내 기꺼이 그 칼을 자네에게 주겠네. 부디 성공하기를 바라네."

왕윤은 조조의 잔에 친히 술을 따라 준 뒤 사람을 시켜 칠보 검을 가져오게 했다.

다음 날 조조는 왕윤에게 받은 칠보 검을 차고 평소처럼 승상부로 동탁을 찾아갔다. 동탁은 침상 위에 비스듬히 누워 쉬고 있고, 무장한 여포가 곁을 지키고 있었다. 동탁이 나무라듯이 물었다.

"맹덕은 왜 이리 늦었는가?"

"제 말이 워낙 늙어 달리지 못해서 늦었습니다."

조조가 대답하자 동탁은 고개를 돌려 여포를 불렀다.

"네가 가서 서량에서 진상한 말 중 좋은 놈을 하나 골라 맹덕에게 주도록 해라."

여포가 동탁의 명을 받고 밖으로 나가자 조조는 이때다 싶었다.

"하늘이 돕는구나. 이 역적 놈을 내 손으로 처단할 기회가 오다니……."

조조는 당장 칼을 뽑아 동탁을 베고 싶은 강한 충동을 느꼈다. 하지만 동탁 역시 산전수전을 다 겪은 무장이 아닌가? 함부로 행동에 나섰다가는 역으로 당할 위험도 있었다.

조조는 충동을 누르고 기회를 엿보는데 마침 동탁이 같은 자세로 계속 누워 있기가 거북했는지 벽을 향해 돌아누웠다.

'지금이 절호의 기회다.'

조조는 재빨리 칠보 검을 뽑아 동탁에게 다가갔다. 이때 검이 벽에 걸린 거울에 반사되어 반짝 빛이 났다. 동탁이 그 빛을 보고 놀라 급히 몸을 돌리며 검을 든 조조를 쏘아보았다.

"맹덕, 지금 무엇을 하는가?"

이때 밖에서 여포가 말을 끌고 오는 기척이 났다. 조조는 당황했다. 지금 동탁을 공격해도 성공한다는 확신이 없는데 여포까지 가세하면 목숨을 부지하기 어렵다. 그러나 순간적인 판단과 임기응변[36]에 동물적인 감각을 타고난 조조였다.

"제가 며칠 전 천하에 둘도 없는 명검을 하나 구했습니다. 승상께서 저에게 베푸신 은혜에 감사하여 작은 정성이오나 이 검을 바치니 받아 주십시오."

조조는 내심 크게 당황했으나 드러내지 않고 태연한 얼굴로 동탁에게 검을 바쳤다. 그 행동이 너무나 자연스러워 의심 많은 동탁조차 조조의 의도를 눈치채지 못했다.

동탁은 검을 받아 들고 이리저리 살펴보았다. 칼자루에 박힌 일곱 가지 보석에서 영롱한 빛이 은은하게 흘러나왔다.

"과연 보기 드문 명검이로군. 봉선 잘 보관해 두어라."

동탁은 조조를 데리고 말을 매어 둔 곳으로 갔다.

"정말 훌륭한 말입니다. 승상께서 주신 귀한 말이니 보시는 데서 한번 타 보았으면 합니다."

"그렇게 하게."

조조가 자기가 준 말에 흡족해하자 동탁은 시종을 시켜 말고삐에 안장을 얹어 주게 했다. 말에 오른 조조는 동탁이 보는 앞에서 천천히 승상부를 빠져나왔다. 그러나 일단 동탁의 시야에서 벗어나자 말 등에 채찍을 가하여 나는 듯이 동남쪽으로 달아났다.

조조가 말을 몰고 나간 지 한참이 지나도 돌아오지 않자 그제야 동탁은 조조에게 속은 것을 깨달았다.

"이 괘씸한 놈. 내가 그토록 아꼈거늘 감히 날 배신하고 은혜를 원수로 갚아! 당장 전국에 공문을 붙여 잡아들이도록 해라!"

동탁의 수배령에 따라 군졸들이 각 처로 달려갔다. 조조를 사로잡 으면 많은 돈과 만호후라는 관직을 내리겠다는 공문이 방방곡곡에 걸렸다.

한편, 낙양을 뒤로한 채 밤낮을 달린 조조가 초군의 중모현에 이 르렀을 때였다. 동탁의 명이 벌써 이곳까지 도착한 줄도 모르고 안 심하던 조조는 그만 관문을 지키는 군사들에게 사로잡히고 말았다. 군사들은 조조를 묶어 현령에게 끌고 갔다.

"이놈을 옥에 가두어라. 내일 낙양으로 끌고 가면 승상께서 상금 을 내리실 거다. 그 상금을 너희에게도 나눠 줄 테니 오늘 밤은 술과 음식을 마음껏 먹고 쉬도록 하여라."

군사들은 조조를 옥에 가둔 후 술 항아리를 열고 취하도록 마셨 다. 해가 넘어가고 사방에 어둠이 내리자 군사들은 관문을 닫고 모 두 숙소로 돌아갔다.

조조는 옥에 갇힌 채 내일이면 동탁에게 끌려갈 생각을 하니 절로 한숨이 새어 나왔다.

이때 누군가 걸어오는 발걸음 소리가 들렸다. 조조가 돌아보니 그는 자신을 옥에 가두게 한 현령이었다.

"그대는 동탁 승상에게 아낌을 받았다고 들었는데 어찌 화를 자초한 것이냐?"

현령의 말에 조조는 소리를 내 웃으며 말했다.

"제비나 참새 따위가 어찌 봉황의 뜻을 알겠는가? 너는 이미 나를 사로잡았다. 동탁에게 넘기고 상금이나 받으면 될 일이지 그런 것은 왜 묻느냐?"

"조 공, 나를 상금이나 탐내는 속물로 보지 마시오. 나 역시 천하를 걱정하는 마음은 그대와 다르지 않소. 다만 섬길 만한 주인을 아직 만나지 못하여 허송세월[37]하는 것이 한탄스러울 뿐이오."

조조는 현령의 태도가 갑작스럽게 변하자 의심의 눈길로 그의 표정을 살폈다. 현령의 표정과 태도는 사뭇 진지했다. 조조는 그제야 의심을 풀고 정중하게 말했다.

"그대의 진심을 믿고 나의 속마음을 털어놓겠소. 동탁이 나를 아꼈던 것은 사실이오. 그러나 우리 집안은 대를 이어 한나라 황실을 섬겨 왔소.

조상의 피를 이어받은 몸으로 황실에 보답할 일을 생각지 않는다면 짐승과 무엇이 다르겠소. 내가 잠시 동탁 앞에 고개를 숙인 것은 기회를 보아 그놈을 죽여 온 백성의 근심을 없애기 위함이었소. 그러나 실패하여 이렇게 쫓기는 몸이 되었으니 그것이 원통할 뿐이오."

조조의 말을 들은 현령은 그의 결박을 풀어 주고 윗자리에 앉게 한 후 엎드려 두 번 절했다.

"저는 진궁이라고 합니다. 조 공의 충의에 감동하여 따르고자 하오니 부디 거두어 주십시오."

조조는 사지에서 벗어남과 동시에 동지까지 얻게 되자 기쁨을 감출 길이 없어서 그의 두 손을 꼭 잡았다.

그날 밤 진궁은 길 떠날 준비를 마치고 조조와 옷을 바꿔 입었다. 두 사람은 말을 타고 밤낮을 쉬지 않고 달려 사흘째 되던 날 해 질 무렵이 되어서야 성고라는 고을에 도착했다. 조조가 숲을 가리키며 말했다.

"이 마을에 여백사란 분이 계시는데 나의 부친과 의형제를 맺은 어른이시오. 오늘 밤은 그 댁에서 신세를 지도록 합시다."

조조와 진궁이 여백사의 집으로 찾아갔다. 여백사는 뜻밖의 손님에 놀라면서 두 사람을 반갑게 맞이했다. 조조로부터 사정을 듣게 된 여백사는 진궁에게 고마움을 표하며 치하했다.

여백사는 조조와 진궁을 방에서 쉬게 한 후 안채로 들어갔다가 한참 만에 나오더니 진궁에게 말했다.

"마침 집 안에 좋은 술이 없소. 잠시 조조와 담소를 나누며 쉬고 계시오. 내 마을에 가서 좋은 술을 받아 오겠소."

여백사는 나귀를 타고 총총히 집을 나갔다. 그러나 술을 사러 간 여백사는 한참을 기다려도 돌아오는 기척이 없었다. 쫓기는 몸이 된 조조는 여백사가 늦자 은근히 신경이 곤두섰다. 진궁도 초조한 빛이 역력했다.

시간이 흘러 늦은 저녁이 되었을 무렵, 어디선가 이상한 소리가 들려왔다. 조조와 진궁이 귀를 기울이니 그 소리는 분명 칼을 가는 소리였다. 조조는 눈을 번뜩이며 진궁에게 속삭였다.

"진궁, 여백사는 우리 아버지와 의형제를 맺은 사이기는 하지만 피를 나눈 것은 아니오. 이렇게 늦도록 돌아오지 않는 것이 수상하오. 내가 몰래 상황을 살펴보고 오겠소."

진궁 역시 긴장한 표정으로 고개를 끄덕였다. 조조는 살며시 뒤뜰 쪽으로 가서 몸을 숨긴 채 귀를 기울였다. 문득 주고받는 목소리가 들려왔다.

"죽이자면 묶는 편이 좋겠지요?"

"당연하지. 놓치지 않으려면 묶어야지."

조조는 갑자기 자신의 심장 뛰는 소리가 크게 들리기 시작했다. 그는 어금니를 악물었다.

'역시, 우리를 이 방에 가두고 해치려는 계획이구나. 그렇다면 우리가 먼저 선수를 쳐야겠다.'

조조가 사태의 위급함을 알리자 진궁의 표정이 굳어졌다.

"어떻게 하는 것이 좋겠소."

조조는 칼자루를 움켜잡으며 말했다.

"우리가 먼저 손을 쓰는 것이 좋겠습니다."

진궁이 고개를 끄덕였다. 두 사람은 칼을 빼어 들고 서로 눈빛을 교환한 후 동시에 문을 박차고 뛰쳐나갔다. 놀라는 가족과 하인들을 닥치는 대로 치니, 그들은 저항 한 번 못 한 채 죽어 갔다.

조조는 여백사의 부인과 두 딸까지 목숨을 빼앗았다. 그야말로 순식간에 일어난 일이었다. 조조는 살아 있는 자가 없는지 확인하기 위해 부엌을 들여다보고 깜짝 놀랐다.

"이, 이런!"

부엌에 사람은 없고 돼지 한 마리만이 밧줄에 묶여 버둥거리고 있었다. 돼지를 잡으려고 칼을 갈고 있는 사람들을 오해하여 모두 살해한 것이다. 그들은 손님을 접대하기 위해 돼지를 잡던 중 모두 끔찍한 일을 당하고 만 것이다.

진궁은 기가 막혔다. 공연히 죄 없는 사람들을 죽였으니 그의 마음은 천근만근 무겁고 괴로웠다. 진궁이 당황한 목소리로 말했다.

"우리가 의심이 지나쳐 죄 없는 사람을 죽이고 말았습니다. 이 일을 어찌하면 좋겠습니까?"

조조 역시 당황스럽기는 마찬가지였다. 그러나 후회해도 소용없는 일이었다.

"이미 엎질러진 물이니 다시 주워 담을 수 없소. 이곳에서 더 이상 지체하지 말고 빨리 떠납시다."

두 사람은 말을 타고 서둘러서 여백사의 집을 떠났다. 그러나 얼마 가지 못해서 여백사와 마주쳤다.

여백사가 탄 나귀의 안장 양쪽에 술 단지 두 개가 얹혀 있고, 손에는 과일과 채소가 들려 있었다. 여백사는 두 사람을 보자 놀라서 물었다.

"아니, 조카와 진 현령이 아닌가? 이 밤중에 무슨 일로 갑자가 떠나려 하는가?"

조조는 내심 당황했으나 시치미를 뚝 떼고 대답했다.

"쫓기는 몸이라 폐를 끼치게 될 것이 두려워 떠나려고 합니다."

"가족들에게 돼지를 잡아 두라고 일렀네. 여기 좋은 술과 안주까지 마련했는데 조카는 하룻밤도 쉬어 가지 않겠다니 그래서야 하겠는가? 자 어서 돌아가도록 하세."

"그럼, 볼일만 잠깐 보고 돌아오겠습니다."

"그래, 어서 다녀오게. 내 먼저 가서 기다리고 있겠네."

여백사와 헤어진 조조는 진궁과 함께 말을 돌려 가다가 말고 다시 말 머리를 돌렸다. 여백사가 고개를 돌려 조조를 바라보았다. 조조가 여백사의 뒤쪽을 가리키며 물었다.

"숙부님, 저기 뒤에 오는 사람은 누군가요?"

여백사는 무심코 뒤를 돌아보았다. 조조는 재빨리 칼을 뽑아 들고 여백사를 내리쳤다. 여백사는 비명조차 지르지 못하고 말 등에서 굴러떨어졌다.

이 광경을 본 진궁은 놀라서 할 말을 잊었다. 진궁은 겨우 마음을 진정시키고 조조에게 물었다.

"조 공, 지금 제정신입니까? 조금 전 죄 없는 사람들을 죽인 것은 실수라고 합시다. 하지만 지금 여백사 어른을 해친 것은 어떻게 설명하시겠습니까?"

"생각해 보시오. 이 어른이 집으로 가서 가족들이 몰살당한 것을 보면 어떤 일이 벌어지겠소? 틀림없이 원수를 갚기 위해 사람을 풀어 우리를 추격할 것이오."

"그렇다고 죄 없는 사람을 죽인 것이 정당화될 수는 없습니다."

진궁이 나무라듯이 말하자 조조는 말 등에 채찍을 가하며 짧게 말했다.

"차라리 내가 세상 사람들을 저버릴지언정 세상 사람들이 나를 저버리게 할 수는 없소."

진궁은 조조의 반응에 할 말을 잃고 말았다. 그는 속으로 생각했다.

'이 사람은 백성들의 고통을 구원하려는 것이 아니라, 오히려 천하를 빼앗으려는 야망에 불타고 있구나.'

그날 밤, 주막집에서 잠을 청한 진궁은 심한 죄책감에 사로잡혔다. 하지만 조조는 죄 없는 사람을 아홉이나 베고도 아무 일도 없었다는 듯 코를 골며 깊은 잠에 빠져들었다. 그 모습을 보며 진궁은 심한 번뇌에 사로잡혔다.

조조는 그가 생각했던 충신은 아니었다. 목적을 이루기 위해서는 수단과 방법을 가리지 않을 사람이었다. 진궁은 문득 조조가 동탁과 같은 폭군이 될 수도 있다고 생각했다.

'이 사람은 후일 반드시 천하에 재앙을 불러올 것이다. 하늘을 대신하여 지금 이 사람을 제거한다면 훗날 천하의 근심거리가 사라지

게 될 것이다. 그것이 곧 내 손에 억울하게 죽은 사람들에게 조금이나마 속죄하는 길이 아닐까?'

진궁은 칼을 뽑아 들었다. 그러나 조조는 여전히 코를 골며 깊이 잠들어 있었다. 하지만 진궁은 차마 칼을 내리치지 못하고 망설였다. 잠시나마 나라를 구하기 위해 주군으로 섬기려 했던 사람을 죽이는 일 또한 옳지 못한 일이라는 생각이 들었다. 찰나의 순간 진궁의 머릿속에서 수만 가지 생각이 교차했다.

'지금 같은 난세에 조조 같은 간웅이 태어나는 것 또한 어쩌면 하늘의 뜻일지 모른다. 차라리 내가 이 사람을 떠나자.'

진궁은 결국 조조를 죽이지 못하고 홀로 길을 떠났다.

이른 새벽잠에서 깨어난 조조는 진궁이 사라진 것을 알았다.

'허허, 내가 여백사 어른을 죽이는 것을 보고 진궁이 나를 의롭지 못하다고 여겼던 것이로구나. 하지만 그도 언젠가 내 뜻을 알게 될 날이 오겠지.'

조조는 서둘러 말을 달려 고향인 하남 진류 땅으로 달려갔다.

12

반동탁 연합

　고향에 도착한 조조는 부친에게 인사를 올린 후 지난 일을 자세히 설명한 후 가슴에 품은 뜻을 밝혔다.

　"동탁을 제거하고 무너진 종묘사직을 일으켜 세우기 위해 의병을 모집하려고 합니다. 아버님께서 저를 도와주십시오."

　조조의 부친 조숭은 잠시 생각에 잠기더니 이윽고 침묵을 깨고 입을 열었다.

　"너의 뜻은 참으로 가상하구나. 하지만 큰일을 하려면 무엇보다 자금이 넉넉해야 한다. 그런데 우리 집 재산을 가지고는 의병 몇 명을 거느리기조차 힘들 것이다. 그러니 어찌하면 좋겠냐?"

　"그럼 도움을 주실 만한 분이라도 안 계실까요?"

　"그런 분이 한 분 계시기는 하다. 이 지방에서 부자로 소문난 위홍이란 분인데 그는 재산보다 올바른 뜻을 중요시하고 인품 또한 훌륭하신 분이다. 그분이 네가 품은 뜻에 공감한다면 반드시 큰 힘이 되어 주실 것이다."

조조는 곧 술과 음식을 준비한 후 위홍을 초대했다. 조조는 위홍을 윗자리에 앉힌 후 공손한 자세로 입을 열었다.

"어르신께서도 동탁이 저지른 천인공노할 죄악들을 아실 것입니다. 반역자 동탁은 어린 황제 폐하를 옹립한 후 조정을 장악하여 나라를 제 마음대로 어지럽히고 있습니다.

저는 더는 동탁의 악행을 지켜보고만 있을 수 없어 의병을 일으켜 무너진 나라를 바로 세우고자 합니다. 하지만 자금이 부족하여 고민하다가 어르신께 도움을 청하고자 이 자리를 마련하였습니다.

역적 동탁을 제거하여 무너진 나라를 바로 세울 수 있도록 부디 저를 도와주십시오."

조조의 요청에 위홍이 대답했다.

"나도 자네와 생각이 다르지 않네. 내 일찍부터 동탁을 제거하고 무너진 종묘사직을 바로 세워 줄 영웅이 출현하기를 기다리고 있었네. 자네가 그런 훌륭한 뜻을 품고 있다니 내가 최선을 다해서 돕겠네."

조조는 위홍이 흔쾌히 승낙하자 몹시 기뻤다. 군자금을 마련한 조조는 먼저 황제가 전국의 장수들을 모아 동탁을 몰아내 달라고 조조에게 부탁했다는 거짓 편지를 각 지방에 보낸 후 의병을 모집하기 시작했다. 또한, 자신의 집 뜰 안에 깃대를 세웠는데, 그곳에 '충의

(忠義)'라고 쓴 깃발을 내걸었다.

며칠 후 인근 마을의 장정들이 조조의 집으로 몰려들기 시작했다. 조조는 평소 자신과 뜻을 함께했던 동지들에게 사람을 보내 함께 의거를 일으킬 때가 되었다고 전했다.

맨 먼저 달려온 사람은 양평군 위나라 출신의 악진이었다. 그는 1천여 명의 병력을 이끌고 왔다. 이어 산양의 거록 출신인 이전이 달려왔다. 조조는 악진과 이전에게 중요한 역할을 맡겼다.

뒤이어 조조와는 혈연 관계인 하후돈과 하후연 형제가 군사 3천 명을 이끌고 찾아와 힘을 보탰다. 이들 형제는 무술이 뛰어났는데 특히 하후돈은 어려서부터 창 솜씨가 뛰어났다.

조조의 아버지 조숭은 본래 하후씨였으나 중상시 조등의 양자가 되면서 조씨가 된 것이었다. 따라서 하후돈 형제와 조조는 본래 혈족이었다.

조조와 사촌지간인 조인과 조홍도 군사 1천여 명을 이끌고 왔다. 조인의 자는 자효, 조홍의 자는 자렴으로 두 사람 모두 뛰어난 무장이었다. 이들 외에도 많은 장수가 나라를 구하겠다는 일념으로 조조를 찾아왔다.

또한, 전국의 제후들도 조조가 보낸 황제의 거짓 편지를 받고 응답했다. 남양 태수 원술, 북해 태수 공융, 장사 태수 손견, 발해 태수 원소 등 뛰어난 영웅호걸들이 군사를 이끌고 앞다퉈 달려왔다.

한편 북평 태수 공손찬도 군사 1만 5천 명을 거느리고 조조와 합류하기 위해 발걸음을 재촉했다. 그가 평원현을 지나갈 때 뽕나무 숲속에 황색 깃발이 펄럭이는 것이 보였다. 그곳에서 세 사람이 말을 달려오는데 맨 앞에 선 사람은 바로 유비였다. 공손찬이 놀라 유비를 반기며 물었다.

"아니, 현덕이 아닌가? 어찌 알고 여기까지 찾아왔는가?"

"지난날 형님 덕분에 이곳 평원 현령이 되어 지금까지 잘 지내고 있었습니다. 마침 형님께서 이곳을 지난다는 소식을 듣고 달려왔습니다. 성안에서 잠시 쉬어 가십시오."

공손찬과 유비는 원래 노식의 문하에서 함께 공부했었다. 유비가 평원 현령이 된 것도 알고 보면 공손찬이 힘써 준 덕분이었다. 또한, 공손찬은 유비가 현령이 된 후에도 가장 든든한 후원자가 되어 주었다.

공손찬은 유비의 뒤에 선 두 사람을 발견했다.

"이분들은 누구신가?"

유비가 고개를 돌려 두 사람을 소개했다.

"이 두 사람은 나와 의형제를 맺은 관우와 장비라고 합니다."

"오, 반갑소. 그대들이 바로 유비를 도와 황건적을 무찌른 그 장수들이구려. 두 사람의 관직은 어떻게 되시오?"

공손찬이 두 사람의 관직을 묻자 유비는 잠시 표정이 어두워졌다.

"예, 관우는 마궁수, 장비는 보궁수로 있습니다."

"흠, 마궁수는 말을 타고 활을 쏘는 군관이며, 보궁수는 보병을 거느리고 활을 쏘는 군관이 아닌가? 기가 막히는군. 이렇게 훌륭한 장수들을 말단 관직에서 썩히다니, 안 될 말일세. 지금 역적 동탁을 치기 위해 천하의 제후들이 모두 들고 일어섰네. 비록 낮은 관직에 있으나 자네는 황실 종친이 아닌가? 어떤가? 그 하찮은 벼슬을 던져 버리고 나와 함께 역적 동탁을 없애고 이 나라를 구하지 않겠나?”

“형님께서 그렇게 말씀해 주시니 감격스럽습니다. 저 역시 동탁을 치는 데 적은 힘이나마 보태고 싶습니다.”

유비가 대답이 끝나자마자 장비가 불쑥 끼어들었다.

“그거 보시오. 지난날 내가 동탁을 죽이려고 했을 때 말리지 않았다면 오늘과 같은 불행은 없었을 것 아닙니까?”

관우가 그런 장비의 소매를 슬며시 잡아끌었다.

“장비, 지난 일을 후회한들 무슨 소용인가? 우리는 병사들을 수습하여 떠날 준비나 하세.”

다음 날 유비 삼 형제는 휘하의 군사들을 이끌고 공손찬을 따라 조조의 반동탁군에 가담했다.

조조는 각지에서 모여든 제후들을 맞으며 군영을 세우니 길게 늘어선 군사들의 대열이 2백여 리나 이어졌다. 반동탁군의 깃발 아래 모인 전국의 제후들이 열여덟 명에 군사는 20만 대군이었다.

조조는 제후들을 위해 큰 잔치를 열고 낙양으로 쳐들어갈 방법을 의논했다. 하내 태수 왕광이 먼저 자신의 의견을 밝혔다.

“이제 대의를 받들어 진군할 때가 왔소. 하지만 지휘관들이 이렇게 많아서는 일사불란하게 작전을 펼치는 것이 어렵습니다. 먼저 맹주를 세워 군의 지휘 체계를 하나로 합칩시다."

"옳은 말씀이오."

제후들은 이구동성[38]으로 찬성하였다. 그러나 누구를 맹주, 즉 제후들의 대표로 세울 것인가라는 질문에는 어느 사람도 선뜻 입을 열지 못했다.

그러자 조조가 의견을 내놓았다.

"저는 발해 태수 원소 공을 추천합니다. 그의 집안은 4대에 걸쳐 삼공을 지낸 명망 높은 가문입니다. 그의 명성이나 가문으로 보아 우리가 맹주로 받들기에 조금의 모자람도 없을 듯합니다."

맹주로 추대받은 원소는 처음엔 사양했으나 모든 제후가 한목소리로 간청하자 결국 수락했다.

다음 날, 제후들은 3층으로 단을 쌓고 단의 주변 다섯 방향(동·서·남·북·중앙)에 오색 깃발을 세운 후 위로는 소의 꼬리로 장식한 지휘관의 깃발과 지휘권을 상징하는 황금 도끼를 세웠다. 원소는 단 위에 올라가서 향에 불을 붙이고 두 번 절한 후 엄숙한 표정으로 맹약의 글을 읽었다.

"한나라 황실이 불행하게도 규율과 전통을 잃으니 역적 동탁이 그것을 기회로 삼아 지존하신 황제 폐하를 핍박하고 국정을 어지럽혀 백성을 학대한 지 이미 오래되었다.

이 나라의 신하 된 도리로서 우리가 어떻게 동탁의 악행을 보고만 있겠는가? 오늘 동맹을 맹세한 우리는 모두 한마음 한뜻으로 힘을 합쳐 역적 동탁을 몰아내고 위기에 처한 이 나라를 구하자! 이 맹세를 저버리는 자는 살아남지 못할 것이며 그 자손 또한 끊어질 것이다.

천지신명이시여! 나라를 구하기 위해 분연히 일어선 우리의 뜻을 굽어살피소서!"

원소가 비분강개[39]한 어조로 맹세하는 글을 읽은 후 하늘을 우러러 절하고 제물의 피를 바르며 맹세하자 제후들은 감격의 눈물을 흘렸다.

원소가 의식을 마치고 단에서 내려오자 제후들은 그를 장막 위로 안내했다. 원소가 상석에 앉자 제후들은 관직과 나이 순으로 두 줄을 지어 앉았다.

"내 비록 재주는 없으나 여러분이 맹주로 추대하였으니 최선을 다해 여러분의 기대에 보답하겠소. 앞으로 공을 세운 자에게는 상을 내릴 것이며, 죄를 지은 자에게는 반드시 벌을 내리겠소. 나라에는 법이 있고 군에는 군율이 있으니 부디 잘못됨이 없도록 주의하시오."

"맹주의 명에 따르겠습니다."

모든 제후가 맹주 원소의 말에 한목소리로 대답했다. 원소가 다시 입을 열었다.

"원술은 군사들의 식량과 말의 먹이를 맡아서 각 군에 보급하도록 하라. 또한, 일을 공평하고 정직하게 처리하여 실수가 없도록 하라."

"삼가 명을 받들겠습니다."

원술이 머리를 숙여 명을 받들자 원소는 좌중을 둘러보며 말했다.

"우리는 즉시 낙양으로 진군할 것이오. 자, 누가 선봉에 서겠소?"

원소가 말을 마치자마자 장사 태수 손견이 자리에서 벌떡 일어서며 외쳤다.

"나를 선봉에 세워 주시오. 내가 단숨에 사수관의 관문을 격파하겠소."

"오, 문대가 선봉에 서 준다니 든든하오."

용맹스럽기로 소문이 자자한 손견이 나서자 원소는 매우 기뻐하며 허락했다. 드디어 반동탁 연합군은 원소의 지휘 아래 낙양으로 진군을 시작했다.

그 소식은 동탁의 귀에도 전해졌다. 동탁은 권세를 움켜쥔 뒤, 날마다 잔치를 열어 술을 마시며 그동안 세월 가는 줄 모르고 지냈다.

원소와 조조 등 전국의 제후들이 20만 대군을 이끌고 낙양으로 쳐들어온다는 소식에 동탁은 소스라치게 놀랐다. 동탁은 급히 휘하의 장수들을 불러들여 반군에 대한 대책을 물었다. 여포가 나서며 말했다.

"아버님, 이 여포가 있으니 아무 염려 하지 마십시오. 원소나 조조 등이 이끄는 군대는 한낱 허수아비에 불과합니다. 제가 가서 놈들을 단숨에 쳐부수고 반역자들의 목을 도성 문에 높이 매달겠습니다."

양부 정원의 목을 베고 동탁의 양자가 된 이래 내세울 만한 공도 없이 총애만 받으며 지내 온 여포였다. 그는 지금이야말로 공을 세울 좋은 기회라고 여긴 것이다.

동탁은 크게 기뻐하며 껄껄 웃었다.

"오, 그렇지. 봉선이 있는데 내가 무엇을 걱정하겠는가?"

그때였다. 장수 중 한 사람이 나서며 우렁찬 목소리로 외쳤다.

"그까짓 닭을 잡는 데 어찌 소 잡는 칼을 쓰겠습니까? 제가 가서 제후들의 목을 베어 오겠습니다."

모든 사람의 시선이 일제히 그에게 모였다. 그는 관서 출신의 화웅으로 키가 9척이요, 호랑이 같은 우람한 어깨, 늑대의 허리, 표범의 머리에 원숭이의 팔을 지닌 장수였다.

"오, 화웅의 말도 일리가 있군. 좋다. 그대는 당장 사수관으로 달려가서 놈들을 응징하라."

동탁은 화웅을 표기교위로 승격시키고 군사 5만 명을 주었다.

화웅은 이숙, 호진, 조잠과 함께 군사를 거느리고 밤낮을 달려 사수관을 향했다.

화웅의 군대가 의병을 치러 온다는 소식은 곧 반동탁 연합군에게도 날아들었다. 선봉장 손견은 그 소식을 듣고 군사를 격려하여 만반의 준비를 갖추었다.

이때 손견군의 후진에는 제북의 상 포신이 진을 치고 있었다. 그는 지난날 후군교위로 있을 때 원소와 왕윤에게 동탁을 죽이자고 권했으나 두 사람의 호응이 없자 태산으로 몸을 숨겼었다.

그는 손견이 선봉장이 되자, 공을 빼앗기게 될 것을 염려했다. 그러던 중 화웅이 군사를 이끌고 사수관으로 내려온다는 보고를 받자 은밀히 아우인 포충을 불렀다.

"손견이 선봉을 맡아 버렸다. 이대로 구경만 하다간 모든 공을 그가 차지하고 우리는 뒷북만 치게 된다. 네게 군사 3천을 줄 터이니 지름길로 먼저 가서 사수관을 기습하도록 해라."

"알겠습니다."

"그럼, 어서 떠나라. 관내로 쳐들어가면 먼저 불을 놓아 연기로 신호를 보내라. 그러면 나도 군사를 이끌고 즉시 공격에 가담하겠다."

포충은 몰래 군사들을 이끌고 지름길을 달려 사수관으로 향했다. 그들이 사수관에 당도하자 화웅이 군사 5백여 명을 이끌고 달려 나와 포충의 3천 군사와 맞섰다. 그러나 포충은 화웅의 적수가 되지 못했다. 후퇴하려던 포충은 화웅의 칼에 맞아 즉사했다. 부하 장수 중 몇몇은 사로잡혔으며, 대부분 군사는 몰살당했다. 화웅은 포충의 머리를 잘라 동탁에게 보내 첫 승리를 보고했다. 동탁은 기뻐하며 화웅을 도독으로 승진시켰다.

한편 선봉장 손견은 그제야 사수관에 도착했다. 그는 포충의 패배 사실을 모른 채 정보, 황개, 한당, 조무 등 네 명의 장수를 앞세워 사수관을 곧장 공격했다.

화웅은 자신의 부장 호진에게 군사 5천 명을 주어 맞서 싸우게 했다. 그리고 자신은 군사 1만 명을 거느리고 만약의 사태에 대비했다.

호진이 군사들을 이끌고 달려 나오자 정보가 사모 창을 휘두르며 맞섰다. 두 장수는 서로 맞붙어 몇 차례 공격을 주고받았다. 그러나 호진은 정보의 적수가 되지 못했고, 이내 정보의 창이 호진의 목을 관통했다.

호진은 말에서 고꾸라지며 곧 숨을 거두었다. 화웅은 호진의 군대를 사수관 안으로 후퇴시킨 뒤 문이란 문은 모두 닫아 버렸다. 손견의 군대가 성난 파도처럼 관문을 향해 밀고 들어가자, 관문 위에서 화살과 돌덩이들이 빗발치듯 쏟아져 내렸다.

강동의 호랑이로 불리며 용맹을 자랑하던 손견도 군사들의 희생이 커지자 일단 물러날 수밖에 없었다.

화웅 역시 손견군과의 전투에서 부장 호진이 맥없이 패하자 정면 승부를 피했다. 이후 양 진영은 계속 대치하였다.

13

사수관의 화웅

하루 이틀, 시간이 흐르면서 손견군은 식량과 말의 먹이가 바닥났다. 손견은 호진의 목을 원소에게 보낸 후 원술에게 전령을 보내 군사들의 식량과 말의 먹이를 보급해 달라고 요청했다. 그러자 손견에게 원한을 품고 있던 원술의 부하 중 한 사람이 원술에게 말했다.

"손견은 강동의 호랑이입니다. 그를 선봉으로 삼아 낙양을 함락시키고 동탁을 제거한다고 해도 그것은 늑대를 쫓고 호랑이를 맞아들이는 것과 다르지 않습니다. 그러니 손견에게 보급품을 보내지 마십시오. 그대로 두면 손견군은 자멸하고 말 것입니다."

"흠, 듣고 보니 그 말도 일리가 있군."

원술 또한 손견을 질투하여 그가 공을 세우는 것을 원하지 않았다. 제후들은 동탁을 몰아내기 위해 뜻을 모았지만 속으로는 이렇듯 각자 딴생각을 품고 서로 경쟁과 견제를 하고 있었다.

원술은 핑계를 대며 보급품 전달을 차일피일 미루었다. 그러는 사이 손견군은 끼니를 거르며 굶주림에 시달렸다. 군사들의 사기는 떨어지고 불평과 불만이 점점 쌓여 갔다.

상황이 점점 악화하자 손견은 원술에게 보급품을 계속 재촉했다. 그러나 손견군이 자멸하기를 바라는 원술이 보급품을 보내 줄 리 없었다. 상황이 이렇게 되자 손견군은 적의 창칼보다 굶주림이 더 큰 위협이 되고 말았다.

화웅이 보낸 밀정이 손견군의 진영을 염탐하고 그 사정을 이숙에게 보고했다. 이숙은 신중한 성격의 소유자였다. 그는 다시 두 명의 밀정을 보내 손견의 진영을 염탐하게 했다. 두 밀정 역시 손견군이 굶주리는 정황을 염탐하고 보고했다. 이숙은 그제야 화웅에게 하나의 계책을 건의했다.

"손견군을 쳐부술 기회가 온 것 같습니다. 밀정을 보내 적진을 염탐한 결과 적들은 군량미가 떨어져서 굶주리고 있다는 사실을 알아냈습니다.

오늘 밤 저는 군사들을 이끌고 적의 후방을 공격하겠습니다. 장군께서는 제가 불빛으로 신호를 보내면 단숨에 적의 진영을 공격하십시오. 반드시 손견을 사로잡을 수 있을 것입니다."

화웅은 이숙의 계략에 따라 군사들을 배불리 먹인 다음 야습을 준비했다. 이숙이 먼저 군사들을 이끌고 손견군의 진영 후방을 급습하여 사방에 불화살을 쏘아 댔다.

손견의 진영 여기저기서 불길이 치솟자 무방비 상태의 손견군은 큰 혼란에 빠졌다. 굶주림에 허덕이던 손견군은 적의 기습 공격에 맞서지 못하고 도망치기에 급급했다.

손견의 진영에서 불길이 치솟고 연기가 피어오르자 화웅도 즉시 군사들을 이끌고 공격에 가담했다.

손견이 막사에서 뛰쳐나왔을 때 그의 부하들은 적군에게 일방적으로 쫓기며 사방으로 달아나고 있었다. 손견은 군사들을 독려하며 적군을 맞아 싸웠다. 하지만 허기에 굶주린 군사들은 적군에 맞서 싸우기보다 도망치기에 급급했다.

손견이 정신없이 싸우다 보니 정보와 황개, 한당의 모습은 보이지 않고 조무만이 그의 곁을 호위하고 있었다. 전방에서 화웅이, 후방에서 이숙이 동시에 군사들을 이끌고 공격해 오자 손견도 대세가 기울었음을 깨닫고 조무와 함께 달아나기 시작했다.

화웅이 손견을 추격하며 고함을 질렀다.

"손견은 도망가지 말고 목을 내놓아라!"

손견은 바짝 쫓아오는 화웅을 향해 화살을 날렸다. 그러나 화웅은 재빨리 몸을 피했다. 손견이 두 번이나 화웅을 명중시키지 못하고 세 번째 활시위를 당기는 순간 활이 두 동강 나며 부러지고 말았다.

"이런! 하늘도 나를 돕지 않는구나."

손견은 부러진 화살을 버리고 말 머리를 돌려 달아날 수밖에 없었다. 이때 조무가 손견에게 말했다.

"주공! 투구를 벗어서 저에게 주십시오. 그 투구는 색상이 붉어

적의 눈에 띄기 쉽습니다. 제가 그 투구를 쓰고 적의 추격을 따돌려 보겠습니다."

손견은 워낙 상황이 다급하여지자 조무의 의견을 따르기로 했다. 두 사람은 투구를 바꿔 쓰고 서로 정반대 방향으로 말을 달렸다. 그 사실을 모르는 화웅은 손견의 투구를 쓴 조무를 추격하기 시작했다. 그 덕분에 손견은 화웅의 추격에서 무사히 벗어날 수 있었다. 그러나 조무는 화웅의 칼에 목숨을 잃고 말았다.

손견은 20여 리쯤 길을 갔을 때 겨우 흩어졌던 정보와 한당, 황개를 만날 수 있었다. 그들은 화웅군의 기습 공격을 받고 각자 흩어져 싸우다가 화웅군이 철수하자 손견을 찾아 나섰던 것이다. 손견은 조무의 시신을 발견하고 슬픔에 빠져 크게 탄식했다.

"아아, 조무여. 내 반드시 자네의 원수를 갚아 주마!"

정보와 황개, 한당도 조무의 주검 앞에 슬픔을 이기지 못하고 목 놓아 울었다. 손견이 흩어졌던 군사를 수습하여 보니 그 수가 채 10분의 1이 되지 않았다. 실로 참담한 패배였다.

손견의 패배 소식이 후방으로 전해지자 제후들은 큰 충격에 빠졌다. 그도 그럴 것이 손견은 반동탁 연합군 소속 장수 중 가장 용맹스러운 장수였고, 그의 부대 역시 막강한 실력을 자랑했기 때문이다. 원소가 제후들을 불러 놓고 침통한 표정으로 말했다.

"먼저는 포신 장군의 아우 포충이 공명심에 눈이 멀어 많은 군사를 잃었소. 이번엔 손견 장군까지 화웅에게 패하여 그의 군대가 전멸하다시피 했다고 하오. 이제 우리 군사들까지 동요하며 사기가 떨어지고 있으니 대체 어찌하면 좋겠소?"

그러나 제후들은 아무도 선뜻 입을 열지 못했다. 기세등등한 적장 화웅의 용맹에 겁을 집어먹었는지 제후들은 모두 꿀 먹은 벙어리가 되었고, 막사 안에 무거운 침묵이 흘렀다.

답답한 마음에 좌중을 둘러보던 원소의 시선이 공손찬에게서 멈췄다. 공손찬의 뒤에 선 세 사람의 모습이 범상치 않았기 때문이다. 원소가 물었다.

"공손 태수의 뒤에 서 있는 사람들은 누구요?"

공손찬이 유비를 앞으로 불러내 원소에게 소개했다.

"이 사람은 나와 함께 노식 선생님 밑에서 동문수학[40]했던 유비라고 하오. 나와는 친형제처럼 지내고 있으며 이곳에 오기 전 평원 현령으로 있었소."

"오. 그러고 보니 생각났소. 광종의 노식 장군 막사 안에서 인사를 나눈 적이 있었지요."

"오랜만에 뵙습니다."

유비는 가벼운 미소를 머금고 원소를 향해 고개 숙여 인사를 했다. 조조 역시 유비를 알아보았다. 그는 영천에서 주준의 휘하에 있을 때 유비와 잠시 스쳐 지나갔지만 강렬한 인상을 받았었다.

"반갑소. 황건적의 난 때 관중 땅과 영천 지방에서 용맹을 떨쳤던 유현덕이 아니시오?"

"그때 얼굴을 뵌 적이 있었지요."

유비도 입가에 미소를 머금으며 인사했다.

원소는 유비에게 자리를 권했다.

"현덕 공은 황실의 종친이라고 들었소. 자, 이리 와서 자리에 앉도록 하시오."

원소의 말을 듣고 한 장군이 자리를 양보했다. 그러나 유비는 사양하며 공손찬의 등 뒤에 가서 섰다. 그러나 원소가 거듭 권하고 공손찬도 사양하지 말라며 등을 떠밀자 유비는 못 이기는 척 말석에 가서 앉았다.

장비와 관우가 그의 등 뒤에 섰다. 이때 전령이 다급하게 막사 안으로 뛰어 들어와서 다급한 목소리로 외쳤다.

"화웅의 철기군이 이곳으로 쳐들어오고 있습니다."

제후들은 그 소식에 놀라서 근심스러운 표정을 짓자 원소가 그들을 둘러보며 말했다.

"누가 나가서 화웅을 상대하겠소?"

"제가 적장 화웅을 상대해 보겠습니다."

원술의 등 뒤에서 한 장수가 나서며 호기롭게 외쳤다. 그는 원술이 총애하는 장수 유섭으로 매우 용맹스러운 장수였다. 원소가 기뻐하며 그에게 술을 내렸다. 유섭은 단숨에 술을 들이켠 후 말을 몰아 달려 나갔다. 그러나 유섭은 화웅과 겨룬 지 겨우 3합 만에 목숨을 잃고 말았다. 그 소식을 들은 제후들은 매우 놀랐다.

유섭의 용맹을 누구보다 잘 알던 원소 역시 큰 충격을 받았다. 그는 화웅이 자신이 생각했던 것보다 훨씬 강하다는 것을 깨달았다.

원소가 침통한 표정으로 말을 잊지 못하자 한복이 나섰다.

"나의 휘하에 반봉이라는 장수가 있소. 그는 지금까지 수많은 상대와 싸웠지만 단 한 번도 패한 적이 없소. 그가 나선다면 능히 화웅의 목을 베어 올 것입니다."

한복은 즉시 반봉에게 화웅의 목을 베어 오라고 명령했다. 반봉이 자신의 무기인 도끼를 뽑아 들고 말을 달려 나가자 제후들은 곧 승리의 소식이 들려오리라 기대했다. 그러나 기다리던 소식은 들리지 않고 반봉의 전사 소식이 전해졌다.

포충과 손견의 패배에 이어 용맹을 떨치던 두 장수마저 화웅에게 목숨을 잃자 제후들은 두려움이 들기 시작했다.

원소가 크게 한탄하며 말했다.

"여기 이렇게 많은 제후가 모여 있는데, 휘하의 장수 중에 화웅을 칠 만한 사람이 없다니. 잘못하다가는 우리 모두 천하의 웃음거리가 되고 말겠소."

원소의 말이 채 끝나기도 전에 한 사람이 나서며 큰소리로 외쳤다.

"저에게 화웅을 상대할 기회를 주십시오. 반드시 그의 목을 베어 오겠습니다."

제후들이 일제히 그를 보니 바로 유비의 등 뒤에 서 있던 관우였다. 원소가 공손찬에게 물었다.

"저 장수는 누구요?"

"유현덕의 아우 관우라고 합니다."

공손찬의 대답을 들은 원소가 호기심 어린 표정으로 다시 물었다.

"그의 관직은 무엇이오?"

"유현덕 휘하에서 마궁수 직책을 맡고 있다더군요."

공손찬의 대답을 듣자마자 원술이 관우에게 호통을 쳤다.

"일개 마궁수 따위가 제후들 앞에서 큰소리를 치다니, 건방지구나. 당장 물러가지 못하겠느냐?"

원술이 제후들 앞에서 꾸짖자 관우의 얼굴에 불쾌한 기색이 떠올랐다. 그 모습을 본 조조가 재빨리 원술을 가로막았다.

"잠깐 기다리시오. 이 장수가 비록 관직은 낮지만, 이 자리에서 큰소리칠 때는 나름대로 승리를 확신하기 때문일 것이오. 그러니 한 번 싸울 기회를 줍시다. 만약 패하여 돌아온다면 그때 야단을 쳐도 늦지 않을 것이오."

조조의 말을 듣고도 원소는 선뜻 명령을 내리지 못했다. 그러자 관우가 다시 입을 열었다.

"화웅의 목을 베지 못한다면 내 목을 바치겠소."

그제야 원소는 관우에게 출전을 허락했다. 관우가 막사를 나서자 조조가 뜨거운 술을 한 잔 가득 부어 권하였다.

"이 술을 마시고 가시오."

"그 술은 화웅의 목을 베고 와서 마시겠습니다. 술이 식기 전에 돌아오겠습니다."

관우는 청룡언월도를 비켜 들고 몸을 날려 말 위에 올랐다. 그러고는 나는 듯이 적진을 향해 달려갔다. 화웅의 부하들이 관우를 막아서자 청룡언월도가 허공에서 춤을 추었다. 순식간에 군사들의 목이 떨어지며 대지를 핏빛으로 물들였다.

"화웅은 당장 나와서 이 관우의 창을 받아라!"

화웅은 앞선 전투에서 여러 차례 승리하자 관우를 만만하게 보고 전투에 나섰다. 그러나 그는 관우에게 제대로 칼 한 번 휘두르지 못하고 목이 달아났다. 화웅의 용맹에 사기가 땅에 떨어졌던 반동탁 연합군은 관우의 승리에 흥분하며 열광했다. 그들은 일제히 북과 징을 울리며 하늘이 떠나가라 함성을 질렀다.

제후들이 숨을 죽인 채 싸움의 결과를 기다리고 있을 때 관우가 막사 안으로 들어섰다. 제후들은 일제히 관우의 손에 들린 사람의 머리에 시선을 던졌다. 화웅이었다. 그들의 입에서 동시에 경탄의 소리가 터져 나왔다. 관우는 화웅의 머리를 땅 위에 내팽개친 후 조조가 따라 놓았던 술잔을 들었다.

"약속대로 화웅의 목을 베어 왔으니 이제 술을 마시겠습니다."

술은 아직 식지 않고 따뜻했다. 관우의 승리로 땅에 떨어졌던 반동탁 연합군의 사기는 다시 높아졌다. 그날 밤, 조조는 몰래 유비 삼형제에게 고기와 술을 보내 경의를 표했다.

14
천하무적 여포

화웅이 전사했다는 소식은 곧 동탁에게 보고되었다. 동탁은 매우 놀라서 급히 여포와 이유를 불러 대책을 논의했다. 이유가 자신의 의견을 내놓았다.

"화웅이 죽고 나서 적의 사기는 올라가고 아군의 사기는 크게 떨어졌습니다. 승상께서도 아시겠지만, 원소의 숙부인 태부 원외가 지금 낙양에 있습니다. 만약 그가 조카인 원소와 내통이라도 한다면 큰일입니다. 그전에 먼저 원외를 죽여 군사들의 사기를 북돋우신 후, 친히 대군을 이끌고 반란군을 진압하신다면 반드시 승리하실 것입니다."

동탁은 이유의 의견대로 군사들을 원외의 집으로 보내 원외와 그의 일가족은 물론 하인들까지 몰살했다. 동탁은 원외의 목을 베어 사수관에 높이 매달게 한 후, 20만 대군을 일으켰다. 그는 이각과 곽사에게 군사 5만을 주어 사수관을 방어하게 한 후, 자신은 이유, 여포, 자제 등과 함께 15만 대군을 거느리고 호뢰관으로 나아갔다.

호뢰관은 낙양으로부터 50리 떨어진 곳이었다. 호뢰관에 도착한 동탁은 여포에게 군사 3만을 주어 호뢰관 아래 큰 영채를 세우게 하고 자신은 호뢰관에 주둔했다.

호뢰관은 중요한 관문으로 난공불락[41]의 요새였다. 이 사실은 곧 염탐꾼에 의해 원소에게 보고되었다.

원소는 제후들을 불러모아 대책을 세웠다. 조조가 가장 먼저 의견을 냈다.

"동탁이 호뢰관에 군사를 주둔시킨 것은 우리의 뒤를 끊으려는 수작입니다. 그러니 우리도 군사를 둘로 나누어 진격합시다."

원소는 조조의 의견에 따라 하내 태수 왕광, 동군 태수 교모, 산양 태수 원유, 북해 태수 공융, 상당 태수 장양, 서주 자사 도겸, 북평 태수 공손찬, 등 여덟 제후들을 호뢰관으로 보내고 나머지 제후들에게 그대로 사수관을 공격하게 했다.

조조는 군사들을 이끌고 상황에 따라 양쪽 군대를 적절히 돕는 응원군 역할을 맡았다.

제일 먼저 호뢰관에 도착한 것은 하내 태수 왕광의 군대였다. 왕광이 호뢰관 앞에 진을 치자 여포가 말을 달려 왔다. 방천화극을 치켜들고 적토마 위에 앉아 있는 여포의 위풍당당한 모습에 왕광의 군사들은 간담이 서늘해졌다.

"누가 나가서 여포의 목을 베어 올 텐가?"

왕광이 부하 장수들을 독려하자 하내에서 명장으로 소문난 방열이 창을 치켜들고 말을 달려 갔다. 왕광이 그 모습을 기대에 찬 눈길로 바라보았다. 하지만 방열은 채 5합을 견디지 못하고 여포의 방천화극에 목이 달아나고 말았다.

"이놈, 여포야! 목을 내놓아라!"

태수 왕광은 아끼던 부하 장수가 죽자 반월창을 휘두르며 여포를 향해 달려 나갔다. 그러나 그보다 먼저 부하 장수들이 앞질러 여포를 향해 달려 나갔다. 하지만 그들도 여포의 적수가 되지는 못했다.

방천화극이 허공에서 춤을 추자 그때마다 왕광의 부하 장수들은 목이 떨어져 바닥에 나뒹굴었다.

순식간에 내로라하는 장수들을 잃은 왕광은 간담이 서늘해져 말머리를 돌려 퇴각했다. 여포는 철기군 3천을 거느리고 파죽지세[42]로 왕광의 진지를 짓밟았다.

왕광의 군대는 철기군의 공격을 피해 사방으로 뿔뿔이 흩어졌고, 왕광 자신도 목숨이 경각을 다투는 위험한 처지가 되었다. 다행히 동군 태수 교모와 산양 태수 원유의 구원병을 만나 겨우 목숨을 건졌다. 하지만 그 과정에서 교모와 원유의 피해도 컸다.

많은 군사를 희생시키고 여포의 추격에서 벗어난 세 명의 제후들은 30리나 물러나 주둔지를 세우고 군사를 수습했다. 뒤이어 다섯 제후가 군사를 이끌고 도착하자 여덟 제후는 함께 머리를 맞대고 여포를 상대할 계획을 세웠다. 하지만 여포를 상대할 만한 장수가 없었기에 달리 대책을 세울 수가 없었다. 그때 다시 여포가 싸움을 걸어왔다.

상당 태수 장양은 부장 목순으로 하여금 여포를 맞아 싸우게 했다. 목순은 창을 치켜들고 짓쳐 나가 여포와 맞섰으나 여포의 화극이 허공에서 빛을 뿜어내는 순간 어이없이 목이 떨어지고 말았다. 그러자 이번에는 북해 태수 공융이 자신의 부장 무안국을 내보냈다. 무안국은 50근이나 되는 철퇴를 휘두르며 여포에게 맞섰다. 그러나 무안국 역시 10여 합을 채 버티지 못하고 왼쪽 팔이 잘린 채 도망쳤다. 여포가 무안국의 뒤를 쫓자 여덟 태수가 한꺼번에 달려 나가 여포를 막아섰다. 그러자 여포도 추격을 포기하고 일단 뒤로 물러섰다.

그러나 여포는 곧 다시 싸움을 걸어왔다. 이번에는 북평 태수 공손찬이 말을 달려 나가 여포와 맞섰다. 하지만 그는 여포의 맹렬한 공격을 당해 내지 못하고 이내 말 머리를 돌려 달아났다. 그러나 여포가 탄 말은 하루에 천 리를 달린다는 적토마였다. 공손찬의 뒤를 단숨에 따라잡은 여포는 공손찬의 등을 향해 방천화극을 찔러 갔다.

바로 그 순간 한 장수가 두 눈을 부릅뜨고 호랑이 수염을 사납게 곤두세운 채 1장 8척 장팔사모를 치켜들고 여포를 가로막았다.

"아비가 셋이나 되는 근본도 없는 종자 놈아! 연인(연나라 사람) 장비가 여기 있다. 먼저 네놈의 목부터 내놓아라!"

여포는 느닷없이 욕을 먹자 화가 치밀었다. 그는 공손찬을 버려두고 즉시 장비를 공격했다.

"하룻강아지 범 무서운 줄 모른다더니 바로 너 같은 놈을 두고 이른 말이로구나! 혀를 함부로 놀린 대가로 네놈의 목부터 가져가야겠다."

여포의 방천화극이 장비의 목을 노리고 찔러 갔다. 그러나 장비는 재빨리 몸을 피한 후 장팔사모로 역공을 가했다. 여포는 순간 찔끔했다. 지금까지 자기가 대적했던 장수들과 달리 상대에게서 만만찮은 기운을 느꼈기 때문이다.

'이놈 봐라. 복장을 보면 일개 하급 관리가 분명한데, 어째서 이렇게 강렬한 기운이 느껴지지?'

장비 역시 여포와 한두 차례 공격을 주고받은 후 상대의 놀라운 힘을 온몸으로 느낄 수 있었다.

장비는 장팔사모를 쥔 손에 힘을 불어넣고 정신을 가다듬은 채 여포에게 맞섰다. 방천화극과 장팔사모가 부딪칠 때마다 불꽃이 튀었다. 두 사람의 전투는 마치 용호상박[43]을 방불케 했다.

장비는 막강한 힘을 자랑하는 당대 최고의 무장 여포를 맞아 싸우면서도 전혀 밀리지 않았다. 하지만 속으로 놀라며 혀를 내둘렀다.

'천하제일의 무장이라더니 과연 헛소문이 아니로구나.'

여포 역시 다르지 않았다.

'이렇게 강한 사내가 어찌 말단 관리로 있단 말인가?'

여포와 장비는 싸우면 싸울수록 상대의 힘과 투지에 감탄했다. 양쪽 진영의 군사들 또한 넋을 잃고 두 사람의 전투를 지켜보았다. 그러나 두 사람이 어우러져 싸운 지 50여 합이 지나면서 싸움의 양상은 한쪽으로 서서히 기울어져 갔다. 시간이 갈수록 여포는 기세를 올렸고, 반면 장비는 점점 지쳐 갔다. 그 모습을 지켜보던 관우가 말에 채찍질하며 달려 나가 여포를 협공했다.

무게가 80근에 이르는 관우의 청룡언월도와 장비의 장팔사모가 쉴 새 없이 여포를 향해 날아들었다. 그때마다 여포는 방천화극으로 두 사람의 협공을 여유 있게 받아 냈다. 세 사람은 어우러져 30여 합을 겨루었다. 그러나 어느 쪽도 승기를 잡지 못했다.

유비는 관우와 장비의 협공을 받고도 전혀 밀리지 않는 여포의 빼어난 무예에 놀라움을 금치 못했다.

'놀랍군. 관우와 장비의 공격을 혼자서 막아 내다니, 이대로라면 여포를 거꾸러뜨리기는 쉽지 않겠어.'

유비는 쌍고검을 뽑아 들고 말을 몰아 여포를 향해 달려갔다.

"나는 유비 현덕이다. 여포는 내 칼을 받아라!"

여포는 졸지에 유비 삼 형제의 협공을 받게 되었다. 세 방향에서 무기가 쉴 새 없이 날아들었고, 그때마다 방천화극과 맞부딪치며 불꽃이 튀었다.

말들이 울부짖고 칼과 창이 맞부딪치며 치열하게 뒤섞여 싸우자 사방으로 뽀얀 먼지가 일었다. 그야말로 용호상박의 대결이었다.

지켜보는 제후들조차 그들의 대결에 취한 듯 손에 땀을 쥐며 잠시도 한눈을 팔지 못하고 시선을 고정했다.

한순간 여포의 방천화극이 유비의 머리 위로 날아내렸다. 절체절명[44]의 순간 어느새 관우의 청룡언월도와 장팔사모가 동시에 여포를 노리고 날아들었다.

여포가 공격을 멈추지 않는다면 유비의 목숨을 빼앗게 되지만 동시에 자신은 청룡언월도와 장팔사모의 제물이 되고 말 것이다.

여포는 동물적인 본능에 따라 유비를 공격하던 방천화극의 방향을 틀어 청룡언월도와 장팔사모를 동시에 막아 냈다. 그 여파로 균형을 잃은 적토마는 몸을 휘청이며 크게 뒷걸음쳤고, 여포는 하마터면 말에서 굴러떨어질 뻔했다.

천하의 여포도 이렇게 되자 더는 버티지 못했다. 여포는 관우와 장비를 향해 방천화극을 크게 휘둘러 퇴로를 확보한 후 재빨리 말 머리를 돌려 호뢰관 쪽으로 달아났다.

"오늘은 여기까지다. 훗날 다시 만나 승부를 겨루자!"

그러나 승기를 잡은 유비 삼 형제가 여포를 도망치도록 버려둘 리 만무하였다. 그들은 말에 채찍질을 가하며 여포를 추격했다. 그러자 여포는 말 위에서 몸을 돌려 활을 쏘았다. 화살은 유비의 얼굴을 향해 날아들었고, 유비가 고개를 숙여 피하자 머리 위로 '쌩' 하는 소리를 내며 날아갔다.

여포는 다시 관우와 장비를 향해 두 발의 화살을 더 쏘며 세 사람의 추격을 더디게 한 후 순식간에 호뢰관 안으로 들어가 버리고 말았다.

유비, 관우, 장비 세 사람은 여포를 놓친 것이 몹시 분했지만, 어쩔 수 없었다. 그들이 타고 있는 말로는 천하제일의 명마 적토마를 따라잡을 수 없었기 때문이다.

15

불타는 낙양

여포가 호뢰관 안으로 달아난 후 반동탁 연합군의 사기는 크게 올랐다. 제후들은 이 기회를 놓칠세라 군사들을 독려하여 총공세를 펼쳤다.

여포의 군대는 대부분 호뢰관으로 철수하지 못했던 터라 연합군의 공격을 받고 전멸했다. 사기가 잔뜩 오른 연합군은 내친김에 호뢰관까지 쳐들어갔다. 그러나 호뢰관의 철문은 굳게 닫혀 있고, 관문의 좌우는 깎아지른 듯한 절벽이 하늘 높이 우뚝 솟아 있었다. 가히 난공불락의 요새라 부를 만했다.

연합군이 관문 앞에 이르자 관문 위에서 화살이 비 오듯 쏟아져 내리고, 절벽 위에서는 통나무와 암석이 우레와 같은 소리를 내며 쏟아져 내렸다. 앞장섰던 장비는 하는 수 없이 뒤로 물러섰고, 제후들은 군사들을 철수시켰다.

제후들은 영채로 돌아온 후 유비와 관우, 장비의 공로를 치하한 다음 파발을 띄워 원소에게 승리를 보고했다. 모처럼의 승리 소식을 받아 든 원소는 잔뜩 고무되어 손견에게 편지를 보내 사수관을 치도록 했다.

손견은 출진에 앞서 황개, 정보와 함께 원술의 주둔지를 찾아갔다. 손견은 화웅에게 패하여 아끼던 조무까지 잃고 말았던 사수관 싸움 때 자기에게 보급품을 보내지 않은 이유를 따져 물었다.

"동탁과 나는 아무런 원한도 없었소. 그러나 내가 사생결단[45]의 각오로 화웅과 싸운 것은 위로는 나라를 위해 역적을 없애고자 함이오, 아래로는 함께 맹세한 모든 제후와의 의리 때문이었소. 그런데 장군은 군량미 공급을 중단하여 나와 군사들을 사지로 내몰았고, 결국 나는 싸움에 패하여 많은 군사를 잃었소. 더구나 내가 아끼던 장수 조무까지 잃었으니 이제 장군은 그 책임을 어떻게 지실 생각이오?"

손견이 호랑이를 닮은 두 눈을 부릅뜨며 따지자 원술은 크게 두려움을 느끼고 모든 잘못을 부하에게 뒤집어씌웠다.

"진정하시오. 손 장군. 부하 중 한 놈이 공연히 장군을 중상모략[46]하여 그만 일을 그르치게 하였소. 그자의 목을 베어 나의 어리석음을 사죄하겠소."

원술은 짐짓 미안한 표정을 지으며, 손견을 모함했던 부하를 잡아들인 후 손견이 보는 앞에서 목을 쳤다. 원술이 모든 잘못을 부하의 탓으로 돌리자 손견은 쓴웃음을 지었다.

'이런 소인배와 시비를 따져 본들 무엇을 얻겠는가.'

손견은 즉시 원술의 주둔지를 나와 자신의 진영으로 돌아왔다. 그가 막 잠자리에 들려고 할 때 뜻밖에도 동탁이 보낸 밀사 이각이 찾아왔다.

"승상께서는 평소 장군을 흠모하셨습니다. 그래서 장군과 인연을 맺고자 나를 이곳에 보내셨습니다. 우리 승상의 따님과 장군의 자제분을 혼인시키면 어떻겠습니까? 그렇게 하면 장군의 일가친척들은 모두 높은 관직을 얻어 출세하게 될 것입니다."

이각의 말을 듣고 있던 손견의 표정이 일그러지더니 버럭 화를 냈다.

"닥쳐라! 동탁은 하늘을 거스르고 황실을 뒤엎은 놈이다. 나는 그자의 목을 치고 구족을 멸하여 천하에 보답하려 하거늘, 어찌 역적 놈과 사돈을 맺겠느냐? 내 너를 살려 줄 터이니 당장 가서 동탁에게 내 말을 전하거라!"

이각은 전혀 예상하지 못했던 손견의 반응에 혼비백산[47]하여 돌아가 동탁에게 손견의 말을 전하였다. 동탁은 이각의 말을 듣자 화를 참지 못하고 거친 숨을 몰아쉬었다. 그는 모사 이유를 불러들였다.

"손견을 회유하는 것도 실패했고, 천하무적 여포마저 패하여 군사들의 사기가 땅에 떨어졌으니 앞으로 어떻게 하면 좋겠는가?"

이유가 잠시 생각에 잠기더니 심각한 표정으로 입을 열었다.

"적의 세력이 생각보다 강력해서 수도인 낙양을 지켜 내는 게 쉽지 않을 것 같습니다. 차라리 낙양을 버리고 장안으로 가는 것이 어떻겠습니까?”

이유의 말에 놀란 동탁의 두 눈이 휘둥그레졌다.

“지금 자네의 말은 천도, 즉 수도를 옮기자는 것인가?”

“그렇습니다. 일단 병사를 거두고 낙양으로 돌아가 황제 폐하를 장안으로 모시십시오. 그리고서 시기를 보아 반란군을 제압하는 것이 현명할 것 같습니다. 더구나 요즘 거리에서 아이들의 입으로 유행하는 노랫소리가 있습니다.”

“노래라니? 무슨…….”

동탁이 묻자 이유가 노래를 읊었다.

　서쪽도 한나라요
　동쪽도 한나라네.
　사슴이 장안으로 들어가면
　비로소 근심이 없어지네.

“제 생각에 서쪽의 한나라는 한고조를 가리키는 말로 장안 12대를 이어온 서한(西漢)을 뜻합니다. 동쪽의 한나라는 광무제께서 낙양에 도읍을 정하고 건국한 이래 오늘에 이르기까지 12대를 이어 온 지금의 동한(東漢) 시대를 말하는 것입니다.

사슴이 장안에 들어간다는 것은 천운이 다시 장안으로 되돌아왔다는 뜻입니다. 이제 승상께서 장안으로 도읍을 옮기시면 이는 곧 하늘의 뜻을 따르는 것이 되어 모든 근심이 사라지게 될 것입니다.”

동탁은 장안으로 천도하는 것이 곧 하늘의 뜻이라는 이유의 해석에 크게 힘을 얻었다.

"자네가 내게 큰 깨달음을 주었네."

그날 밤, 여포와 함께 군사를 돌려 낙양으로 돌아온 동탁은 즉시 문무백관을 소집했다.

"한나라가 이곳 동쪽 낙양에 도읍을 정한 지도 어느덧 300여 년이 되어 이제는 하늘이 내린 운명이 다하였소. 내가 살펴건대 지금은 하늘의 뜻이 서쪽에 있는 듯하니 도읍을 장안으로 옮겨야겠소. 그대들은 각자 천도할 준비를 서두르시오."

동탁의 말에 문무백관은 매우 놀라서 벌린 입을 다물지 못했다. 이때 사도 양표가 나서며 말했다.

"장안은 옛 수도였지만 지금은 매우 황폐해졌소. 갑작스럽게 종묘와 역대 황제들의 무덤을 버리고 천도를 감행하면 백성들이 큰 혼란에 빠지고 말 것입니다.

자고로 천하가 혼란에 빠지기는 쉬워도 안정시키기는 어려운 법이니 승상께서는 깊이 생각하시기 바랍니다."

"네놈이 감히 국가의 큰 계획을 방해하려는 것이냐?"

동탁이 화가 나서 양표를 꾸짖었다. 그러자 이번엔 태위 황완이 나섰다.

"양 사도의 말씀이 지당합니다. 옛날 왕망의 반란과 적미의 난으로 장안은 불타고 잿더미가 되어 기왓조각만 뒤덮인 황폐한 땅이 되고 말았습니다.

백성들도 대부분 흩어져 지금은 그 수가 얼마 되지 않습니다. 그런데 이곳 낙양과 같은 훌륭한 궁궐과 수만 채의 가옥을 버리고 폐허가 된 장안으로 천도를 한다니 절대로 안 됩니다."

그러나 동탁은 태도는 단호했다.

"관동 땅에는 도적들이 일어나 천하가 소란스러우나, 장안에는 효산과 함곡관과 같은 험한 지형의 요새가 있다. 또한, 농서 지방과 가까워서 큰 나무와 석재, 벽돌과 기와도 쉽게 구할 수 있어서 궁궐을 짓는 데 몇 달 걸리지 않을 것이다. 그러니 더는 반대할 생각을 하지 말라!"

동탁의 엄명이 끝나자 이번엔 사도 순상이 나섰다.

"승상이 도읍을 옮기면 백성들이 소동을 일으켜, 하루도 마음 편할 날이 없을 것입니다."

동탁은 대신들이 거듭 반대하고 나서자 더욱 크게 노했다.

"나는 천하를 위해 천도를 실행하려는 것이다. 네놈들은 지금 백성 따위를 위해 나에게 하늘의 큰 뜻을 그르치라는 것이냐?"

"백성은 나라의 근본입니다. 세상 어디에 백성이 없는 나라가 있단 말입니까?"

순상도 지지 않고 따져 물었다. 그러자 동탁은 분노로 얼굴이 시뻘겋게 달아올랐다.

"네 이놈, 감히 내 말을 거역하려 드는 것이냐? 여봐라! 당장 저놈들의 관직을 박탈하고 내쫓아라!"

양표와 황완, 순상이 군사들에게 끌려 나간 후 회의도 끝났다.

동탁이 집으로 가려고 수레에 오르는데 무관 두 사람이 수레 앞에 무릎을 꿇었다. 성문교위 오경과 상서 주비였다.

"무슨 일인가?"

"천도를 계획하신다는 이야기를 들었습니다. 한실 12대에 걸쳐 뿌리를 내린 도읍지를 어찌 하루아침에 버리려 하십니까? 부디 다시 생각하여 주십시오."

오경과 주비의 말이 끝나자마자 동탁은 버럭 소리를 질렀다.

"이전에도 네놈들의 말을 듣고 원소를 살려 주고 관직까지 주었다. 그런데 원소 놈은 나에게 반역하지 않았느냐? 지금도 너희가 내 말을 거역하는 것을 보니 원소 놈과 한패가 분명하구나. 여봐라! 당장 이 두 놈의 목을 베어 성문에 내다 걸어라."

군사들은 동탁의 명에 따라 두 사람을 끌어내어 목을 베었다. 양표, 황완, 순상이 관직에서 쫓겨나고 오경과 주비의 목이 잘리자 더는 조정에서 천도를 반대하는 자가 나오지 않았다.

동탁은 마침내 천도하라는 명령을 내렸다. 그런데 새 도읍으로 떠날 준비를 하는 과정에서 문제가 불거졌다. 군자금과 군량미가 턱없이 부족했다. 동탁이 그 문제로 고민하자 이유가 계책을 내놓았다.

"낙양에는 부자가 많습니다. 그들에게 원소와 내통했다는 구실로 죄를 물으십시오. 일족을 몰살시킨 후 그들의 재산을 취한다면 엄청난 재물이 모일 것입니다."

"과연 좋은 생각이로다. 즉시 결행하라!"

동탁의 명을 받은 기병 5천 명이 낙양의 부자들을 모두 잡아들였다. 이날 잡혀 온 부자만 수천 명이나 되었고, 그들의 집에는 반신역당[48]이라고 쓴 깃발이 하나씩 꽂혔다.

동탁은 부자들을 도성 밖으로 끌어내어 죽인 후 그들의 재산을 남김없이 몰수했다.

그 일이 있고 난 뒤 며칠 후 동탁은 이각과 곽사를 시켜 낙양의 백성들을 마치 죄인을 호송하듯이 장안으로 끌고 갔다. 그 과정에서 쓰러져 죽은 자만도 이루 헤아릴 수 없을 정도였다. 설상가상[49]으로 난폭한 군졸들은 유부녀와 처녀를 가리지 않고 농락하고, 백성들의 재물을 강탈했다. 장안으로 가는 길은 아비규환과 다름없었고, 백성들의 울부짖음은 하늘을 가득 메웠다.

동탁은 낙양을 떠나면서 모든 성문과 종묘와 궁궐에 불을 질렀다. 또한, 백성 중 남은 자가 없도록 민가에까지 불을 지르니 한나라 200년 도읍지인 낙양은 하루 사이에 잿더미로 변하고 말았다.

동탁의 만행은 여기서 멈추지 않았다. 동탁은 여포를 시켜 역대 황제와 황후, 후비들의 무덤을 파헤치고 금은보화를 꺼내게 했다. 군사들은 한술 더 떠 벼슬아치와 부자들의 무덤까지도 마구 파헤쳐 값나갈 만한 것들은 모조리 훔쳤다. 그들은 나라를 지키는 군사가 아니라 마치 도적 떼와 다름없었다. 동탁은 그렇게 얻은 금은보화를 수천 대의 수레에 싣고 황제와 황후, 후비 그리고 조정의 문무백관을 겁박하여 장안으로 떠났다.

동탁의 명령을 받고 사수관을 지키던 장수 조잠은 낙양이 불타오르는 것을 보고 분노하여 손견에게 가서 사수관을 바쳤다. 그 덕분에 손견은 가장 먼저 낙양에 입성할 수 있었다. 손견은 부하들을 시켜 서둘러 불을 끄게 했다.

여러 제후도 속속 낙양에 입성하여 진을 쳤다. 조조는 낙양에 도착하자마자 원소를 찾았다.

"지금 역적 동탁이 장안을 향해 서쪽으로 떠났으니, 이런 좋은 기회를 놓치지 말고 추격해서 사로잡아야 하는데도 어찌하여 장군은 군사를 여기에 주둔시키고 움직이지 않는 것이오?"

"지금 군사들은 물론 말들도 계속된 싸움으로 몹시 지쳐 있소. 이미 낙양을 점령하였으니 일단 휴식부터 취해야 하오."

원소는 조조의 말을 건성으로 받아넘겼다. 그러자 조조는 다른 제후들을 설득했다.

"동탁이 낙양을 불바다로 만들고, 황제 폐하를 겁박하여 데려갔기 때문에 백성들은 지금 크게 동요하고 있습니다. 지금이야말로 동탁을 쳐 없애고 천하를 바로잡을 절호의 기회입니다. 그러니 지체하지 말고 다 함께 동탁을 추격합시다."

그러나 조조의 뜻에 호응하는 이는 아무도 없었다. 조조는 제후들의 태도에 크게 실망했다.

'이런 못난 것들과 어찌 큰일을 꾸린단 말인가?'

조조는 속으로 한탄하며 자리를 박차고 일어나 자신의 진영으로 돌아왔다. 그는 곧 하후돈, 하후연, 조인, 이전, 악진 등과 함께 군사 1만여 명을 이끌고 동탁을 추격하기 시작했다.

16

동맹, 무너지다

한편, 장안을 향하여 가던 동탁은 형양 지방에 이르렀다. 태수 서영이 나와 황제를 영접했다. 그때 조조군이 추격해 온다는 급보가 날아들었다. 동탁이 당황하자 이유가 대응책을 내놓았다.

"서영에게 영을 내려 형양성 밖에 군사들을 매복시킨 뒤 조조군이 서영의 매복군을 지나치도록 하십시오. 우리가 조조군을 맞아 싸울 때 매복했던 서영군이 조조군의 퇴로를 차단하고 힘을 합쳐 일제히 공격하면 적을 전멸시킬 수 있습니다. 그렇게 되면 감히 우리를 추격하는 군사가 더는 없을 것입니다."

동탁은 이유의 계책대로 서영에게 매복을 지시하고, 여포에게는 군사들을 이끌고 추격해 오는 조조군을 맞아 싸우게 했다.

그 사실을 모른 채 추격을 계속하던 조조군은 마침내 여포의 군대와 마주쳤다. 조조는 여포를 발견하고 채찍을 휘두르며 큰 소리로 꾸짖었다.

"이 역적 놈아! 황제 폐하를 겁박하여 백성들을 끌고 어디로 가느냐?"

여포도 채찍을 들어 조조를 가리키며 맞받았다.

"우리 승상의 은혜를 저버린 배은망덕[50]한 놈아! 주둥이를 그만 나불거리고 목이나 내놓아라!"

여포의 말이 끝나자마자 조조의 등 뒤에서 하후돈이 창을 치켜들고 여포를 향해 나는 듯이 말을 몰았다. 하후돈과 여포가 어우러져 싸운 지 채 몇 합이 되기도 전이었다. 홀연 왼편에서 동탁의 장수 이각이, 오른편에서 곽사가 군사를 이끌고 조조군을 공격해 들어왔다.

조조는 급히 하후연과 조인으로 하여금 그들과 맞서 싸우게 했다. 그러나 조조군이 세 방면에서 공격해 오는 적들을 맞아 싸우기에는 중과부적이었다.

하후돈이 여포를 당해 내지 못하고 말 머리를 돌리는 순간, 승기를 잡은 여포군은 조조군을 향해 거침없이 공격해 들어갔다.

세 방향에서 파상 공세가 이어지자 조조의 군대는 걷잡을 수 없이 무너져 갔다. 조조는 이미 대세가 기울어졌음을 깨닫고 퇴각 명령을 내렸다.

여포에게 쫓겨 도망치던 조조군이 황폐한 산기슭에 이르렀을 때였다. 늦은 밤 무렵으로 달이 밝아 마치 대낮 같았다.

온종일 싸우고 쫓기느라 지치고 허기진 조조의 군사들은 밥을 짓기 위해 솥을 걸었다.

바로 이때, 사방에서 함성을 지르며 매복해 있던 서영의 군사들이 덮쳐 왔다.

조조의 군사들은 크게 당황하여 제대로 싸워 보지도 못한 채 도망치기에 바빴다. 그 와중에 장수들도 뿔뿔이 흩어지고 말았다.

조조 역시 매우 놀라, 말을 몰고 달아나다가 서영이 쏜 화살에 어깨를 맞았다. 조조는 어깨의 화살을 뽑을 겨를도 없이 그대로 말을 달렸다. 그렇게 한참을 정신없이 달리던 조조가 막 언덕길로 접어들었을 때였다. 그곳에 매복해 있던 서영의 군사 중 한 무리가 달려 나와 조조가 탄 말을 창으로 찔렀다.

"으악!"

말이 울부짖으며 앞다리를 들고 곧추서는 바람에 조조는 그만 말 등에서 굴러떨어지고 말았다.

서영의 군사 두 명이 재빨리 달려들어 조조를 포박하려는 순간, 어느새 말을 달려 온 한 장수가 칼을 휘둘러 두 군사를 처치했다. 조조가 보니 그는 바로 조홍이었다.

"형님, 어서 말에 오르십시오. 저는 걸어서 따르겠습니다."

"나는 이미 죽은 목숨이다. 아우나 속히 이곳을 떠나 뒷일을 노리도록 해라."

"그게 무슨 말씀입니까? 천하를 위해 이 조홍은 없어도 괜찮지만, 형님이 없어서는 안 됩니다. 자 어서 말에 오르십시오."

"내가 만약 살아남게 된다면 그것은 모두 네 덕이다."

조홍의 말에 감동하여 힘을 얻은 조조는 조홍의 부축을 받아 말에 올랐다.

조홍은 자신의 투구와 갑옷을 벗어 던지고 몸을 가볍게 한 뒤 칼을 빼 들고 말고삐를 잡은 채 달리기 시작했다. 얼마나 달렸을까. 그들은 어느덧 산을 벗어나 훤히 트인 벌판에 이르렀다. 그 벌판을 한참 달리다 보니 앞에는 큰 강이 가로막혀 있었다. 뒤에서는 추격해 오는 적군과의 거리가 좁혀질수록 들려오는 적의 함성도 점점 커졌다. 그야말로 진퇴양난[51]이었다.

조조는 앞을 가로막고 있는 강물을 보고 길게 탄식했다.

"아, 내 삶도 여기서 끝나는구나."

"형님답지 않게 그런 마음 약한 말씀 마십시오. 죽고 사는 것은 하늘의 뜻이니 운명은 하늘에 맡기고 이 강을 건넙시다."

조홍은 조조를 말에서 부축해 내리고 투구와 갑옷을 벗겼다. 그러고는 칼을 입에 물고 조조를 업은 뒤 강물로 뛰어들어 헤엄치기 시작했다.

그들이 죽을힘을 다해 간신히 강을 건너왔을 때였다. 갑자가 한 무리의 군사가 강의 상류를 따라 내려오는 것이 보였다. 조조를 찾아 강의 상류를 돌아 얕은 곳을 건너서 추격해 온 서영의 군대였다. 조조와 조홍은 크게 당황해서 어쩔 줄을 몰랐다.

이때 서영의 군대가 달려오는 반대쪽에서 수십 기의 군사가 흙먼지를 일으키며 달려왔다. 어젯밤부터 조조의 행방을 애타게 찾다니던 하후돈과 하후연이었다. 조조는 그들을 알아보고 안도하며 놀란 가슴을 쓸어내렸다.

"멈춰라!"

하후돈, 하후연은 나는 듯이 달려와 서영의 군사들을 덮쳤다.

"이놈들이 마지막 발악을 하는구나. 모두 없애 버려라!"

서영은 그들을 몇 남지 않은 조조군의 패잔병 정도로 가볍게 여기고 기세 좋게 하후돈에게 달려들었다. 그러나 서영은 곧 자신의 판단이 잘못되었다는 것을 본능적으로 깨달았다. 몇 합을 겨루지도 못한 채 그는 하후돈의 창에 찔려 말 아래로 굴러떨어지고 말았다.

대장을 잃은 서영의 부하들은 겁을 집어먹고 싸울 엄두를 내지 못한 채 앞다투어 달아났다. 천우신조[52]로 죽을 뻔한 위기에서 벗어난 조조 일행이 한참 말을 달리고 있는데 앞에서 또 한 떼의 군마가 달려왔다. 조조가 놀라 경계하며 살펴보니 다행히도 그들은 조인, 이전, 악진 일행이었다. 조인 등은 조조가 무사한 것을 확인하고 눈물을 흘리며 기뻐했다

그러나 조조의 심경은 말할 수 없이 참담하였다.

'아, 참으로 부끄럽구나. 장수란 죽음을 가볍게 여겨서는 아니 되거늘, 내가 헤아림이 많이 부족했다. 만일 어젯밤에 절망하여 나 스스로 목숨을 끊었다면 이들을 어찌 볼 수 있었겠는가!'

조조가 남은 군사를 수습해 보니 1만여 명의 병력이 겨우 5백 남짓했다. 조조는 침통한 표정을 지으며 깊이 탄식했다.

'내가 혈기에 치우쳐 죄 없는 부하들의 소중한 목숨만 잃게 했구나.'

조조는 무거운 마음을 안고 하내로 돌아갔다. 그는 다른 제후들이 자신의 뒤만 든든히 받쳐 주었다면 동탁을 충분히 사로잡을 수 있었으며, 참담한 패배를 당하지도 않았을 것이란 생각 때문에 몹시 분노했다. 그래서 제후들이 모여 있는 낙양으로 돌아가지 않고 하내로 떠난 것이었다.

한편, 제후 중 가장 먼저 낙양에 입성한 손견은 궁궐의 불을 끈 뒤 건장전 터에 군막을 쳤다. 그리고 군사들을 시켜 궁궐의 기와 조작이며 무너진 돌담을 치우게 하고 동탁이 파헤친 왕가의 무덤을 모두 원래대로 덮게 했다. 또한, 황실의 사당이 있던 터에 임시로 세 칸의 집을 마련한 뒤, 역대 황제의 신위(神位)를 모시고 여러 제후를 청하여 제사를 지냈다. 동탁의 악행을 막지 못한 잘못을 사죄하는 것으로 그들이 의병을 일으킨 명분을 세상에 다시 한 번 널리 알린 것이었다. 그 제사가 끝난 뒤 제후들에게 전령의 보고가 들어왔다. 동탁을 추격했던 조조군이 전멸하다시피 크게 패한 후, 하내로 피신했다는 소식이었다.

제후들은 모두 침통한 표정을 지으며 할 말을 잊은 채 서로의 얼굴을 마주 보았다. 그러나 원소만은 입가에 냉소를 머금었다.

"동탁이 낙양을 버린 것은 힘이 약해서가 아니라 이유의 책략을 쫓은 것이오. 그것도 모르고 불과 1만여 병력으로 그들을 추격했으니 패배는 당연한 결과가 아니겠소?"

원소는 패배한 동맹군을 안타깝게 여기기는커녕 오히려 비웃었다. 맹주로서의 그의 태도는 제후들의 신뢰를 잃었고 동맹군의 결속력에 균열을 가져왔다.

제사가 끝난 뒤 제후들은 무거운 마음을 안고 각자 자신들의 진지로 돌아갔다. 손견 역시 군막으로 돌아와 잠을 청했으나 마음이 심란하여 잠을 이루지 못했다. 이에 손견은 밖으로 나와 북쪽 하늘을 올려다보니 황제를 상징하는 별자리 자미원 주위에 흰 기운이 가득하였다.

'황제의 별이 밝지 못하니 역적은 나라를 어지럽히고, 만백성은 도탄에 빠졌구나. 번성했던 낙양은 사라지고, 어찌 이처럼 텅 빈 황무지만 남았단 말인가……'

손견은 하늘을 우러러 깊이 탄식하며 자신도 모르게 눈물을 지었다. 이때 곁에서 호위하던 군사 하나가 한 곳을 가리키며 말했다.

"건장전 남쪽 우물 위를 보십시오. 오색의 영롱한 빛이 뿜어져 나오고 있습니다."

손견이 보니 과연 그랬다. 이에 손견은 군사들에게 우물 안을 살펴보게 했다. 우물 안으로 내려간 병졸은 얼마 뒤 한 궁녀의 시체를 건져 올렸다. 시체는 죽은 지 여러 날이 된 것 같았으나 조금도 썩지 않았다. 그런데 궁녀의 목에는 비단 주머니 하나가 걸려 있었다.

"주머니를 끌러 보아라."

손견이 이상한 생각이 들어 곁에 선 군사에게 영을 내렸다. 군사가 비단 주머니 안에서 붉고 작은 상자를 꺼냈는데, 그 상자는 황금 자물쇠가 채워져 있었다. 더욱 이상하게 여긴 손견은 이번에는 손수 그 자물쇠를 열었다. 놀랍게도 그 안에서 나온 것은 황제의 권위를 증명하는 도장인 옥새였다.

옥새는 둘레가 네 치에 윗부분에는 다섯 마리의 용이 조각되어 있었고, 한쪽 모서리가 떨어진 곳은 금으로 때워져 있었다. 그리고 아랫면에는 여덟 글자가 새겨져 있었다.

수명어천 기수영창(受命於天 旣壽永昌)
하늘로부터 명을 받았으니 영원히 번창하리라.

손견은 옥새에 새겨진 글의 의미를 이해했지만, 그래도 미심쩍어 자신이 거느린 장수 중 가장 학식이 높은 정보에게 물었다.

"이게 무엇인지 알겠소?"

정보는 한참 그 옥새를 살펴보더니 떨리는 목소리로 대답했다.

"주공, 이 도장은 진의 시황제가 사용하던 전국 옥새입니다. 예로부터 옥새를 가진 자가 천하를 얻는다고 했으니, 이는 필시 하늘의 뜻일 것입니다. 그러니 더는 낙양에 머물러 계시면 안 됩니다. 어서 강동으로 돌아가셔서 큰일을 준비하십시오."

이미 오래전부터 손견의 야심을 잘 알고 있던 정보가 적극적으로 권하자, 손견은 부하들에게 명하여 옥새에 대한 입단속을 시켰다.

이튿날, 손견은 지체하지 않고 군사를 거두어 강동으로 떠났다. 뒤늦게 이 사실을 알게 된 원소는 크게 노하여 형주 자사 유표에게 밀서를 보냈다.

'손견이 옥새를 가지고 도주했소. 그가 지나가는 길을 막고 있다가
옥새를 빼앗으시오.'

또한, 원소는 하내에 있는 조조에게도 사람을 보내어 손견의 옥새
문제를 의논하기 위해 낙양으로 청했다. 조조는 마지못해 약간의 군
사를 이끌고 낙양으로 왔다. 조조의 도착 소식을 듣고 여러 제후가
원소와 함께 연회를 베풀어 조조를 대접하며 위로했다. 몇 차례 술
이 돌자 조조는 분연히 일어나 입을 열었다.

"내가 나라를 위해 역적 동탁을 없애고자 할 때 여러분도 뜻을 같
이하여 군사를 일으켰소. 그동안 우리는 많은 어려움을 겪으며 마
침내 낙양에 이르렀소. 하지만 동탁은 이미 장안으로 달아난 뒤였지
요. 그러나 나는 동탁을 추격하면 얼마든지 그를 잡을 수 있다고 확
신했었소. 그때 내가 세운 작전은 이랬소.

먼저 맹주께서는 하내의 여러 군사를 이끌고 맹진과 산조 땅을 진
압하여 역적 동탁이 있는 장안의 동쪽을 봉쇄하는 것이오. 그리고
여러 제후도 각자의 근거지에 따라 한 곳을 맡되, 성고 땅을 굳게 지
키고, 오창 땅을 거점으로써. 환원과 대곡 방면을 막아 그 험한 요지
를 제압하는 겁니다.

동시에 원술 공은 남양의 군사를 이끌고 단수와 석현 지대에 주둔
한 뒤 무관으로 들어가서 적을 위협만 하면 됩니다. 그렇게 되면 장

안은 사방에서 고립되고, 장안 동쪽을 지키는 경조윤과 장릉 북쪽을 지키는 좌풍익, 위성 서쪽을 지키는 우부풍 등 세 명이 모두 놀라 떨게 될 것이오.

그 후 우리는 각기 땅을 깊이 파고, 보루를 높게 쌓아 군사가 헤아릴 수 없이 많은 것처럼 위장하는 것이오. 그렇게 하여 적들이 천하의 대세가 이미 우리 쪽으로 기울어졌다고 믿게 했다면, 우리는 역적 동탁을 능히 쓰러뜨릴 수 있었을 것이오. 그런데 여러분은 이곳에 머무르며 진격하지 않고 천하의 기대를 저버렸소. 이것이 어찌 한탄할 일이 아니겠소? 이 조조 실로 부끄러운 마음을 금치 못하겠소이다.”

원소와 제후들은 조조의 말을 듣고 보니 한 치의 어긋남이 없었다. 이에 아무도 조조의 말에 응대하지 못하고 어색한 분위기 속에 술자리는 끝이 나고 말았다.

‘원소를 비롯한 모든 제후가 각기 서로 엉뚱한 뜻을 품고 있구나. 내 어찌 이들과 함께 큰일을 도모할 수 있겠는가.’

조조는 생각이 이에 미치자 즉시 군사를 수습하여 양주 땅으로 떠났다. 조조가 떠난 뒤 공손찬은 유비와 관우, 장비를 자신의 막사로 은밀히 불러들였다.

“원소는 무능하고 책임감도 부족해서 맹주로 받들 만한 위인이 못 되네. 그를 믿고 따르다가는 반드시 화를 입게 될 것이니, 우리도 이만 돌아가는 것이 좋겠네.”

공손찬은 군사들을 이끌고 북평으로 돌아가던 중 평원군에 이르러 유비를 평원현의 현령으로 임명하고, 자신은 북평으로 돌아갔다.

17

원소 기주에 들다

　손견이 떠나고 조조와 공손찬마저 군사를 거두어 낙양을 떠난 후 제후들 간에 다툼이 일어났다. 연주 태수 유대는 군량미가 떨어지자 동군 태수 교모에게 군량미를 빌려 달라고 부탁했다. 교모는 유대의 부탁을 거절하지 못하고 승낙은 했으나 차일피일 미루며 군량미를 넘기지 않았다. 이에 화가 난 유대는 군사들을 이끌고 교모를 공격하여 죽였다. 그리고 교모의 군사들을 자신의 군대에 편입시켰다. 이 일이 있는 후 제후들은 서로를 의심하며 경계하기 시작했다. 동맹에 심각한 균열이 가기 시작한 것이다. 이에 원소도 맹주 자리에 미련을 버리고 진영을 거둔 후 낙양을 떠나 하내로 갔다.

　한편, 형주 자사 유표는 원소의 편지를 받고 손견의 목숨을 노리고 있었다. 유표의 자는 경승이요, 산양군 고평 땅 사람으로 한 황실

의 종친이었다. 그는 산동에서 조조가 동탁을 치기 위한 의군을 일

으켰다는 말을 듣자 군사를 일으켜 반동탁 연합군에 가담하려 했다.

그러나 미처 군사를 움직이기도 전에 손견이 옥새를 훔쳐 달아났다

는 원소의 밀서를 받게 되었다. 이에 유표는 괴월과 채모에게 군사

만 명을 내어 주며 손견을 사로잡아 옥새를 빼앗으라고 명령했다.

괴월과 채모는 군사를 이끌고 손견이 지나갈 길목에 진을 치고 기

다렸다가 손견이 그곳을 지나자 맹공을 퍼부었다. 갑작스럽게 습격

을 당한 손견은 군사의 대부분을 잃었고, 정보와 황개, 한당의 도움

으로 겨우 위험에서 벗어나 목숨을 건졌다. 이 일로 유표와 손견은

원수 사이가 되고 말았다.

이즈음, 낙양을 떠나 하내에 주둔한 채 형세를 관망하던 원소는

큰 어려움에 봉착했다. 워낙 대군을 거느리고 있었기 때문에 군량미

가 부족해 군사를 보존하기가 어려웠다.

그런데 기주 목사 한복이 원소의 형편을 어떻게 알았는지 군량미

수천 석을 보내왔다. 덕분에 원소는 위기에서 벗어났으니, 한복에게

실로 엄청난 신세를 지게 된 셈이었다.

그러나 누가 알았겠는가? 자신이 베풀었던 은혜가 도리어 화가

되어 돌아올 줄 한복은 꿈에도 생각하지 못했다.

원소가 한복이 보낸 곡식을 보며 감격할 때 모사 봉기가 조용히

원소에게 권했다.

“천하를 가로지르는 대장부가 어찌 남이 보태 주는 양식만을 얻

어먹고 지낼 수 있겠습니까? 기주는 땅이 넓고 곡식과 돈이 넘쳐 풍족합니다. 이 기회에 기주를 차지하여 장래의 발판으로 삼는 것이 어떻겠습니까?”

“그렇게 된다면야 얼마나 좋겠소. 하지만 어떻게 그 땅을 차지할 수 있단 말이오? 더구나 한복은 위기에서 나를 구해 준 은인이 아니오? 만약 힘으로 기주를 빼앗는다면 천하가 이 원소를 비난하며 등을 돌릴 것이오.”

원소가 자못 의로운 척 탄식하며 말했다. 그러자 봉기가 놀라운 방법을 제안했다.

“그건 염려하지 마십시오. 제게 좋은 수가 있습니다. 먼저 북평의 공손찬에게 은밀히 사람을 보내시어 함께 기주를 쳐 이를 반씩 나누어 다스리자고 제안하는 것입니다. 공손찬은 호시탐탐 기주를 차지할 기회를 노리고 있으니, 주공의 제안을 틀림없이 받아들일 것입니다.”

“그런 다음에 어떻게 하겠단 말이오?”

“공손찬이 군사를 일으키면 한복은 놀라서 반드시 주공께 도움을 청할 것입니다. 그리만 되면 기주는 이미 주공의 손에 들어온 것이나 다름없습니다.”

“오! 정말 좋은 계책이로군.”

원소는 봉기의 계책이 마음에 들자 즉시 편지를 써서 북평 태수 공손찬에게 보냈다. 함께 기주를 빼앗아서 반씩 나눠 가지자는 제안이었다.

봉기의 예측대로 공손찬은 크게 기뻐하며 원소의 제안을 덥석 받아들였다. 기주는 진작부터 그가 탐을 내던 땅이었다. 하지만 기주의 주인 한복이 누구인가? 동탁의 폭정에 맞서 함께 피 흘려 싸웠던 동지가 아닌가. 그런 이유로 공손찬은 차마 기주를 빼앗지 못하고 호시탐탐 기회만 엿보던 중이었다. 그런데 바로 그 동맹군의 맹주였던 원소가 함께 기주를 빼앗아 나누자고 하니 공손찬으로서는 더 망설일 이유가 없었다.

공손찬은 원소의 속셈도 모른 채 기주를 차지할 욕심에 사로잡혀 편지를 받자마자 즉시 군사를 일으켰다. 그러자 원소는 몰래 사람을 보내 공손찬이 군사를 일으킨 사실을 한복에게 알렸다. 한복은 매우 놀라 곧 책사인 순심과 신평 두 사람을 불러 놓고 대책을 상의했다.

"공손찬 그놈이 우리를 공격하기 위해 군사를 일으켰다는 소식이오. 앞으로 어떻게 하면 좋겠소?"

한복의 말에 순심이 나섰다.

"공손찬이 군사를 이끌고 쳐들어오면 지금 우리의 군사력으로 그들을 감당할 수 없습니다. 거기에 유비와 관우, 장비까지 합세하면 우리 힘으로 그들을 막는 것은 불가능합니다.

지금 상황에서는 원소에게 의지하는 것이 낫습니다. 원소는 지혜롭고 용맹한 데다, 휘하에 뛰어난 장수들을 많이 거느리고 있습니다."

한복은 순심의 의견을 받아들여 별가 관순을 원소에게 보내 도움을 요청하기로 했다. 이에 장사 경무가 분연히 일어나 반대하고 나섰다.

"지금 원소는 떠돌이 신세이며, 그 군사는 주리고 헐벗은 상태입니다. 그들은 우리의 도움만 바라보는 처지이니, 비유컨대 품 안의 갓난아이와 다름없습니다. 우리가 군량미를 보내 주지 않으면 원소는 젖을 못 먹은 아기처럼 저절로 굶어 죽을 처지인데 어찌하여 그에게 기주의 운명을 맡기려 하십니까? 이것은 양 떼 속에 굶주린 호랑이를 집어넣는 것과 다름없습니다. 부디 깊이 살피시어 행하십시오."

경무는 간절히 말했다. 그러나 한복은 듣지 않았다.

"나는 원래 원씨네 가문에서 벼슬을 지냈던 사람이다. 또한, 재주와 힘이 원소에게 미치지 못한다. 옛말에도 어진 이에게 자리를 양보하는 것이 군자의 법도라 하였다. 그대는 어찌 소인배처럼 원소를 질투하는가?"

한복은 자신의 의지를 굽히지 않고 기어이 관순을 원소에게 보냈다. 이에 경무는 깊이 탄식했다.

'이제 기주 땅도 끝장이구나.'

한복의 명을 받아 원소에게 다녀온 관순 또한 경무의 생각과 다르지 않았다. 관순은 경무와 함께 기주를 지키자는 데 뜻을 모으고 성밖에 숨어 때를 기다렸다.

며칠이 지난 후, 마침내 원소가 군사를 거느리고 기주로 오자 매복하고 기다렸던 경무와 관순은 원소를 기습했다.

그러나 원소를 호위하던 장수 안양과 문추에게 막혀 뜻을 이루지 못했다. 경무는 안양의 칼에 두 토막이 나서 죽었고, 관순은 문추의 철편에 맞아 그 자리에서 즉사했다.

원소는 기주에 입성하자마자 검은 속셈을 드러냈다. 스스로 기주를 다스리는 기주목이 되어 한복을 분위장군으로 삼더니, 전풍, 저수, 허유, 봉기에게 기주를 다스리는 일을 나눠 맡겼다. 이렇게 되자 한복은 허울 좋은 이름뿐, 자신의 권한을 몽땅 원소에게 빼앗기고 말았다. 그제야 한복은 땅을 치며 후회했다. 그러나 이미 엎질러진 물이었다. 한복은 자칫하다가는 자신의 목숨까지도 위태로울 것 같다고 판단하고, 가족들도 버린 채 진류 태수 장막에게 가서 몸을 의탁했다.

한편, 공손찬은 군사를 일으켜 기주로 가던 중 원소가 기주를 차지했다는 소문을 들었다. 공손찬은 즉시 자신의 동생 공손월을 원소에게 보냈다. 약속했던 기주의 땅 절반을 내놓으라고 요구하기 위해서였다. 비록 싸워서 기주를 얻은 것은 아니지만 약속은 약속이라 원소는 대답이 궁했다. 원소는 일단 공손월을 융숭하게 대접한 후 이렇게 말했다.

"그대의 형에게 가서 기주로 오라고 전해 주게. 내 공손 태수를 만나서 직접 그 일을 의논하겠네."

공손월은 하루를 쉬고 다음 날 원소에게 작별을 고한 뒤, 형 공손찬이 기다리는 북평으로 길을 떠났다. 그런데 채 50리도 가기 전이었다. 갑자기 숲속에서 한 떼의 군마가 나타났다.

"우리는 동탁 승상의 명을 받고 왔다."

그들은 이렇게 외치더니 공손월 일행을 향해 마구 화살을 쏘아 댔다. 공손월은 온몸에 화살을 맞아 고슴도치처럼 되어 말에서 굴러떨어져 죽고 말았다. 수행원 중 한 명이 겨우 달아나 그 사실을 공손찬에게 보고했다.

공손찬은 크게 노했다. 멀리 장안에 있는 동탁이 사람을 보내 하필 자기 아우를 해칠 리 만무했기 때문이다.

"원소가 나를 시켜 한복을 공격하게 해 놓고, 뒤로는 기주를 혼자 차지했다. 거기다가 동탁의 부하로 위장하여 내 아우까지 죽이다니, 이 원수를 기필코 갚고 말겠다."

공손찬은 이를 갈며 전군에 출동을 명했다. 북평의 군대가 물밀듯이 기주를 향해 내달렸다. 그 소식을 들은 원소도 기다렸다는 듯이 대군을 이끌고 맞으러 나갔다.

원소와 공손찬의 군대는 반하의 상류에 놓인 다리를 사이에 두고 서로 대치했다. 원소를 발견한 공손찬이 다리 위로 나가 큰 소리로 꾸짖었다.

"원소, 이 의리를 저버린 놈아! 네 어찌 나를 이용하여 기주를 차지하고 내 아우까지 죽였느냐?"

이에 원소도 지지 않고 다리 앞에 나아가 공손찬을 꾸짖었다.

"한복이 재주가 없어 나에게 기주 땅을 양도했는데, 네가 무슨 상관이냐?"

"닥쳐라! 지난날 나는 네놈을 충의로운 장수로 여겨 맹주로 추대했었다. 그러나 이제 네놈이 하는 짓을 보니 늑대의 심보를 지닌 개만도 못한 놈이로구나. 음흉한 방법으로 남의 땅을 빼앗고, 동탁군으로 위장하여 내 아우까지 죽였으니, 이제 무슨 낯짝으로 세상 사람들을 대하겠느냐?"

공손찬이 더욱 큰 소리로 원소를 꾸짖자, 아픈 데를 찔린 원소는 버럭 성을 냈다.

"누가 나가서 저놈이 더는 입을 함부로 놀리지 못하도록 혀를 뽑아 오겠느냐?!"

"제가 다녀오겠습니다."

원소가 좌우의 장수들을 둘러보며 명령하자, 마치 기다렸다는 듯 문추가 말을 달려 나갔다. 공손찬은 문추를 맞아 다리 위에서 한바탕 싸움을 벌였다. 그러나 문추는 공손찬이 상대하기에 버거운 상대였다. 20여 합을 채우지도 못한 채 공손찬은 말을 돌려 자기의 진영으로 달아났다.

"게 섰거라!"

문추는 달아나는 공손찬을 추격했다. 그러자 공손찬의 군사들이 달려 나와 문추를 포위한 채 막아섰다. 하지만 그들은 문추를 막아내지 못하고 오히려 문추가 휘두른 창에 찔리고 말발굽에 채여 하나둘 쓰러졌다. 이를 본 공손찬 휘하의 장수 네 명이 동시에 문추를 협공했다. 그러나 문추는 당황하지 않고 그중 한 장수를 창으로 찔러 말에서 떨어뜨렸다. 나머지 세 장수는 그 모습을 보고 겁을 집어먹고 말 머리를 돌렸다. 그 틈에 문추는 다시 공손찬을 쫓기 시작했다.

"공손찬, 어디로 달아나려느냐? 당장 말에서 내려 항복하지 못할까?"

공손찬은 문추가 거리를 좁혀 오자 다급한 마음에 산비탈로 말을 몰아 갔다. 이때, 말의 앞다리가 갑자기 바위에 걸리면서 말이 고꾸라졌다. 그 바람에 공손찬의 몸은 허공에 튕겨 오르더니, 이내 벼랑 아래로 데굴데굴 굴러떨어졌다.

"네놈은 이제 죽은 목숨이다."

뒤쫓아 온 문추가 창을 꼬나 잡고 산비탈을 내려갔다. 그가 창을 들어 막 공손찬을 찌르려고 할 때였다.

"문추는 창을 멈춰라!"

난데없이 한 청년이 산비탈 풀숲에서 뛰어나와 문추를 막아서며 소리쳤다. 공손찬의 목숨을 취할 결정적인 순간에 방해를 받자 화가 난 문추는 상대가 누구인지 살펴보지도 않고 대뜸 창을 내질렀다. 그 틈에 위기를 벗어난 공손찬이 간신히 몸을 피해 자기를 구해 준 사람을 바라보니, 키가 8척 장신에 떡 벌어진 어깨가 먼저 눈에 들어왔다.

짙은 눈썹에 서글서글한 눈매가 인상적인 얼굴의 위풍당당한 청년이었다. 그는 나이에 어울리지 않을 만큼 귀신 같은 창 솜씨로 문추와 맞서고 있었다.

'문추가 누구인가? 원소 휘하의 장수 중에 가장 뛰어난 장수가 아닌가. 저 청년은 대체 누구길래 문추와 막상막하로 싸운단 말인가?'

공손찬은 자신의 위태로운 처지마저 잊은 채 두 장수의 결투를 넋을 잃고 바라보았다. 두 장수의 결투는 이미 50, 60합을 지나고 있었다. 그러나 승부가 날 기미는 전혀 보이지 않았다.

놀란 것은 공손찬만이 아니었다. 시간이 지날수록 문추 역시 상대의 힘과 투지에 내심 놀라움을 금치 못했다. 상대는 소년티를 채 벗지도 못한 이름조차 모르는 앳된 청년이다. 자신이 그런 상대를 50, 60합이 지나도록 제압하지 못한다는 사실이 스스로 생각해도 도저히 믿기지 않았다.

이때 공손찬의 군사들이 몰려오자 부담을 느낀 문추는 싸움을 포기하고 말을 돌려 달아났다. 청년 장수는 그 모습을 바라볼 뿐 뒤쫓지는 않았다. 공손찬은 그제야 청년에게 예를 갖추어 인사를 청했다.

"덕분에 목숨을 구했소. 정말 고맙소이다. 나는 북평 태수 공손찬이외다. 그대의 성명은 어떻게 되시오?"

청년은 허리를 굽혀 공손히 대답했다.

"저는 상산군 진정 땅 사람으로 조운이라고 합니다. 원래는 원소의 휘하에 있었지만, 그가 임금을 위하고 백성을 보살필 마음이 없는 것을 보고, 그를 떠나 장군에게 몸을 의탁하고자 찾아오던 중이었습니다. 뜻밖에도 이곳에서 뵙게 되니 실로 영광입니다."

공손찬은 크게 기뻐하며 조운과 함께 영채로 돌아와 군사를 정돈했다. 비록 첫 전투에서 패했지만, 그의 군대는 전혀 타격을 입지 않았다. 더구나 공손찬의 휘하에는 5천이 넘는 철기병이 있었는데 그들은 모두 흰말을 타고 있었다. 이 흰말을 탄 철기대는 강족과 오환, 선비 등 이민족과의 전투에서 크게 활약하며 여러 차례 승리했고, 이후 이민족들은 공손찬을 백마장군이라 부르며 두려워했다.

18

계교 전투

　이튿날, 공손찬이 반하교로 나아가 철기대를 좌우로 나누어 백마진을 펼치니, 그 형세가 마치 독수리가 날개를 편 것 같았다.

　한편, 원소는 공손찬이 백마진을 펼친 것을 보고, 자신도 군대를 둘로 나누어 포진시키고, 안량과 문추를 선봉으로 삼았다. 선봉이 된 두 장수는 각기 궁수와 노수 1천 명씩을 나누어 백마진을 격파하는 임무를 부여했다.

　원소는 다시 국의라는 장수에게 8백 명의 궁수와 보병 1만 5천을 주어 최전방에서 공손찬의 선봉을 상대하게 했다. 그리고 원소 자신은 아군을 응원하기 위해 기마병과 보병 수만 명을 거느리고 후방에 자리를 잡았다.

　공손찬은 적이 펼친 진영에 맞서 장수 엄강을 선봉으로 삼고, 조자룡에게 후방을 맡긴 후 자신은 친히 중앙의 군대를 거느리고 전투에 나섰다.

마침내 양쪽 군대는 반하교를 사이에 두고 전투를 시작했다. 공손찬 군대의 선봉장 엄강이 먼저 군사를 이끌고 반하교를 넘어 원소군을 향해 쳐들어갔다. 그런데 어찌 된 영문인지 원소의 군대는 나와서 맞서 싸우지 않았다. 원소군의 선봉장 국의가 궁수들에게 자신의 공격 명령이 떨어지기 전에는 절대 움직이지 말 것을 지시했기 때문이었다. 그는 공손찬이 거느린 철기대의 명성을 잘 알고 있었기에 정면 승부를 피하고, 적이 가까이 다가오기를 기다렸다가 활로 공격하는 전략을 세웠다.

그 사실을 알 리 없는 엄강은 부하들을 이끌고 기세등등하게 원소군을 향해 진격해 갔다.

국의는 엄강의 군대가 활로 공격할 수 있는 사정거리 안에 들어오자 마침내 공격 명령을 내렸다. 8백 명의 궁수들이 국의가 이끄는 공손찬의 선봉대를 향해 일제히 활을 쏘아 댔다.

엄강은 당황하여 빗발치는 화살을 피해 말 머리를 돌리려는데, 어느새 말을 몰아 달려온 국의가 엄강을 한칼에 베어 죽였다. 엄강이 거느린 군사들 또한 적의 화살에 맞아 죽거나 다친 자가 절반이나 되었다. 이에 백마진을 펼친 채 대기하던 좌우의 철기대가 급히 구하러 나섰다. 그러나 안량과 문추가 거느린 궁노수들이 일제히 활을 쏘아 대자 더는 진격하지 못하고 물러섰다. 이에 사기가 오른 국의는 선봉대를 이끌고 반하교를 넘어 단숨에 공손찬의 진영으로 쳐들어갔다.

국의는 맨 먼저 공손찬의 장군기를 든 장수를 베어 쓰러뜨린 후 깃대를 분질러 버렸다. 그 모습을 본 공손찬은 철기대를 독려하여 맞섰다. 그러나 안량과 문추까지 힘을 합쳐 공격을 퍼붓자 공손찬이 자랑하던 철기대도 더는 버티지 못하고 후퇴하기 시작했다.

선봉대에 이어 철기대까지 무너지자 공손찬이 지휘하는 중앙군도 버티지 못하고 달아나기 시작했다. 공손찬도 안량과 문추 등 원소군의 장수들이 자신을 노리고 집중적으로 공격하자 하는 수 없이 말을 돌려 달아났다.

어느새 원소가 거느린 중앙군까지 가세하여 후퇴하는 공손찬의 중앙군을 사정없이 베어 나갔다. 그러나 기세를 올리던 원소의 군대도 조운이 거느린 후방의 군대 앞에 이르러 더는 전진할 수 없었다.

"이놈들, 네놈들의 공세도 여기까지다!"

조운은 몰려오는 원소군을 향해 큰 소리로 외쳤다. 원소의 선봉장 국의는 조운과 맞닥뜨려 싸웠으나 채 몇 합을 버티지 못하고 목숨을 잃었다. 조운은 홀로 적진을 누비며 마치 무인지경[53]을 드나들듯 원소군을 쓰러뜨렸다. 그 모습에 사기가 오른 공손찬군은 반격을 시작했다. 달아나던 공손찬은 철기대와 중앙군을 수습하여 공격에 가세했다. 전세는 일순간에 역전되었고, 원소의 군사는 크게 패했다.

달아나던 원소군의 퇴로는 반하교뿐이었고, 미처 다리를 건너지 못한 군사들은 물에 빠져 죽으니 그 수가 헤아릴 수 없었다.

상황이 돌변하자 별가 전풍은 위험에 빠진 원소에게 다리 밑으로 피신하라고 권했다. 하지만 원소는 투구를 벗어 바닥에 내동댕이치며 큰 소리로 외쳤다.

"사내대장부가 전장에 나온 이상 싸우다 죽으면 죽었지, 어찌 다리 밑에 숨어 구차하게 목숨을 구하느냐 말이냐!"

원소는 칼을 뽑아 들고 죽을 각오로 적진을 향해 말을 몰아 갔다. 그 모습에 전풍과 군사들도 모두 용기를 내어 죽기를 작정하고 싸웠다.

이때 조운에게 밀려 후퇴했던 안량과 문추도 원소와 합류하였다. 이렇게 되자 전세는 또다시 뒤집혔다. 조운이 아무리 용맹스러워도 적은 수의 군사를 거느리고 원소의 대군을 상대하려니 중과부적이었다. 게다가 자신의 휘하 중에는 용맹스러운 장수가 한 명도 없었다.

"아쉽구나. 여기서 물러나야 하다니……."

조운도 결국 더는 버티지 못하고 후퇴할 수밖에 없었다. 원소는 달아나는 공손찬을 잡기 위해 직접 선두에 서서 맹렬한 기세로 추격했다. 뒤처진 공손찬의 군사들은 원소군의 칼날에 추풍낙엽[54]처럼 쓰러졌다.

이때, 갑자기 산 뒤에서 큰 함성과 함께 한 무리의 군사가 나타났다.

"저들은 누구냐?"

원소가 놀라서 보니 맨 앞에서 달려오는 세 장수는 바로 유비, 관우, 장비였다. 그들은 공손찬이 원소와 전투를 벌인다는 소식을 듣자마자 공손찬을 돕기 위해 쉬지 않고 달려온 것이다.

　세 장수는 각자 무기를 휘두르며 곧장 선봉에 선 원소를 덮쳐 갔다. 몇몇 장수가 죽음을 불사하고 막아섰지만, 그들은 유비 삼 형제의 적수가 되지 못했다. 하지만 원소는 부하들의 희생 덕분에 간신히 목숨을 구할 수 있었다. 이때 원소는 얼마나 놀랐는지 평소 자랑하던 보검조차 내버리고 달아났고, 다리 어귀에 이르러서야 여러 장수의 도움을 받아 겨우 반하교를 건넜다.

　원소의 군대가 대패하여 달아나자 공손찬은 군사를 수습한 후 유비와 관우, 장비를 자신의 주둔지로 불렀다.

　"자네가 와서 나를 구해 주지 않았다면 오늘 원소에게 크게 패배할 뻔했네. 정말 고맙네."

　"그동안 형님께서 이 아우에게 베풀어 주신 은덕에 비할 수 있겠습니까?"

　유비는 머리를 숙여 공손히 대답했다. 공손찬은 이어 수하 장수에게 조운 자룡을 불러오게 했다.

　"며칠 전 나를 위기에서 구해 준 젊은 장수가 있다네. 아우와 뜻이 잘 맞으리라 생각되네."

　조운이 부름을 받고 오자 공손찬은 유비에게 그를 소개했다. 영웅은 영웅을 알아보는 법, 유비는 한눈에 조운이 뛰어난 인재임을 알아보았다.

　'이 사람이야말로 장래 천하를 호령할 대장군감이로다.'

　조운 또한 첫눈에 유비의 인품을 알아보고 존경하는 마음을 품게 되었다.

'어쩌면 이분이야말로 내가 장차 몸을 맡기게 될 진정한 주군이 되실지도 모르겠군.'

두 사람은 첫 만남에서 서로에게 깊은 호감을 품게 되었다.

한편, 원소는 공손찬과의 첫 전투에서 패한 충격으로 주둔지를 굳게 지키며 전투에 나서지 않았다. 공손찬 또한 섣불리 공격할 생각이 없었다. 이렇게 되자 전쟁은 지구전으로 바뀌었고, 그 소식은 멀리 장안에 있는 동탁의 귀에까지 들어갔다.

동탁이 그 문제를 어떻게 이용할 수 있을지 생각하고 있을 때 이유가 들어왔다. 그는 이미 동탁의 속마음을 꿰뚫어 보고 있었다.

"원소나 공손찬이 승상을 거역하고 반역을 일으켰다지만, 모두 당대의 호걸들입니다. 저들이 지금 반하에서 승산 없는 싸움으로 지쳐 있을 때, 승상께서 황제 폐하의 서신을 보내 두 사람을 화해시키면, 모든 사람이 승상을 우러러보며 칭송하게 될 것입니다.

지금 저들의 처지는 진퇴양난일 것입니다. 전쟁을 계속하자니 승리할 자신은 없는데 피해만 커질 것이고, 그렇다고 전장에서 먼저 발을 빼면 패배했다는 오명만 뒤집어쓰게 될 테니 말입니다. 이 일로 저들은 승산 없는 전쟁을 멈출 구실을 얻고, 승상께서는 천하에 위엄을 드높이게 될 것입니다."

동탁은 이유의 말을 듣고 난 후 무릎을 치며 기뻐했다.

"과연 묘안이로다."

동탁은 다음 날 태부 마알제와 태복 조기에게 황제의 서신을 주어 하북의 반하로 내려 보냈다. 두 사람은 먼저 원소의 진영으로 향했는데, 원소는 백 리 밖까지 나와 맞이하고 황제의 서신을 받았다. 그들은 다시 공손찬을 찾아가 황제의 서신을 전했다. 이렇게 해서 두 사람의 화해는 쉽게 이루어졌다. 그들은 이유가 예상한 대로 각각 승산 없는 싸움에서 벗어날 명분을 얻자 내심 기뻐했다.

태부 마일제와 태복 조기가 임무를 마치고 돌아가게 되자, 공손찬은 '유현덕을 평원현의 현령에서 평원군의 상으로 봉해 주십시오' 하고 추천하는 상소문을 올렸다. 동탁은 공손찬의 청을 허락했다.

"평원은 이미 공손찬의 수중에 있는 지역이니 명분뿐인 벼슬에 인색할 필요가 없지."

공손찬은 이렇게 하여 유비의 도움에 보답한 셈이 되었다. 공손찬이 군사를 거두어 돌아가게 되자, 조운은 작별 인사를 핑계로 유비를 찾아왔다. 그러고는 자신의 속마음을 털어놓았다.

"저는 공손찬이 영웅인 줄 알고 그에게 몸을 의탁했지만, 이번에 그의 행동을 본즉 원소와 다름없는 자입니다. 바라건대, 저를 평원으로 데려가 주십시오. 장군을 주군으로 모시고 싶습니다. 이제 천하를 바로 세울 영웅은 장군밖에는 없을 듯합니다."

유비는 조운의 말을 듣고 깊은 생각에 잠겼다. 조운을 휘하에 들이고 싶은 마음은 간절했지만, 공손찬과의 의리를 저버릴 수는 없었다. 유비는 아쉬운 마음에 깊이 탄식하며 조운을 달랬다.

"나 역시 그대의 주군이 될 만한 그릇은 되지 못하오. 그러나 훗날 인연이 되어 다시 만날 수 있기를 바라오. 지금은 그런 때가 아니니 시기가 올 때까지는 몸을 굽혀 공손 태수를 섬겨 주시오. 인연이 된다면 우리는 반드시 다시 만나게 될 것이오."

유비는 조운을 옆자리에 앉히고, 손수 술을 따라 주다가 문득 조운의 손을 잡고 눈물을 글썽였다. 이에 조운도 눈물을 글썽이며 작별을 아쉬워했다. 이들의 만남은 비록 짧았지만, 마음의 교류는 긴 세월을 함께한 동지처럼 깊었다.

다음 날, 유비는 관우, 장비와 함께 군사를 거느리고 평원의 상(태수와 동격)이 되어 근무지를 향해 길을 떠났다.

19
강동의 호랑이

이 무렵 원술은 남양을 근거지로 삼고, 힘을 기르는 데 여념이 없었다. 그러나 남양 땅은 대군을 거느리고 세력을 키우기에는 모든 것이 부족했다. 그는 자신의 형 원소가 모든 것이 풍족한 땅 기주를 얻었다는 소문을 듣고 도움을 청하기로 했다.

원술은 서신을 보내 남양 땅에서는 좋은 말을 구하기 어려워 기병을 조직할 수 없다는 사정을 설명하고, 말 1천 마리만 지원해 달라고 도움을 청했다.

그러나 원소 또한 힘을 기르는 데 여념이 없던 때였다. 기주에는 모든 것이 풍족했지만, 공손찬과의 전투에서 입은 손실을 회복하는 비용이 만만치 않았다. 또한, 기주는 한복으로부터 강제로 빼앗은 땅이어서 아직은 원소의 기반이 견고하지 못했고, 힘을 길러 두지 않으면 항상 위협을 느껴야 하는 처지였다. 더군다나 공손찬과의 전투에서 철기대의 위력을 경험한 원소는 기병을 양성하기 위해 더 많은 말을 확보해야 했다. 이런 상황에서 원술이 천여 마리의 말을 요구해 오자 원소는 화가 나서 사자를 꾸짖어 돌려보냈다.

"공손찬과 싸우는 것도 벅찬 상황에 도움을 주지는 못할망정 나도 부족한 말을 1천 마리를 보내 달라니, 그 녀석이 지금 제정신인가? 당장 원술에게 돌아가서 자신의 문제는 스스로 해결하라고 전해라!"

원소에게 보냈던 사자가 돌아와 그 사실을 보고하자 원술은 이를 부드득 갈며 화를 냈다.

"나는 지난날 원소를 맹주로 받들며 목숨조차 돌보지 않았건만, 형이라는 놈이 아우에게 어찌 이토록 야박할 수 있단 말이냐?"

속 좁은 원술은 이 일로 원소의 인색함을 원망하며 마음 깊이 앙심을 품게 되었다. 원술은 이번에는 형주 태수 유표에게 사람을 보내어 곡식 20만 섬을 빌려 달라고 부탁했다. 하지만 유표 또한 군량미가 넉넉한 형편이 아니어서 곡식 20만 섬을 선뜻 빌려줄 처지가 아니었다.

유표는 핑계를 대며 원술의 부탁을 거절했다. 연이어 도움을 거절당한 원술은 이성을 잃었다. 그는 원소와 유표에게 앙심을 품고 강동의 손견에게 밀서를 보냈다.

'지난날 유표가 손 장군의 길을 막고 옥새를 내놓으라고 협박했던 일은 모두 나의 형 원소가 시킨 일이었소. 이번에 원소는 또다시 유표와 손잡고 장군을 공격할 준비를 하고 있습니다. 장군은 그들의 공격을 받고 낭패를 당하기 전에 먼저 군사를 일으켜 유표를 공격하십시오. 나는 장군을 도와 기주를 칠 것이오. 그렇게 하면 각자 원수를 갚게 되며 장군은 형주를 얻고, 나는 기주를 얻게 될 것이니 그야말로 일거양득[55]이 아니겠소. 부디 기회를 놓치지 마십시오.'

손견은 원술이 보낸 편지를 받자마자 유표를 치기로 했다. 지난날 유표의 기습 공격을 받고 큰 타격을 입었던 손견은 원술의 편지를 받기 전부터 복수를 벼르던 참이었다.

'마침내 지난날의 치욕을 씻고 원수를 갚겠구나.'

손견은 정보와 황개, 한당을 불러 자신의 결심을 밝혔다. 그러자 정보가 조심스럽게 말했다.

"원술은 속임수에 뛰어난 자입니다. 이 일도 유표에게 앙심을 품고 꾸민 일이 분명합니다. 그자의 말을 믿지 마십시오."

"나도 원술의 말을 믿는 것은 아니오. 더구나 어찌 원술 따위의 도움을 바라겠소? 다만 나는 유표에게 목숨을 잃은 전우들의 원수를 갚고, 지난날의 치욕을 씻고자 함이오."

손견은 혈기가 넘치고 격정적인 사람이었다. 그는 이미 유표를 쳐서 원수를 갚고자 결심한 뒤여서 정보의 말은 귀에 들어오지 않았다.

손견은 즉시 황개에게 명령을 내려 군선을 정비하게 한 후 무기와 군량미, 말에게 먹일 풀을 배에 싣게 했다. 모든 준비를 마치자 손견은 큰아들 손책과 함께 배에 올라 강을 거슬러 형주로 향했다. 이때 손책의 나이는 열일곱이었다.

그는 아버지 손견의 강인함과 어머니 오부인의 아름다움을 이어 받아 빼어난 용모를 지녔다. 또한, 어려서부터 아버지와 휘하의 장수들로부터 창검을 익혀 무예가 출중했다. 손책이 용맹을 떨치자 강동 사람들은 그를 진심으로 흠모하고 칭송하며 '손랑'이라는 애칭으로 불렀다. 또한, 항우와 비견하여 '강동의 소패왕'이라 부르기도 했는데, 이는 작은 항우라는 의미이다.

손견의 출정 소식은 강동에서 활동하는 형주의 첩자로부터 즉각 유표에게 보고되었다. 매우 놀란 유표는 급히 휘하의 장수들을 불러 모아 대책을 논의했다.

"강동의 손견이 지난 일에 원한을 품고 군사를 일으켰다 하오. 이 일을 어찌하면 좋겠소?"

모사 괴량이 일어나 말했다.

"태수께서는 염려하지 마십시오. 손견이 비록 용맹스러운 장수라고 하나 크게 근심하실 일은 아닙니다. 황조에게 강하의 군사를 이끌고 앞장서 싸우게 하고, 태수께선 직접 형주와 양양의 군사를 거느리고 그 뒤를 받치십시오. 우리는 강과 호수를 건너며 피로에 지친 손견군을 상대하게 될 테니, 힘들이지 않고 승리할 수 있습니다."

유표는 괴량의 말을 옳게 여겨 그의 의견에 따랐다. 황조에게 선봉을 맡겨 손견군을 막도록 하고, 자신은 친히 군사를 거느리고 후방을 맡아 전투 태세에 돌입했다.

한편, 손견의 군선들은 열을 지어 곧장 번성을 향해 강 위를 미끄러지듯 나아갔다. 황조는 강변에 궁노수들을 매복시킨 후 손견의 군사들이 나타나기를 기다리고 있었다.

마침내 손견의 군선들이 매복한 지점에 이르자 황개는 공격 명령을 내렸다.

궁노수들은 일제히 손견의 군선을 향해 활을 쏘아 댔다. 손견은 군사들에게 명령하여, 갑판 아래로 내려가 몸을 숨기게 했다. 그 바람에 황조군은 화살만 낭비하게 되었고, 손견군은 피해를 전혀 입지 않았다.

손견의 군선들은 이렇게 3일 밤낮을 쉬지 않고 상륙을 시도했고, 그때마다 황조의 군사들은 미친 듯이 활을 쏘아 댔다.

3일이 지나자 손견군이 도발을 해도 황조군은 더는 활을 쏘지 않았다. 그동안의 공격으로 화살이 다 떨어진 것이다. 그제야 손견은 군사들에게 명령을 내려 배에 꽂혀 있는 적의 화살을 모두 수거했다. 이렇게 모인 화살은 무려 10만여 개나 되었다.

때마침 강한 바람이 불어왔는데, 바람의 방향은 강에서 황조의 군사들이 매복한 육지로 향했다. 손견은 잠시 입가에 미소를 짓더니, 이내 정색을 하며 공격 명령을 내렸다.

"드디어 때가 왔다. 공격하라!"

손견의 군사들이 쏜 화살은 바람을 타고 황조의 군사들을 향해 빗발치듯 쏟아졌다. 쉼 없이 쏟아지는 화살 세례를 받자 황조군은 사상자가 속출했다. 황조의 군사들은 버티지 못하고 도망치기 시작했고, 그 틈에 손견의 군사들은 육지에 무사히 상륙했다.

정보와 황개는 즉시 군사를 거느리고 황조를 추격했고, 상륙 지점이 다른 한당은 황조의 뒤에서 퇴로를 막고 공격했다. 삼면에서 공격을 받은 황조의 군사들은 크게 패하여 번성을 버리고 등성으로 도망쳤다.

이튿날, 군사를 수습한 황조는 전날에 당한 패배를 설욕하기 위해 들판에 나가 다시 손견과 전투를 벌였다. 하지만 그는 또다시 큰 패배를 맛보았다. 자기 휘하의 아끼는 장수 장호와 진생을 비롯한 많은 군사가 이 전투에서 목숨을 잃었다. 황조 역시 패잔병 틈에 끼어 겨우 목숨을 구할 수 있었다.

유표는 패잔병을 수습하여 돌아온 황조를 보자 망연자실[56]했다. 그러자 모사 괴량이 의견을 냈다.

"황조 장군의 패배로 우리 군사들의 사기가 땅에 떨어져 있습니다. 이대로 전면전을 벌인다면 패배는 불을 보듯 훤합니다. 그러니 성 밖에 구렁을 깊이 파서 보루를 높여 적의 공격을 방어하고, 몰래 원소에게 사람을 보내어 도움을 요청하십시오. 그렇게 하면 손견도 전쟁을 포기하고 물러날 것입니다."

이때, 채모가 격한 목소리로 끼어들었다.

"나는 그 의견에 반대합니다. 적군은 이미 성 아래 이르렀고, 곧 해자에 들이닥칠 텐데, 우리는 팔짱만 끼고 기다리자는 말이오? 제가 비록 재주는 없지만, 바라건대 군사를 이끌고 적과 맞서 싸우게 해 주십시오. 성문을 닫고 지키는 일은 그 이후에도 늦지 않습니다."

유표는 그의 장수다운 용기를 높이 샀다.

"그대의 말대로 하라."

채모는 군사 1만여 명을 거느리고 양양성을 출발하여 현산에 진을 치고 손견의 군대가 오기를 기다렸다.

황조를 뒤쫓던 손견은 마침내 현산에 당도했다. 채모는 군사들을 이끌고 손견의 대군을 맞았다. 손견이 채모를 알아보고 수하 장수들에게 말했다.

"저자는 유표의 처남이다. 산 채로 잡는다면 유표와 좋은 조건으로 협상할 수 있을 것이다. 누가 나가서 잡아 올 텐가?"

"제가 하겠습니다."

손견의 말이 끝나자마자 정보가 창을 비껴들고 채모를 향해 말을 달려 나갔다. 채모는 겁 없이 정보와 맞서 싸웠으나 몇 합 겨루지 않아 자신감을 잃고 황급히 말 머리를 돌려 달아나기 시작했다.

형주의 군사들은 계속된 패배로 사기가 떨어져 있었는데 대장 채모가 도망치자 싸워 보지도 않고 그 뒤를 따랐다. 손견의 군사들이 달아나는 적을 추격하여 죽이니 시체가 벌판에 즐비하였다.

채모는 군사의 태반을 잃고 간신히 영양성 안으로 도망쳐 왔다. 괴량은 채모를 군법에 따라 처형해야 한다고 주장했다.

"채모 장군이 계책을 듣지 않고 크게 패했으니 그 죄를 물어 군법에 따라 목을 베어야 합니다."

그러나 유표는 채모의 죄를 묻지 않았다. 그는 채모의 누이동생을 후처로 삼은 지 얼마 되지 않았고, 그녀를 몹시 사랑했다. 유표는 채모에게 차마 벌을 내리지 못하고, 좋은 말로 괴량을 설득했다. 이에 괴량도 더는 형벌을 주장할 수 없었다.

20

손견의 최후

　손견은 양양성을 사방으로 철통같이 에워쌌다. 이때, 느닷없이 광풍이 크게 일더니 손견의 본진에 세워 둔 대장을 상징하는 '수'자 깃발이 부러져 두 동강이 나 버렸다. 그 모습을 본 손견의 군사들은 물론 장수들도 불안한 표정을 감추지 못했다. 한당이 조심스럽게 말했다.

　"이 일은 좋은 징조가 아닙니다. 잠시 군사를 물리셨다가 다시 공격하는 것이 좋을 듯합니다."

　"그게 무슨 황당한 소리요! 연전연승으로 조만간에 양양성을 손에 넣게 되었는데, 그깟 깃대 하나 꺾였다고 군사를 물리자니 당치 않소."

　손견은 이렇게 말한 후, 더욱 군사들을 다그쳐 성을 공격했다. 그러나 성안의 수비도 만만치 않았다. 성벽을 기어오르는 군사는 성 위에서 쏘는 화살이나 돌멩이에 맞아 목숨을 잃었다. 손견군의 거센 공격을 받고도 양양성은 여전히 꿈쩍도 하지 않았다.

다음 날, 날이 밝자마자 괴량이 유표의 앞에 나아가 말했다.

"어젯밤에 별자리를 살펴보니 장수별 하나가 서쪽 들판으로 떨어졌습니다. 이것은 손견의 진영에 흉한 조짐이 일어날 징조가 분명합니다. 주공께서는 어서 원소에게 편지를 보내 도움을 청하십시오."

유표는 괴량의 말을 듣고 마음이 움직였다. 우선 손견의 진영에 불길한 징조가 나타났다는 괴량의 말에 은근히 기대되었다. 유표는 서둘러 원소에게 보내는 편지를 쓴 뒤 장수들에게 물었다.

"누가 손견의 포위망을 뚫고 원소에게 다녀올 텐가?"

"제가 다녀오겠습니다."

유표가 보니 자신이 아끼는 장수 여공이었다. 여공이 밀서를 가지고 떠나려 할 때, 괴량이 그를 불러서 한 가지 계책을 일러 주었다.

"활 잘 쏘는 기병 5백을 줄 테니 포위망을 뚫고 현산으로 가도록 하시오. 그러면 손견이 반드시 뒤를 쫓을 것이오. 그대는 군사 1백 명을 산 위쪽에 풀어 큰 돌이나 나무 등을 모아 두게 하고, 다른 군사 1백 명은 숲속에 매복시키시오. 그런 다음 적을 피해 달아나되, 군사들을 매복시킨 곳으로 유인하시오. 그런 다음 적을 향해 일제히 돌과 화살을 퍼붓도록 하시오.

손견은 원래 성격이 급하고 다혈질이어서 직접 추격에 가담할지도 모르니, 운이 좋다면 그를 사로잡을 수도 있을 거요. 만약 계획이 성공하면 즉시 신호를 보내시오. 그러면 성에서도 군사를 동원하여 적의 뒤를 치겠소. 만약 계획이 실패하면 그대로 원소에게 달려가시오."

여공은 저녁 무렵 군사들을 이끌고, 소리 없이 동문을 열었다. 발소리를 죽여 순찰하던 손견의 군사 대여섯 명을 처치하고 질풍처럼 말을 달려 손견의 포위를 뚫었다. 장막 안에 있던 손견은 난데없는 함성과 병마의 말발굽 소리에 깜짝 놀랐다. 그는 급히 말에 올라 기병 30여 명을 데리고 주둔지 밖으로 나갔다. 군사 하나가 달려와 급히 보고했다.

"한 무리의 군사가 성문을 열고 나와 현산 쪽으로 달려갔습니다."

손견은 그 말을 듣자 짐작이 가는 바가 있었다.

'유표가 원소에게 도움을 청하기 위해 군사를 보낸 것이 틀림없다.'

손견은 생각이 거기에 미치자 즉시 30여 명의 기병만 데리고 여공의 군사를 뒤쫓기 시작했다.

여공은 괴량이 일러 준 계책대로 숲속에 궁노수들을 매복시킨 후 벼랑 위에는 바위와 돌을 쌓아 두고 군사를 대기시켰다.

손견이 현산 기슭에 이르렀을 때, 여공은 이미 군사의 배치를 끝내고 남은 군사를 거느리고 산기슭으로 서서히 말을 몰았다. 손견은 여공군을 발견하고 급히 말을 몰아 달려왔다.

여공은 손견을 맞아 몇 합을 겨루는 체하다 재빨리 말 머리를 돌려 산속으로 달아났다. 손견이 급히 그 뒤를 쫓자 여공은 숲속에 이르러 재빨리 몸을 숨겼다.

여공을 놓친 손견은 매우 분노했다. 그는 산 위를 향해 말을 몰며 부하들에게 명했다.

"이 산을 모두 뒤져서라도 놈들을 찾아내라!"

손견이 군사들을 이끌고 현산의 오르막길에 막 접어들었을 때였다. 홀연 산 위에서 천지를 뒤흔드는 요란한 소리와 함께 집채만 한 바위들이 굴러떨어져 내려오기 시작했다. 그 바위들은 순식간에 손견의 군사들을 덮쳤다. 놀란 손견이 소리쳤다.

"적의 함정이다. 모두 피해라!"

하지만 때는 이미 늦었다. 매복해 있던 여공의 부하들이 쉴 새 없이 화살을 쏘아 대기 시작했다. 이렇게 되자 천하에 무용을 떨친 강동의 호랑이 손견조차도 위기를 벗어날 방도가 없었다.

손견은 그 자리에서 피하지도 못한 채 화살에 맞고 바위에 깔려 비참한 최후를 맞고 말았다. 그의 부하들 또한 한 명의 생존자도 없이 전멸하고 말았다. 이때 손견의 나이 겨우 37세였다.

여공은 손견군이 바위에 깔리고 화살에 맞아 몰살당하자 성으로 신호를 보냈다. 성안에서 출전 준비를 한 채 대기했던 황조, 괴월, 채모 등 유표의 장수들은 신호를 보자 일제히 환호하며, 앞다투어 군사를 이끌고 나와 손견군을 공격했다.

손견이 없는 상황에서 불시에 유표군의 총공격을 받은 강동의 군사들은 큰 혼란에 빠져 도망치기에 바빴다.

한편, 황개는 군선을 지휘하며 손견의 뒤를 받치고 있었는데, 본진에서 전투가 벌어졌다는 소식을 듣고 급히 수군을 이끌고 지원에 나섰다. 황개가 본진에 도착했을 때 황조의 군사들이 강동군의 진영을 마구 짓밟고 있었다. 황개는 황조를 발견하고 즉시 그에게 말을 몰았다. 황조도 황개를 맞아 싸웠으나 몇 합을 채 겨루지 못하고 그만 황개에게 사로잡히고 말았다.

이때 현산에서 큰 전과를 올리고 내려오던 여공은 본진으로 향하던 정보와 마주쳤다. 손견을 죽이고 기세가 잔뜩 오른 여공은 정보를 공격했다. 그러나 여공은 정보의 적수가 아니었다. 그는 두세 합도 채 넘기지 못하고 정보의 창에 찔려 말 아래로 굴러떨어졌다. 여공은 큰 공을 세우고도 자랑 한 번 못 하고 어이없이 죽임을 당하고 말았다.

양군의 치열한 전투는 날이 밝아서야 끝이 났다. 강동의 군사들은 그때까지도 손견의 죽음을 모르고 있었다.

형주군과 강동군이 치렀던 하룻밤 사이의 전투는 가장 길고도 격렬했다. 어둠 속에서 펼쳐진 전투여서 양군의 사상자는 상상 외로 많았고, 살아남은 군사들도 모두가 피로에 지쳐 있었다.

유표의 군사는 양양성으로 돌아가고, 강동의 군대는 한수 방면으로 철수했다. 손책이 아버지 손견의 죽음을 알게 된 것은 군사들을 정돈한 후였다.

손견의 머리가 장대 끝에 매달리고, 시체는 양양성으로 옮겨졌다는 비보를 접하고 손책은 목놓아 운 뒤 큰 소리로 부르짖었다.

"아버님의 시신이 적의 수중에 있는데, 내가 어찌 고향으로 돌아갈 수 있겠소."

손책은 장수들을 지휘소로 모두 불러 모은 뒤 유표와 다시 싸울 일을 의논했다. 이때 황개가 나서며 말했다.

"어젯밤 적장 황조를 사로잡아 두었으니, 사신을 보내 주공의 시신과 바꾸자고 제안하십시오. 황조는 유표가 아끼는 장수이니 반드시 응할 것입니다."

그러자 이번에는 군관 환계가 나섰다.

"그 일이라면 제가 한번 나서 보겠습니다. 지난날 저는 유표와 친분을 나눈 적이 있습니다."

손책이 허락하자, 환계는 단신으로 양양성에 가서 유표에게 자신이 온 까닭을 밝혔다.

"우리 주공의 유해와 황조를 바꾸는 것이 어떻겠소?"

유표는 쾌히 승낙했다.

"문대의 유해는 이미 관에 안치해 두었으니 어서 황조를 돌려보내게. 서로 군사를 거두고 다시는 침범하는 일이 없도록 하세."

환계가 유표에게 절하며 고마움을 표하고 막 나가려는데 계단 아래에서 괴량이 소리치며 나섰다.

"주공, 절대로 아니 됩니다. 강동의 군사들을 한 명도 살려서 보내지 말아야 합니다. 제가 드릴 말씀이 있으니 먼저 환계의 목을 벤 다음 제 계책을 쓰십시오."

괴량이 말을 이었다.

"지금 저들과 화친을 맺는다고 해도 그것은 한때에 불과할 것입니다. 강동은 언젠가는 오늘의 치욕을 갚고자 반드시 군사를 일으킬 것이옵니다.”

유표가 침묵하자 괴량은 다시 간곡하게 말했다.

“손견은 죽었고 그의 자식들은 모두 어립니다. 이 기회에 저들을 친다면 힘들지 않고 강동을 얻을 수 있습니다. 만약 저들이 힘을 기르도록 그냥 두신다면 뒷날 반드시 형주의 후환이 될 것입니다.”

그러나 유표는 고개를 가로저었다.

“황조가 적에게 잡혀 있는데, 어찌 그를 버릴 수가 있느냐?”

“황조 한 사람을 버리고 강동을 얻을 수만 있다면, 이 또한 좋은 일이 아니겠습니까?”

그러나 유표는 한사코 괴량의 의견을 물리쳤다.

“황조는 나의 충실한 심복이네. 그를 저버리는 것은 의롭지 못한 행위일세.”

유표는 손견의 유해와 황조를 교환하기로 약속하고 환계를 돌려보냈다. 며칠 후 손견의 유해를 돌려받은 손책은 황조를 풀어 준 후 군사를 거두어 강동으로 돌아갔다.

손책은 오군 곡아현에 부친을 묻고 장례를 치렀다. 이후 장강을 건너 광릉군 강도현에 주둔하면서 어진 선비와 천하의 영웅호걸들을 널리 불러 모았다. 손책이 스스로 몸을 굽혀 그들을 극진히 대접하자, 사방에서 인재들이 구름 떼처럼 모여들었다.

21

경국지색[57] 초선

손견이 죽었다는 소문은 동탁의 귀에도 들어갔다.

"한 가지 근심거리가 사라졌구나."

동탁은 기뻐하더니, 문득 생각난 듯 옆에 있던 시중에게 물었다.

"그 아들이 지금 몇 살이나 되었느냐?"

"열일곱 살입니다."

"아직 애송이로군."

동탁은 손책을 아직 어린아이로만 여겼다. 반동탁 연합군이 무너진 후 동탁의 교만과 횡포는 나날이 심해져 갔다. 그는 스스로 자신의 벼슬을 상국에서 태정태사로 격상시켰다. 그뿐만이 아니었다. 스스로 임금의 아버지와 같이 존경받는 자라는 뜻으로 '상부'라고 칭한 후 문무백관들에게 그렇게 부르게 했다.

동탁은 황제와 똑같은 의장을 갖춰 입고, 황제의 앞을 드나들 때도 황제와 같은 행렬을 갖추었다. 또한, 자신의 아우 동민을 좌장군으로 삼고, 조카 동황은 시중으로 삼아 금군을 거느리게 했다. 동씨일족은 나이와 상관없이 모두 열후에 봉하니, 동탁의 권세는 황제와 다름없었다.

동탁은 장안 근교에 미오라는 별궁을 짓도록 하였는데 부역에 동원된 인원만 무려 25만여 명이었다. 궁실은 장안성의 금궁보다 더 화려하고 현란했다. 또한, 창고 안에는 20년은 풍족하게 먹고도 남을 곡식과 온갖 진귀한 보석과 재물을 산더미처럼 쌓아 두었다. 또 이곳에 아름다운 소년과 소녀 8백 명을 뽑아 시중을 들게 했다.

동탁은 자신의 가족들을 데리고 미오성에 살면서 한 달에 한두 번 꼴로 장안성을 오고 갔다. 그럴 때마다 문무백관들은 장안성 문밖까지 나가서 맞이하거나 배웅하기에 바빴다.

동탁은 그때마다 길가에 천막을 치고 잔치를 벌여 상부로서의 위엄과 권세를 과시했다.

어느 날, 동탁과 문무백관들이 평소처럼 술판을 벌이고 있을 때, 때마침 군사들이 복지군에서 난을 일으켰다 사로잡힌 포로 수백 명을 끌고 그 앞을 지나갔다.

동탁은 군사들에게 포로들의 손발을 자르게 한 후 눈알을 후벼 파게 했다. 또한, 혓바닥을 뽑게 하거나, 큰 가마솥에 삶아 죽이기까지 했다. 포로들의 비명과 구슬픈 통곡이 하늘과 땅을 울리니 문무백관은 이 끔찍하고 무서운 광경 앞에서 벌벌 떨며 젓가락을 땅에 떨어 뜨렸다. 그러나 동탁만은 태연히 먹고 마시면서 웃었다. 동탁은 이처럼 날이 갈수록 더욱 잔인무도해졌다.

하루는 궁궐 안의 성대에서 문무백관이 모두 참석한 주연이 베풀어졌다. 술이 몇 차례 돌았을 때 여포가 성큼성큼 걸어 들어와 동탁의 귀에 몇 마디 수군거렸다. 백관들은 그 모습에 불안한 생각이 들어 신경을 곤두세웠다. 동탁은 여포의 말에 고개를 끄덕이더니 나지막하게 말했다.

"흠, 괘씸한 놈. 당장 끌어내어 없애 버려라."

동탁의 말이 채 떨어지기 전에 여포는 몸을 일으키더니 사공 장온을 향해 걸어갔다. 그러고는 다짜고짜 장온의 목덜미를 움켜잡아 밖으로 끌고 나갔다. 문무백관의 얼굴은 모두 사색으로 변했다. 잠시 후, 시종이 붉은 소반에 장온의 목을 담아 올리자, 여포는 그 소반을 들고 다니며 대신들에게 보여 주었다. 장온의 목을 보자 백관들은 모두 공포에 사로잡힌 채 넋을 놓았다. 동탁은 그 모습을 보고 즐거워하며 소리 높여 껄껄 웃었다.

"공들은 놀라지 마시오. 장온이 원술과 결탁하여 나를 해치려 했소. 원술이 보낸 밀서가 장온의 집으로 간다는 것이 봉선의 집으로 잘못 전해졌소. 그래서 장온의 목을 벤 것이니 공들은 놀라거나 두려워 말고 나와 함께 술이나 듭시다."

사도 왕윤도 이날의 주연에 참석했다가 집에 돌아온 후 동탁의 전횡과 악행에 분노를 금치 못했다.

왕윤은 일찍이 황실에 충성하는 마음을 떠받들고, 의롭지 못한 일을 보면 참지 못하는 강직한 성품 때문에 조정의 문무백관들이 그를 존경하였다. 그는 지난날 조조에게 동탁의 암살을 부탁하기도 했고, 지방의 군벌과 은밀히 협력하여 동탁 타도 운동을 벌이기도 했다.

'이대로 가다간 머지않아 황제 폐하는 물론 나도 동탁에게 죽임을 당하게 될 거야.'

동탁에 대한 울분과 고뇌로 잠을 이루지 못한 왕윤은 답답한 마음을 달랠 길이 없어 지팡이를 짚고 뒤뜰을 거닐었다.

밤은 깊어 달이 휘영청 밝았다. 왕윤은 하늘을 우러르며 깊은 시름에 잠겼다. 이때 연못 건너편에 있는 정자 안에서 짧은 탄식 소리가 들려왔다.

왕윤이 경계하며 살며시 다가가 정자 안을 엿보니 그곳에 기녀 초선이 홀로 앉아 있었다.

초선은 어려서 왕윤의 집에 들어와 기녀가 되었는데, 왕윤은 그녀를 친딸처럼 여기며 귀여워했다. 이제 열여섯이 된 초선은 노래와 춤에 뛰어났으며, 그 아름다움은 미인의 대명사로 알려진 서시나 왕소군에 견줄 만했다.

왕윤이 헛기침을 하며 초선의 동정을 살핀 후 입을 열었다.

"이 밤중에 탄식하며 홀로 우는 까닭이 무엇이냐?"

초선이 화들짝 놀라며 자세를 가다듬은 뒤 물음에 답했다.

"대감께서 소녀에게 베풀어 주신 태산 같은 은혜를 만분의 일이라도 갚고 싶습니다. 나랏일로 수심이 가득한 모습을 뵈니 저도 모르게 한숨이 나왔습니다. 만일 소녀를 쓰실 곳이 있다면 만 번을 죽어도 사양치 않고 이 몸을 던지겠나이다."

왕윤은 초선에게 뜻밖의 말을 듣고 내심 놀라면서 감탄하였다. 왕윤은 불현듯 머리를 스치는 생각에 지팡이를 짚고 일어났다.

"한나라 천하가 네 손에 달려 있을 줄이야 누가 알았겠느냐? 잠시 나를 따라오너라."

왕윤은 초선을 데리고 별당으로 가더니 그녀를 자리에 앉히고, 공손하게 머리를 조아려 절을 하였다. 초선이 깜짝 놀라 황급히 방바닥에 꿇어 엎드렸다.

"대감께서 어찌하여 이 천한 것에게 절을 하십니까!"

"초선아, 이 나라를 구할 사람은 너밖에 없다. 지금 역적 동탁의 악행은 극에 달했다. 의분을 참지 못하여 동탁을 죽이려 한 충신들이 한둘이 아니다. 하지만 뜻을 이룬 사람은 없었고, 모두 그놈에게 죽임을 당했다.

동탁에게는 여포라는 양자가 있는데 그는 천하제일의 무장이란다. 동탁과 여포의 공통점은 술과 여자를 탐한다는 점이다. 오늘 네 말을 듣고 나서 한 가지 방법이 떠올랐다.

내 너를 여포에게 시집보내겠다고 약속하고 나서 동탁에게 바칠 것이다. 이렇게 부자 사이를 반목하게 만들면 여포가 동탁을 죽이게 만들 수 있을 것이다. 이 계획이 성공한다면 너는 천하를 구하고 악인을 제거하는 것이다. 초선아, 네가 이 일을 해낼 수 있겠느냐?"

초선은 왕윤의 말을 듣고 잠시 고개를 숙이더니, 이내 구슬 같은 눈물을 마룻바닥에 떨어뜨렸다. 이윽고 초선은 고개를 들어 또렷한 음성으로 대답했다.

"소녀는 최선을 다하겠습니다. 만약 실패하여 목숨을 잃는다고 해도 절대 후회하지 않을 것이옵니다."

왕윤은 고마운 마음에 다시 한 번 절을 올렸다. 그러고 나서 초선의 손을 잡고 눈물을 흘리니, 초선의 눈에서도 쉴 새 없이 눈물이 떨어졌다.

다음 날 왕윤은 솜씨 좋은 장인을 불러 아름다운 구슬이 박힌 황금관을 제작하게 했다. 황금관이 완성되자 그것을 남몰래 여포에게 보냈다. 여포는 진귀한 보물을 받자 몹시 기뻐하며 그 길로 인사차 왕윤의 집을 찾았다.

왕윤은 몸소 문밖에까지 나와 여포를 반갑게 맞으며 별당으로 이끈 후 상석에 앉히고 술과 안주를 대접했다.

답례하러 갔다가 융숭한 대접까지 받게 되자 단순한 여포는 몹시 감격했다. 얼마나 감격했는지 목소리까지 떨릴 정도였다.

"이 여포는 승상부의 일개 장수에 불과합니다. 대감께서는 명망이 높은 조정의 대신이신데 어찌 소인을 이토록 과분하게 환대하십니까?"

"허허, 겸손이 지나치십니다. 지금 천하에 영웅이 있다면 오직 장군 한 분뿐이오. 이 왕윤은 장군의 관직을 존경하는 것이 아니라 장군의 용맹무쌍함을 사모하는 것이오."

왕윤이 여포를 잔뜩 치켜세우며 둘러대자 여포는 비로소 크게 웃으며 술잔을 받아 마셨다.

몇 차례 술이 오가고 여포가 웬만큼 취하자 왕윤은 시녀를 시켜 초선을 불러오게 했다. 잠시 후 푸른 옷을 입은 두 시녀의 부축을 받으며 한껏 단장한 초선이 들어왔다. 원래도 빼어나게 아름다운 데 비단과 보석으로 치장하고 곱게 화장까지 하고 나니 그 아름다움은 더욱 눈부셨다. 그 모습은 한 떨기 모란꽃처럼 청초하면서도 요염했다.

여포는 그 모습을 보고 두 눈이 휘둥그레져 왕윤에게 물었다.

"도대체 이 낭자는 누구십니까?"

"이 아이는 내 딸 초선이외다. 이 왕윤은 앞으로 장군과 가족처럼 허물없이 지내고자 딸 아이를 불러 인사시키는 것이오."

"대감의 슬하에 이토록 아름다운 따님이 있었습니까?"

"규방에서만 자라 세상 물정을 잘 모른다오. 손님 앞에 나온 것도 오늘이 처음이오."

"그런 따님을 이 자리에 불러내시다니, 이 여포, 대감의 환대에 몸 둘 바를 모르겠습니다."

초선은 살포시 미소 지으며 그윽한 눈길을 보낸 후 고개를 숙여 인사했다. 여포는 그런 초선을 황홀한 눈빛으로 바라보았다.

왕윤은 술잔을 초선에게 건네주며 말했다.

"여기 계시는 여 장군은 내가 평소에 공경하는 분이시다. 술을 한 잔 올리도록 하여라."

초선은 얼굴에 가득 홍조를 띠며 고운 손을 내밀어 술잔을 권하였다. 초선의 몸에서 퍼져 나온 그윽한 꽃향기가 여포의 가슴을 설레게 했다.

여포의 가슴은 마구 뛰었다. 어떻게 술잔을 받고 어떻게 마셨는지 모를 지경이었다. 술을 따른 초선은 곧 물러나며 휘장 밖으로 나가려 했다. 그 모습을 본 여포는 애간장이 탔다. 여포의 마음을 짐작한 왕윤이 입을 열었다.

"초선아, 잠깐 기다려라."

왕윤은 초선과 여포를 번갈아 바라보면서 입을 열었다.

"여 장군은 나와 가장 가까운 벗이나 다름없다. 허락하신다면 옆자리에 앉아 모시도록 하여라."

여포는 기다렸다는 듯 얼른 초선에게 앉기를 권했다. 그러자 초선은 잠시 머뭇거리더니 못 이기는 척 여포 옆에 앉았다. 초선의 이러한 행동은 모두 여포의 의심을 사지 않으려는 계획된 행동이었다. 그 사실을 모르는 여포는 너무 좋아서 자신도 모르게 입꼬리가 귀밑에 걸렸다.

"초선아, 어서 술을 권해 올리지 않고 무엇을 하고 있느냐?"

초선은 여포의 잔에다 술을 가득 부었다. 여포는 초선이 따라 주는 술을 연거푸 몇 잔을 마시자 정신이 몽롱해지며 더욱 취기가 올랐다. 초선의 아름다운 자태는 여포의 넋을 빼 놓았다. 취기가 오른 두 눈은 잠시도 초선을 떠나지 않았다.

그 모습을 본 왕윤은 충분히 분위기가 무르익었다고 여기며 여포를 향해 넌지시 운을 뗐다.

"장군이 원한다면 이 아이를 장군에게 맡길까 합니다. 장군의 의향이 어떠시오? 나도 이제 늙은 몸이라 누구에게든지 의탁하고 싶지만 마땅치가 않구려. 장군께서 이 아이를 거두어 주신다면 마음 놓고 눈을 감을 수 있으련만……."

여포는 자기 귀를 의심했다. 여포는 체면도 잊은 채 황급히 왕윤에게 되물었다.

"예? 따님을……. 대감, 그 말씀이 진정입니까?"

"어느 앞이라고 감히 거짓말을 하겠소."

여포는 급히 자리에서 일어나 왕윤에게 넙죽 절을 올리며 머리를 조아렸다.

"초선을 저에게 주신다면 소장은 견마지로[58]를 다하여 왕 사도를 모시겠습니다."

"원, 별말씀을……, 내 조만간 좋은 날을 택하여 장군에게 보내 드리겠소."

왕윤은 짐짓 흡족한 표정으로 여포에게 말했다.

"대감, 오늘은 너무 취했습니다. 걷기도 어렵군요."

취기가 오른 여포는 뜨거운 눈으로 초선을 보았다. 초선도 부끄러운 듯 얼굴을 붉히고 입가에 엷은 미소를 띤 채 여포에게 은근한 눈길을 보냈다. 여포는 당장 초선을 품에 안고 싶은 충동을 느꼈다. 그러나 왕윤은 단호히 입을 열어 여포를 깨우쳤다.

"제 마음 같아서는 장군을 하룻밤 묵어 가게 했으면 좋겠소만, 동

태사께서 의심하실까 두렵습니다. 내 좋은 날을 택해 초선을 보내 드릴 테니, 오늘은 이만 헤어집시다."

여포는 취한 몸을 간신히 가누며 왕윤에게 여러 차례 고마움을 표한 뒤, 아쉬운 마음을 뒤로하고 발걸음을 돌렸다.

22

연환계

며칠 후, 왕윤은 조정에 나섰다가 여포가 자리를 비운 기회를 틈타 동탁에게 말했다.

"저의 거처가 비록 누추하오나 태사를 모시고 약주 한 잔을 대접하고 싶습니다. 찾아 주신다면 큰 기쁨이겠습니다."

"사도께서 청하는데 내 어찌 마다하겠소."

동탁은 흔쾌히 승낙한 후 다음 날 방문하기로 약속을 잡았다. 왕윤은 집으로 돌아오자마자 즉시 산해진미를 준비시키고, 대청에 화려한 연회석을 만들었다.

다음 날, 동탁은 약속 시각에 맞춰 왕윤의 집으로 왔다. 수백 명의 창을 든 군사들의 호위를 받으며 많은 백관과 장수들을 거느리니 마치 황제의 행차를 방불케 했다. 왕윤은 관복을 갖추어 입고 동탁을 정중히 맞이하였다.

동탁은 조정의 원로이자 대쪽같은 성품으로 유명한 왕윤이 자기를 경대하자 흡족한 표정을 지었다. 그는 이제 왕윤도 자신의 편이라고 여겨지자 더욱 기뻤다.

왕윤은 준비해 둔 산해진미에 향기로운 술을 권했다. 기생들이 풍악을 울리니 거문고와 노랫소리가 이웃에까지 널리 퍼졌다. 날이 저물도록 술자리는 흥겹게 이어졌다.

"태사께 긴히 드릴 말씀이 있습니다."

동탁이 거나하게 취하자 왕윤은 그를 별당으로 청했다. 좌석에 두 사람만 있게 되자, 왕윤이 목소리를 낮추며 조심스럽게 말했다.

"제가 젊은 시절부터 천문 보는 법을 익혀 왔는데 이제야 그 이치를 좀 깨우쳤습니다. 요즈음 밤마다 천문을 살펴본즉 한나라의 운명도 이미 다한 듯싶습니다. 이제 태사의 공덕은 천하에 떨치시니, 순 임금이 요 임금의 왕위를 잇고 우 임금이 순 임금의 왕위를 잇듯[59] 태사께서도 한나라를 이으셔야 할 것입니다. 이야말로 천심과 민의에 합당한 일이 아니고 무엇이겠습니까?"

동탁은 어안이 벙벙한 표정이 되었다. 왕윤의 입에서 나온 말이 그만큼 놀랍고 엄청난 내용이었기 때문이다.

"그, 그게 무슨 말이오? 내가 어찌 감히 그와 같은 일을 바라겠소. 한 번도 염두에 둔 적이 없소."

동탁은 한참이나 왕윤의 표정을 살피다가 이내 손사래를 쳤다. 그러나 내심으로 왕윤의 말이 더할 나위 없이 흡족했다. 왕윤은 그런 동탁의 속마음을 훤히 들여다보고 있었다. 동탁이 시치미를 뗄수록 왕윤은 더욱 그를 부추겼다. 그러자 동탁도 넌지시 속마음을 드러냈다.

"이 동탁에게 하늘의 뜻이 돌아온다면, 나는 사도를 원훈공신(나라를 위해 으뜸이 되는 공을 세운 신하)으로 삼을 것이오."

동탁은 흐뭇한 표정을 감추지 못한 채 흥에 겨워 술잔을 비웠다. 왕윤은 흥을 돋우기 위해 악사들을 시켜 풍악을 울리게 했다. 동탁이 즐거워하자 왕윤이 눈치를 살피며 슬며시 말을 꺼냈다.

"악사의 풍악만으로 어찌 흥겨울 수 있겠습니까? 마침 저의 집에서 자란 기녀가 있는데 춤과 노래에 뛰어나니, 한번 보시겠습니까?"

"오, 그러시오? 그럼 어디 한 번 봅시다."

왕윤이 손을 들어 신호를 보내자 주렴이 스르륵 올라가면서 초선이 나타나 음악에 맞춰 춤을 추기 시작했다. 초선은 아름다운 몸짓으로 노래하며 춤을 추었다. 동탁은 그 모습을 보고 그만 넋을 잃었다.

'오. 아름답구나. 하늘에서 내려온 선녀가 아니고서야 어찌 저토록 아름다울 수 있단 말인가.'

초선의 노래와 춤이 끝나자 동탁은 황홀한 기분에 도취하여 또 한 곡을 요청하였다.

초선이 다시 춤을 추자 악사들은 더욱 흥겹게 연주하였고, 초선은 간드러진 목소리로 노래를 불렀다.

동탁은 넋을 놓고 초선의 춤사위를 바라보면서 노래 가사에 심취하여 귀를 기울였다. 동탁은 초선의 춤이 끝나자 그녀의 춤과 노래 솜씨를 극찬했다.

"사도, 저 아이의 이름이 무엇이오?"

"마음에 드셨습니까. 초선입니다."

"초선이라고? 이리 좀 오라고 하시오."

동탁의 말에 왕윤이 얼른 손짓으로 초선을 불렀다. 초선이 가까이 오자 왕윤이 말했다.

"초선아, 태사께 어서 인사를 올려라."

초선은 부끄러운 듯 몸을 숙여 두 번 절했다. 초선이 고개를 들자, 그녀의 아름다운 얼굴을 본 동탁의 가슴은 크게 요동쳤다. 지금까지 수많은 미인을 품에 안아 본 동탁이었다. 하지만 초선처럼 아름다운 여인은 본 적이 없었다.

"경국지색이란 바로 이 초선을 두고 하는 말인가 보오. 하늘에서 내려온 선녀라고 해도 모두 믿겠소."

왕윤이 기다렸던 말이었다. 이때다 싶어서 얼른 동탁의 마음을 떠보았다.

"태사께서 초선을 이토록 마음에 들어 하시니 이 아이를 태사께 바치고 싶사옵니다. 거둬 주시겠습니까?"

순간 동탁의 입이 자기도 모르게 귀밑까지 쩍 벌어졌다. 너무 좋은 나머지 체통을 지키는 것조차 잊었다.

"허, 사도께서 이토록 큰 은혜를 베푸시니 무엇으로 보답해야 할지 모르겠소."

동탁이 크게 기뻐하자, 왕윤이 다시 한 번 간곡히 말했다.

"천만의 말씀입니다. 이 아이가 태사님의 총애를 받게 되었으니, 이보다 더 큰 복이 어디 있겠습니까?"

왕윤은 잠시 후 수레를 준비시켜 초선을 태운 후 먼저 승상부로 보냈다. 그러자 동탁도 곧 취기를 핑계로 서둘러 떠났다.

이 사실을 알게 된 여포는 한달음에 왕윤을 찾아와 그의 멱살을 움켜잡고 따져 물었다.

"왕 사도, 내게 어찌 이럴 수 있소? 분명 초선을 주겠다고 약조하지 않았소? 그런데 오늘 초선을 태사에게 보내다니, 그대가 날 농락한 것이오? 어서 대답해 보시오!"

"그 일이라면 여기서 말씀 드리기 곤란합니다. 우선 집에 들어가서 이야기를 나눕시다."

왕윤은 흥분한 여포를 달래 자기 집으로 이끌었다. 후당에 도착하자 왕윤이 억울하다는 듯 말했다.

"여 장군, 이 늙은이가 아무려면 장군에게 한 입으로 두말을 하겠소?"

"그럼, 왜 초선을 태사에게 보낸 것이오?"

여포는 여전히 화가 풀리지 않은 채 퉁명스럽게 물었다.

왕윤은 정색했다.

"어제 조당에서 태사를 만났는데 나에게 '내가 상의할 일이 있어 내일 사도 댁으로 찾아가겠소' 하십디다. 다음 날 태사께서 오셔서 말씀하시기를 '내가 듣자 하니 사도께서 딸을 내 아들 봉선에게 주겠다고 하셨다는데, 그 일을 의논하고 직접 며느리 될 사람의 얼굴도 볼 겸 해서 왔소' 하시더군요. 그래서 초선을 태사께 인사시켰더니, 태사께서 '오늘이 마침 길일이니 내가 돌아갈 때 이 아이를 데려가 봉선과 짝을 지워 주겠소' 하십디다. 여 장군도 생각해 보시오. 태사께서 그렇게 말씀하시는데 이 늙은이가 어찌 거역할 수 있었겠소."

왕윤의 말을 듣고 보니 여포는 할 말이 없었다. 여포는 이내 머리를 조아리며 사과했다.

"이 여포가 오해하여 왕 사도께 무례를 범하였습니다. 용서하여 주십시오."

여포는 왕윤에게 백배사죄[60]하고 집으로 돌아갔다. 잠자리에 든 여포는 이런저런 생각에 쉽게 깊은 잠을 이루지 못했다.

'지금쯤 초선은 무엇을 하고 있을까?'

그는 번뇌와 욕망으로 밤을 지새우며 날이 밝아 오기를 애타게 기다렸다.

다음 날, 뜬눈으로 밤을 지새운 여포는 양아버지인 동탁이 자기를 부르리라 여기며 소식을 기다렸다. 그러나 시간이 지나도 동탁에게서는 아무런 기별이 없었다.

여포는 기다리다 못해 승상부로 달려갔다. 이렇다 할 용무도 없었으나 그는 곧바로 동탁의 침실이 있는 별채로 갔다. 침실 앞을 지키던 시녀를 보자마자 여포가 다급히 물었다.

"태사께서는 일어나셨는가?"

"태사께서는 어젯밤 새로 데려온 여자와 침소에 드신 뒤 아직 일어나시지 않았습니다."

여포는 순간 불안감에 휩싸였다. 떨리는 목소리로 그 시녀에게 물었다.

"새로 온 여자라고? 그 아이의 이름이 뭐라더냐?"

시녀가 입을 비쭉이며 대답했다.

"예, 왕 사도 댁에서 온 초선이라고 하더군요."

여포는 그 말을 듣는 순간 피가 거꾸로 솟았다. 여포는 타오르는 분노를 억제한 채 서둘러 침실로 향했다. 자신의 두 눈으로 직접 사실을 확인하고 싶었기 때문이다.

'초선은 내 아내가 될 사람이다. 피 한 방울 섞이지 않았다지만 명색이 그래도 양아버지인데 어떻게 며느릿감을 탐할 수 있단 말인가.'

여포는 동탁의 처사가 아무리 생각해도 이해할 수 없었다. 여포는 동탁의 침실 창문이 나 있는 뒤뜰 난간 쪽에 숨어 도둑처럼 방 안을 훔쳐보았다. 이때 초선은 창가에서 머리를 빗고 있었다. 문득 창밖 연못에 사람의 그림자가 어른거리는 것이 보였다. 물결에 비친 모습을 보니 바로 여포였다.

초선은 짐짓 두 눈썹을 잔뜩 찌푸린 채 슬픔에 가득 찬 표정을 지었다. 그러다 비단 수건을 꺼내 연신 눈물을 훔치는 모습을 연출했다.

여포는 그 모습을 보자 가슴이 아파 왔다. 초선이 자신을 생각하며 눈물을 흘렸다고 생각하니 동탁에 대한 분노가 뼈에 사무쳤다. 이 일로 여포의 마음속에는 동탁에 대한 충성심이 사라지고 분노가 채워졌다.

여포는 모든 사실을 확인한 후 분노를 억누른 채 일단 후당에서 물러났다. 그는 사랑하는 여인을 빼앗겨 기분은 몹시 참담했으나 한편으로 초선의 마음을 확인한 것을 큰 위로로 삼았다. 여포는 한동안 동탁의 집무실 주변을 배회하며 감정을 추스른 후 다시 후당으로 돌아왔다.

동탁은 그때야 자리에서 일어나 아침 식사를 하고 있었다. 여포가 들어오자 동탁이 물었다.

"그래, 밖에 별일 없었느냐?"

"없습니다."

여포는 짧게 대답한 후 여느 때처럼 동탁의 옆에 섰다. 여포의 표정과 말투는 평소와 달리 부자연스러웠으나 먹는 데 정신이 팔린 동탁은 이를 눈치채지 못했다. 그때 주렴 안에서 서성이던 초선이 얼굴을 반쯤 내밀었다.

여포를 바라보는 그녀의 시선에는 애틋한 그리움과 정이 듬뿍 담겨 있었다. 그런 초선을 바라보는 여포 또한 형언할 수 없는 감정에 휩싸여 제정신이 아니었다. 문득 그 모습을 본 동탁은 두 사람의 눈길이 심상치 않다고 느꼈다. 그의 마음속에 의심과 질투가 스멀스멀 기어 올라왔다.

"무얼 그리 넋을 잃고 보는 것이냐? 별일 없으면 그만 물러가거라!"

동탁은 울컥 치솟는 분노를 억누른 채 말했다. 여포 또한 동탁의 말에 울컥 분노가 치솟았지만 내색하지 않고 물러났다.

그 후 동탁은 초선에게 빠져 한 달이 넘도록 침실에서 나오지 않았다.

어느 날 여포는 동탁이 몸져누웠다는 소식을 듣고 문안차 승상부에 찾아갔다. 여포가 도착했을 때 동탁은 마침 잠들어 있었다. 할 수 없이 깨어나기를 기다리는데, 문득 침상 저쪽에서 초선의 모습이 보였다. 초선은 애처로운 눈빛으로 여포를 바라보았다. 그런 초선을 보자 여포는 가슴이 찢어지는 듯했다.

이때 잠들었던 동탁이 눈을 떴다. 동탁의 눈에 여포가 서 있는 모습이 들어왔다. 그런데 여포는 동탁이 일어난 것도 모른 채 한곳을 정신없이 바라보고 있었다. 동탁은 이상하게 생각하며 여포의 시선을 쫓았다.

그의 시선이 머문 곳에 침상의 휘장이 쳐져 있고, 그곳에 초선의 모습이 어른거렸다.

순간 동탁의 두 눈에 불꽃이 튀었다.

"네 이놈! 감히 내 여자를 탐하는 것이냐!"

여포는 동탁의 호통에 가슴이 철렁 내려앉았다. 여포는 당황한 나머지 변명도 못 하고 그 자리에 서서 머뭇거렸다. 동탁의 분노가 폭발했다.

"여봐라, 당장 저놈을 끌어내라! 그리고 두 번 다시 이곳에 얼씬도 못 하게 하라!"

여포는 끌려 나가다시피 그 자리에서 물러났다. 분통이 터지는 판에 모욕까지 당한 여포는 타오르는 분노를 삭였다. 집으로 돌아가던 여포는 길에서 모사 이유를 만났다.

이유는 여포로부터 전후 사정을 듣고 걱정이 앞섰다. 동탁과 여포가 서로 등을 진다면 장차 큰 화를 불러일으킬 수 있다.

이유는 격분한 여포를 달랜 후 집으로 보내고, 급히 동탁에게 달려갔다.

"태사께서는 천하를 얻고자 하시면서 어찌 작은 잘못으로 그토록 여포를 꾸짖으셨습니까? 만약 그가 마음을 바꿔 먹는다면 큰일을 그르치게 될지도 모릅니다."

이유가 동탁을 깨우치자, 동탁도 퍼뜩 정신이 들었다. 동탁의 처지에서 보면 여포는 천하를 얻기 위해 꼭 필요한 장수였다.

"어찌해야 좋겠는가?"

"염려 마십시오. 여포는 단순한 사람이니 불러서 금과 비단을 내리시고 위로하십시오."

이튿날, 동탁은 이유의 조언대로 여포를 집무실로 불러들였다.

"어제는 내가 몸이 안 좋아서 네게 심한 말을 했다. 마음에 새겨두지 말라."

동탁은 즉시 여포에게 황금 열 근과 비단 스무 필을 내렸다. 동탁이 예물을 주며 위로하자 여포는 고마움을 표하고 돌아갔다. 그러나 여포의 가슴은 항상 초선의 생각으로 가득 차 있었다.

동탁은 병세가 회복되자 다시 조정에 나아가 나랏일을 살폈고, 여포 또한 주어진 임무에 충실하였다.

어느 날, 동탁은 헌제와 이야기를 나누게 되었다. 동탁을 호위했던 여포는 궁궐 밖에서 대기하고 있는데, 초선의 아름다운 얼굴이 자꾸만 떠올랐다.

'초선은 지금 무엇을 하고 있을까? 이야기가 길어질 것 같은데 이 틈에 초선을 만나고 와야겠다.'

초선을 보고 싶은 마음을 주체하지 못한 여포는 승상부로 급히 말을 달렸다. 승상부에 도착한 여포는 말을 문 앞에 대충 매어 두고, 초선을 찾아 곧장 별당으로 달려갔다.

"장군께서 여긴 어떻게……."

초선이 놀란 체하며 물었다.

"그대를 보고 싶어 견딜 수가 없었소."

초선이 걱정스러운 표정으로 다시 물었다.

"태사께서는 어디 계십니까?"

"지금 황제 폐하와 말씀을 나누는 중이오."

여포가 뜨거운 눈길로 초선을 바라보며 대답했다. 그러자 안심한 듯 초선이 주위를 살피며 말했다.

"이곳은 남의 눈에 띄기 쉬우니 장군께서는 후원의 봉의정에 가서 계십시오. 저도 곧 뒤따르겠습니다."

여포는 고개를 끄덕여 보인 후 황급히 봉의정으로 달려갔다. 잠시 후 새롭게 단장을 마친 초선이 꽃밭을 지나 버들가지를 헤치며 다가왔다. 그 모습이 얼마나 아름다운지 마치 구름 사이로 월궁의 선녀가 하늘에서 내려온 것 같은 착각을 불러일으킬 정도였다.

'오! 보면 볼수록 아름답구나.'

여포는 초선을 동탁에게 빼앗긴 것이 한이 되어 온몸의 피가 끓어오르는 것만 같았다. 여포가 양팔을 벌리자 초선은 여포의 품에 와락 안겼다. 그러고는 여포의 가슴에 얼굴을 묻고 소리 없이 흐느끼기 시작했다.

"초선, 어찌 우느냐? 나하고 만나는 것이 기쁘지 않으냐?"

"아닙니다. 너무 기뻐서 눈물이 나오는 것입니다."

초선은 흐르는 눈물을 소매로 훔치며 하소연을 늘어놓기 시작했다.

"제가 비록 왕 사도님의 양녀이지만, 그 어른은 절 친자식처럼 아껴 주셨습니다. 저를 장군께 보내시기로 약속한 후 평생의 소원을 이루셨다고 좋아하셨지요. 그런데 뜻밖에도 태사께서 탐욕을 품고 제 몸을 더럽힐 줄 어찌 상상이나 했겠습니까……. 제가 한을 품고도 목숨을 부지한 것은, 장군께 억울한 사정을 알려야 했기 때문입니다. 이제 장군을 뵈었으니 저는 죽어도 여한이 없습니다."

초선은 말을 마치자마자 연못에 몸을 던지려 하였다. 여포는 다급하게 초선을 끌어안으며 울부짖었다.

"초선, 죽어서는 아니 된다. 너무 슬퍼하지 말고 기다려 다오. 내가 이승에서 너를 아내로 삼지 못하면 어찌 영웅이라 하겠느냐?"

"지금 그 말씀이 진심이신가요? 그렇다면 저를 하루빨리 구해 주십시오. 저에게는 하루가 10년처럼 느껴져 괴롭습니다."

"알겠다! 잠시만 나를 믿고 기다려다오. 결코, 오래가지 않는다. 오늘은 잠시 짬을 내서 온 것이니, 일단은 돌아가 봐야겠다. 자칫 그 늙은 도적의 의심을 사게 될지도 모른다."

여포가 화극을 들고 떠나려 하자 초선이 그의 앞을 가로막았다.

"장군께서 이렇게 태사님을 두려워하시는데 어떻게 첩이 밝은 미래를 기대하겠습니까?"

초선의 원망 서린 시선에 여포는 부끄러운 생각이 들어 얼굴이 뜨거워졌다. 여포는 지금까지 가졌던 자부심이 사랑하는 여인 앞에서 무참히 무너져 내리는 느낌에 오기가 치솟았다.

"내가 그 늙은 도적을 두려워하다니……. 나는 지금까지 살아오면서 그 누구도 두려워한 적이 없다."

여포는 이렇게 말한 뒤 화극을 내려놓고 다시 초선을 껴안았다. 초선이 여포의 넓은 가슴으로 파고들자, 둘은 한동안 떨어질 줄을 몰랐다.

한편 동탁은 여포의 모습이 보이지 않자, 불현듯 의구심이 솟아 황제께 물러가겠다는 인사를 올린 뒤 황급히 승상부로 돌아왔다.

그의 예감대로 문 앞에는 여포의 적토마가 매여 있었다. 동탁은 문지기에게 여포의 행방을 물었다.

"여 장군께서는 별당으로 가셨습니다."

동탁은 좌우를 물리치고 부리나게 별당으로 달려갔다. 동탁의 눈에는 여포가 초선을 끌어안고 희롱하는 것처럼 보였다. 동탁의 눈에 불꽃이 튀었다. 화가 머리끝까지 치밀어 오른 동탁이 소리를 버럭 질렀다.

"여포, 이놈!"

여포는 동탁을 보고 깜짝 놀라서, 초선을 놓아둔 채 황급히 정자 아래로 달아났다. 얼마나 급했는지 분신처럼 여기는 방천화극까지 버려두었다.

"당장 거기 섰거라!"

동탁은 여포가 두고 간 방천화극을 집어 들고 뒤쫓았지만 날쌘 여포를 따라잡을 수 없었다. 그러자 방천화극을 치켜들어 힘껏 여포를 향해 던졌다.

"너, 이놈 여포야!"

동탁이 던진 방천화극이 자신의 등을 노리고 날아오자 여포는 화극을 슬쩍 피한 뒤 손바닥으로 쳐서 떨어뜨렸다. 뒤따라간 동탁이 그 화극을 집어 들었을 때 여포는 이미 멀리 달아난 뒤였다.

동탁은 여포를 쫓는 것을 포기하고 후당으로 들어갔다. 초선이 휘장을 움켜쥐고 울고 있었다.

"너는 어찌하여 여포와 사사로이 만나느냐?"

동탁이 눈을 부라리자 초선은 눈물부터 흘렸다.

"제가 후원에서 꽃을 구경하는데, 여 장군께서 갑자기 후원으로 뛰어들었습니다. 제가 놀라서 몸을 피하자 '나는 태사의 아들인데 어찌 피하느냐?'면서 무기를 들고 봉의정까지 쫓아왔습니다. 저는 그가 못된 마음을 품은 것을 알고 연못에 몸을 던져 자결하려고 했지요. 하지만 그자는 저를 끌어안고 놓아주지를 않았어요. 생사의 고비에 마침 태사님께서 나타나셔서 제 목숨을 구한 것이옵니다."

초선이 애처로이 흐느끼자 동탁은 초선의 마음을 떠보기 위해 입을 열었다.

"여포가 너를 그토록 원하다니……. 아무래도 너를 여포에게 보내야겠다. 네 뜻은 어떠하냐?"

초선이 매우 놀라며 동탁의 가슴에 얼굴을 묻고 통곡했다.

"저는 이미 태사님을 섬겼거늘, 어찌 갑자가 천한 종놈에게 보내려고 하십니까? 차라리 그럴 바엔 죽겠습니다."

말을 마친 초선은 벽에 걸린 동탁의 보검을 뽑아 자결하려고 했다. 초선의 갑작스러운 행동에 놀란 동탁은 황급히 칼을 빼앗아 던지고 급히 초선을 끌어안았다.

"진정해라. 내 어찌 너를 여포에게 줄 수 있겠느냐? 그냥 농담으로 해 본 말이니라."

"제가 비록 태사의 사랑을 듬뿍 받고 있지만, 이곳에 오래 머물다가는 반드시 여포에게 해를 당하고 말 것입니다."

"걱정하지 마라. 내일 미오성으로 돌아갈 때 너를 데려가마. 거기서 한평생 부귀영화를 누리도록 해 주겠다."

초선은 그제야 눈물을 거두고 동탁의 품에 더욱 깊이 파고들었다. 동탁 역시 그런 초선이 사랑스러워 그녀를 힘껏 끌어안았다.

23
동탁의 최후

이튿날, 동탁은 초선을 데리고 미오성으로 향했다. 대신들이 성문 밖으로 나와 동탁의 행렬을 배웅했다. 그들 중에는 여포도 있었다. 여포는 사람들 틈에서 초선이 탄 가마를 훔쳐보고 있었다. 마침 초선도 가마 안에서 바깥을 내다보다가 여포를 발견했다.

여포는 초선과 시선이 마주치자 가마를 향해 달려가려고 했다. 초선은 고개를 저으며 오지 말라는 신호를 보냈다. 그리고 나서 수건으로 낯을 가리고 소리 없이 우는 시늉을 했다. 수레의 행렬은 삐거덕거리며 차츰 멀어져 갔다.

여포는 멀어져 가는 수레를 핏발이 선 눈으로 바라보았다. 대신들이 하나둘 자리를 떴지만, 여포는 동탁의 행렬이 시야에서 완전히 사라진 후에도 그 자리를 지켰다.

'아아, 초선! 조금만 참고 기다려라. 내 반드시 동탁에게서 너를 구해 주겠다!'

여포는 초선의 애처로운 모습을 떠올리며 두 주먹을 불끈 쥐었다. 그때였다. 갑자기 등 뒤에서 인기척이 나며 누군가 말을 걸어왔다.

"여 장군이 아니시오. 어찌 태사와 함께 미오성으로 가지 않고 여기 계십니까?"

여포가 돌아다보니 바로 사도 왕윤이었다.

"이 늙은이가 그동안 몸이 불편해 바깥출입을 못 했더니 장군을 뵈온 지도 오래된 것 같습니다. 오늘 동 태사를 배웅하기 위해 불편한 몸을 이끌고 나왔는데 여기서 장군을 뵙게 되니 반갑기 그지없구려. 그런데 여 장군께선 어찌 홀로 남아 탄식만 하고 계십니까?"

"이 모두가 초선이 때문입니다."

"아니, 여 장군 그게 무슨 말씀이시오?"

왕윤은 짐짓 놀라는 시늉을 하며 되물었다.

"설마 사도께서 이 여포에게 초선을 주겠다던 약속을 잊지는 않으셨겠지요?"

"이 늙은이가 여 장군께 했던 약속을 어찌 잊겠소?"

"동탁, 그 늙은 도둑이 초선을 가로채고 말았소이다."

왕윤은 믿기지 않는다는 듯한 얼굴로 여포에게 반문했다.

"아니, 그럼 태사께서 여태껏 장군에게 초선을 보내지 않았다는 말입니까?"

여포는 지금까지 있었던 일을 하나도 빠짐없이 모두 들려주었다.

왕윤은 짐짓 놀란 표정을 지으며 말했다.

"정말 믿을 수가 없구려. 태사께서 그런 짐승 같은 짓을 하다니 말이오."

말을 마친 후 왕윤은 길게 한숨을 내쉬고는 여포의 소매를 슬며시 끌며 말했다.

"이곳은 사람의 눈에 띄기 쉬우니……. 이 일은 제 집으로 자리를 옮겨서 의논합시다."

왕윤이 앞장서자 마음이 울적했던 여포는 순순히 그의 뒤를 따랐다. 집에 도착한 왕윤은 여포를 밀실로 안내한 후 주안상을 차려 대접했다. 여포는 술을 한 잔 마신 후 다시 봉의정에서 일어났던 일을 자세하게 이야기했다. 여포의 이야기를 듣고 난 왕윤은 탄식했다.

"태사가 내 딸을 욕보이고 또 장군의 아내를 빼앗아 천인공노할 짓을 저질렀으니 이는 곧 만백성의 웃음거리가 될 것이오. 사람들은 태사를 비웃기 전에 나 왕윤과 장군을 비웃을 테니 참으로 기가 막힐 노릇이군요.

나야 늙고 힘이 없어 어쩔 수 없다지만, 장군처럼 천하를 호령하는 영웅이 이런 치욕을 당하게 되었으니 대체 이 일을 어찌한단 말이오. 이 모두가 나의 허물이니 여 장군께 용서를 빌 따름입니다."

여포는 왕윤의 말을 듣더니 참고 있던 분노가 폭발해서 주먹으로 땅바닥을 내려쳤다.

"왕 사도께 맹세하겠소. 그 늙은 도적을 죽여 이 치욕을 반드시 씻고 말겠소."

"여 장군, 이 늙은 것이 그만 입을 잘못 놀린 것 같소. 노여움을 푸시고, 앞으로 그런 말씀은 하지 마시오. 행여 태사의 귀에라도 들어가는 날이면…….."

왕윤은 황급히 여포의 말을 막으며 짐짓 겁에 질린 시늉을 했다. 그러나 여포는 분노를 삭이지 못하고 더욱 격앙된 목소리로 말했다.

"내 비록 지금까지 동탁의 휘하에서 숨죽였지만, 이 가슴엔 천하를 품고 있소. 더는 그 늙은이의 밑에서 굽신거리며 지내지 않겠소."

왕윤은 여포의 결심이 확고한 것을 보자 기회를 놓치지 않고 다시 충동질했다.

"하긴 장군의 용맹과 그릇으로 말한다면 동 태사에게 의탁하는 자체가 말이 안 되는 일이지요."

"동탁을 죽이는 것은 두렵지 않소. 다만, 그동안 양아비로 모셔 왔으니 그를 죽이면 사람들이 나를 어찌 생각할지 그것이 두려울 뿐이오."

왕윤은 정색하며 말했다.

"장군은 여 씨고, 태사는 동 씨가 아니오? 게다가 태사는 봉의정에서 장군에게 방천화극을 던져 죽이려고 했었소. 그때 아버지와 아들의 인연은 이미 끊어진 거나 다름없지 않소."

왕윤의 말에 여포는 무릎을 치며 말했다.

"옳은 말씀이오. 참으로 귀한 것을 깨우쳐 주셨습니다."

여포는 이 순간 동탁을 없애기로 마음을 굳혔다.

"장군께서 만일 태사를 없애고 무너져 가는 한 황실을 구한다면 장군은 충신이 되어 그 이름이 역사에 길이 빛날 것이오."

왕윤이 조심스럽게 말했다.

"사도께서는 염려하지 마십시오. 그 늙은 도적을 반드시 이 손으로 없앨 것이오."

여포는 칼을 뽑아 자신의 팔뚝을 찔러 피를 흘리며 맹세했다.

왕윤은 그제야 안심하며 말했다.

"황제 폐하께서 장군의 충심을 아시면 매우 기뻐하실 것이오. 이일은 우리 두 사람만의 비밀로 합시다. 뒷일은 따로 방법을 마련하겠소."

여포가 돌아가자 왕윤은 사례교위 황완과 복야사(활 솜씨가 뛰어난 무사의 관직) 손서를 불렀다. 그들은 평소 왕윤과 뜻을 같이하는 동지였다.

왕윤으로부터 모든 이야기를 듣고 난 복야사 손서가 말했다.

"좋은 방법이 떠올랐소. 방금 병중에 계시던 폐하께서 일어나셨습니다. 말재주가 뛰어난 사람을 뽑아 미오성으로 보내 폐하께서 상의할 일이 있다 하고 동탁을 장안으로 유인하는 겁니다. 그리고 여포에게 폐하의 비밀 지시를 내려, 궐문 안에 무장한 군사를 매복시켰다가 동탁이 들어오면 죄를 물어 죽이는 것이오."

"그렇다면 누구를 동탁에게 보내는 것이 좋겠소?"

황완의 질문에 손서가 거침없이 대답했다.

"기도위 이숙입니다. 그는 여포의 고향 사람이며 여포를 동탁에게 데려온 장본인입니다. 그는 동탁 밑에서 많은 공훈을 세웠는데도 요즈음 푸대접을 받아 불만이 많습니다. 여포가 동탁을 없애자고 하면 마다하지 않을 것입니다. 또한, 그를 보낸다면 동탁의 의심도 피할 수 있습니다."

"좋은 생각이오. 즉시 여포에게 이숙을 설득하도록 하겠소."

왕윤은 손서의 의견에 찬성했다.

이튿날, 왕윤의 부탁을 받은 여포는 이숙을 은밀히 청하였다.

여포가 정색하고 입을 열었다.

"동탁은 위로는 황제를 속이고 아래로는 백성들을 학대하였소. 그 죄악이 하늘과 땅에 가득 차 사람은 물론 신도 분개할 지경이오. 이에 나는 조정의 대신들과 지혜를 모아 동탁을 죽이기로 하였소. 그대도 나와 함께 힘을 합쳐 무너져 가는 한 황실을 바로잡아 봅시다."

이숙은 주저함이 없이 선뜻 여포의 말에 찬동했다.

"나 역시 그 늙은 도적을 없애고자 하였으나 동지가 없어서 한이었소. 장군의 말씀을 듣고 보니 이는 분명 하늘의 뜻인가 보오. 내 어찌 두 마음을 갖겠소?"

말을 마친 이숙은 그 자리에서 화살을 꺾어 맹세했다. 다음 날, 이숙은 수십 명의 기병을 거느리고 미오성으로 갔다. 이숙이 동탁 앞에 이르러 절하자 동탁이 물었다.

"황제께서 무슨 일로 명령을 내리셨느냐?"

이숙이 기쁜 얼굴로 대답했다.

"폐하께서 미앙전에 문무백관을 모으시고, 마침내 태사께 황제의 자리를 물려주실 일을 의논하기 위해 명령을 내리셨습니다."

동탁은 얼굴 가득 기쁨을 드러냈다.

"허허, 이렇게 빨리 일이 진행될 줄은 몰랐구나. 그리고 보니 간밤의 꿈이 신통하구나."

동탁은 껄껄 웃으며 말했다.

"어떤 꿈을 꾸셨습니까?"

이숙이 물었다.

"커다란 용이 하늘에서 내려와 내 몸을 감싸는 꿈이었다."

"길몽입니다. 시간을 지체하지 마시고 어서 입궐하도록 하십시오."

"오냐, 마침내 때가 왔구나."

동탁은 서둘러 채비를 하고 미오성을 떠났다. 행렬이 궁궐 문 앞에 다가가니 모든 신하가 관복을 갖추어 입고 마중 나와 맞이했다.

동탁은 궁궐의 규칙에 따라 수행하는 모든 군사를 대궐 문 앞에 대기시킨 후, 군사 20여 명에게 수레를 밀게 하여 궁궐 안으로 들어갔다.

그런데 궁궐 안으로 들어가니 왕윤과 황완, 두 사람이 칼을 빼 들고 서 있지 않은가. 그제야 동탁은 심상치 않은 공기를 느끼며 이숙에게 물었다.

"이숙, 저들이 왜 칼을 빼 들고 있느냐?"

그러나 이숙은 대답 없이 수레만 앞으로 밀고 나갔다. 동탁은 섬뜩한 기분이 들어 다시 이숙을 부르려는데 왕윤의 고함이 쩌렁쩌렁

울렸다.

"역적이 여기 있다. 무사들은 어서 나오라!"

왕윤의 말이 끝나자마자 잠복했던 1백여 명의 무사들이 한꺼번에 쏟아져 나왔다. 그들은 창과 칼로 동탁을 찌르고 베었다. 그러나 동탁은 관복 속에 갑옷을 입고 있어서 치명상을 입지는 않았다. 수레 아래로 몸을 던져 피한 동탁은 땅바닥을 구르면서 큰 소리로 외쳤다.

"아들아, 내 아들 여포는 어디 있느냐?"

그러자 수레 뒤편에서 여포가 달려 나오며 소리쳤다.

"역적을 죽이라는 황제 폐하의 명령이시다!"

여포의 외침과 함께 방천화극은 어느새 동탁의 목을 꿰뚫었고, 옆에 있던 이숙이 보검을 휘둘러 동탁의 목을 베었다.

여포는 왼손에 방천화극을 바꾸어 들고 오른손으로 품속에서 두루마리를 꺼내어 큰 소리로 읽었다.

"황명을 받들어 역적 동탁을 죽였다. 나머지 사람들에 대해서는 그 죄를 묻지 않을 것이다. 하지만 단 한 사람, 이유만은 용서할 수 없다. 그자는 동탁과 함께 온갖 악행을 저질렀다."

모든 장수와 관원들이 일제히 만세를 불렀다. 이숙은 동탁의 모사이자 사위인 이유를 장터로 끌고 나가 백성들이 보는 앞에서 참수했다.

동탁의 시체는 유난히 뚱뚱했다. 시체를 지키는 군사들이 그 배꼽에 심지를 박아 불을 켜자 지방이 흘러내려 땅바닥에 흥건히 고였다. 백성들은 거리에 버려진 동탁의 시체에 몰려들어 그 몸뚱이를 짓밟고, 효수된 그의 머리를 공처럼 차고 다녔다.

왕윤은 여포와 이숙, 황보숭에게 군사 5만을 주어 미오성에 있는 동탁의 세력을 없애라고 명했다.

한편, 동탁의 친위대를 이끄는 이각, 곽사, 장제, 번주 등 네 장수는 동탁이 살해당했다는 놀라운 소식을 들었다. 그들은 여포가 대군을 이끌고 쳐들어온다는 보고를 받자 양주로 달아났다. 미오성에 가장 먼저 도착한 여포는 동탁의 동생 동민과 그 조카 동황의 목을 벤 후 곧장 초선을 찾아다녔다.

"초선, 초선아!"

여포는 후당의 한 방에서 초선을 찾아냈다. 여포와 초선은 서로 부둥켜안고 그동안 쌓인 회포를 풀었다. 그사이 이숙과 황보숭의 군사들은 동탁의 친족들을 찾아 죽이니, 그 수가 무려 1천 5백여 명이나 되었다. 임무를 마친 여포와 황보숭은 동탁의 재산을 모두 몰수하여 장안으로 돌아왔다.

이 무렵, 양주로 도망쳤던 이각과 곽사 등 네 장수는 동탁의 친위대를 이끌고 다시 섬서로 도주했다. 그들은 장안에 탄원서를 보내 죄를 사면해 달라고 청했다. 하지만 왕윤은 그들의 청을 받아들이지 않았다. 그러자 이각과 곽사 등 장수들은 군대를 해산하여 각자 살길을 도모하자고 의견을 모았다. 이때 책사 가후가 나섰다.

"지금은 도망칠 때가 아닙니다."

그는 이각과 곽사 등 장수들에게 장안으로 쳐들어가 동탁의 복수를 하자고 설득했다.

"제게 좋은 계획이 있으니 맡겨 주십시오."

이각과 곽사는 평소 가후의 능력을 높이 샀으며 그를 깊이 신뢰했다. 그들은 가후의 계획을 믿어 보기로 했다.

가후는 먼저 왕윤이 동탁의 고향 사람들을 모조리 죽여 없애려 한다는 유언비어를 양주 땅에 퍼뜨렸다. 이에 양주 백성들이 동요하자, 그들을 선동하여 난을 일으켰다. 이렇게 해서 10만이 넘는 반란군을 모집한 이각과 곽사는 네 방향으로 나누어 장안으로 쳐들어갔다.

왕윤은 즉시 여포에게 군사를 이끌고 맞서 싸우게 했다. 여포군의 선봉을 맡은 이숙은 적의 선봉인 우보와 맞서 승리했으나, 그날 밤 야습을 당해 오히려 군사를 절반이나 잃고 크게 패했다. 이에 화가 난 여포는 패전의 책임을 물어 이숙의 목을 베었다.

여포는 군사들을 이끌고 직접 이각의 본진을 공격했다. 이각은 여포와 맞서 싸웠으나 크게 패하여 달아났다. 이때 이각은 군사의 절반을 잃고서야 겨우 여포의 추적을 벗어났다.

이각은 곽사와 장제, 번조 등 세 장수를 불러 대책을 논의했다.

"여포는 용맹스럽지만, 지혜가 모자라는 위인이오. 나는 내일 여포와 다시 전투에 나설 것이오. 내가 여포와 적당히 맞서다가 피하면 그때 곽 장군이 군사를 이끌고 여포군의 뒤를 치시오.

여포가 장군을 맞아 싸우면 이번엔 내가 그의 뒤를 치겠소. 여포가 나를 공격하면 장군이 다시 여포의 뒤를 공격하는 거요. 우리가 이렇게 여포를 잡아 두고 있을 때, 장제와 번조 두 장군은 길을 나누어 장안을 치면 승리는 우리의 것이오."

이각의 전략은 주효했다. 여포는 이각과 곽사의 치고 빠지는 전략에 말려들어 며칠이 지나도록 헛되이 기력만 소모했다. 그사이 장제와 번조는 군사들을 나누어 장안으로 진격했다. 그 소식을 들은 여포는 군사를 수습하여 장안성을 지키기 위해 달려갔다.

이각과 곽사의 군대도 여포의 뒤를 쫓아 장안성으로 진군했다. 그러나 장안성은 이미 불길에 휩싸여 있었다. 장안성에 남아 있던 동탁의 잔당들이 성문을 열고 장제와 번조의 군대가 입성하도록 도왔다. 이렇게 되자 여포는 세 방면에서 공격해 오는 적과 맞서 싸워야 했다.

여포는 혼자서 좌충우돌하며 분전했지만, 워낙 적군의 수가 많아 감당할 수 없었다. 결국, 여포는 가족과 초선을 버려둔 채 휘하 군사 1백여 명만 데리고 원술에게 도망쳤다.

이각과 곽사 등은 장안성에 진입하여 제멋대로 약탈을 저질렀으며, 조정의 대신들을 핍박했다. 이각과 곽사는 왕윤을 죽인 후 헌제까지 죽이려고 했지만, 장제와 번조가 이를 말렸다.

헌제를 겁박하여 권력을 장악한 이각과 곽사 등 네 사람은 조정을 좌지우지하였다.

서량 태수 마등은 장안이 크게 혼란해지자 병주 자사 한수와 함께 10만여 명의 군사를 이끌고 장안으로 진격했다. 장안에서는 시중 마우, 간의대부 충소, 좌중랑 유범 세 사람이 그들과 내통하기로 했다. 그러나 이각과 곽사는 가후의 계책에 따라 성을 굳게 닫고 지킬 뿐 싸움에 응하지 않았다. 이때 시중 마우의 집 종이 이각과 곽사를 찾아가 마우와 충소, 유범 세 사람이 한수, 마등과 내통한 사실을 일러바쳤다. 이각과 곽사는 크게 노하여 마우 등 세 사람은 물론 그들의 가족까지 모두 죽였다.

마등과 한수는 군량도 떨어지고, 성안의 동지들까지 살해되자 어쩔 수 없이 철군하기 시작했다. 이때 이각은 장제와 번조 등으로 하여금 그들을 추격하게 했다. 마등은 추격해 오는 장제를 물리쳤으나, 한수는 패하여 진창 땅까지 쫓겨 갔다. 그러나 한수를 추격한 번조는 그가 고향 사람인 데다 과거의 친분을 생각하여 한수를 살려보냈다.

이 사실을 알게 된 이각은 크게 노하였다. 그는 승리를 축하한다는 명목으로 잔치를 열고 장제와 번조를 초청했다. 술자리가 무르익어 갈 무렵 갑자기 이각이 번조를 크게 꾸짖었다.

"번조는 어찌하여 한수와 몰래 내통하고 모반을 꾀하는가?"

갑작스러운 이각의 호통에 번조는 깜짝 놀랐다. 그가 무어라고 변명을 늘어놓기도 전에 칼과 도끼를 든 무사들이 들이닥쳐 그 자리에서 번조의 목을 베었다. 이각은 번조가 이끌던 군사들을 장제에게 주어 홍농군에 주둔하도록 했다.

이각과 곽사가 서량군을 물리쳐 크게 위세를 떨치자 제후들도 그들을 두려워하기 시작했다. 이후 제후 중에서 감히 군사를 일으키는 자가 없었다.

  가후는 민심을 안정시키는 것이 급선무라고 건의했고, 이각이 이를 받아들여 조정은 한동안 평온이 유지되었다.

24

서주의 전란

이 무렵 청주에서는 황건적의 잔당 수십만 명이 난을 일으켜 백성들을 괴롭혔다. 주준은 황건적을 소탕할 적임자로 조조를 추천했다.

조정에서는 동군 태수 조조와 제북상 포신에게 황건적을 토벌하라는 명령을 내렸다. 이에 조조는 포신과 함께 군사를 이끌고 수양 땅으로 쳐들어갔다.

그러나 포신은 적진에 너무 깊숙이 쳐들어갔다가 함정에 빠져 그만 목숨을 잃고 말았다. 반면 조조는 파죽지세로 적을 격파하여 불과 백여 일 만에 30만 명을 항복시켰다.

조조는 그들 중 젊고 날쌘 자만 뽑아 청주병이라 부르며 자기 군사로 삼았다. 이때부터 조조의 명성은 나날이 높아졌고, 조정에서는 그를 진동장군에 봉했다.

조조는 연주 땅에서 세력을 확장하면서 널리 인재를 모았다. 이에 전국 방방곡곡에서 조조의 명성을 듣고 많은 영웅호걸이 모여들었다. 그들 가운데 순욱과 그의 조카 순유, 정욱, 곽가와 같은 인재와 우금, 전위 같은 용맹스러운 장수도 있었다. 이렇게 되자 조조의 위세는 마치 호랑이가 날개를 단 것처럼 막강해졌다. 얼마 후 조조는 산동 일대를 평정하고 시선을 천하로 돌렸다.

이 무렵 조조의 부친 조숭과 일가족 40여 명은 낭야 땅에 숨어 지내고 있었다. 그들은 원래 진류 땅에서 거주했는데 조조가 반동탁 연합군에 참여한 후 동탁 제거에 실패하자 멀리 피란 간 것이다. 조조는 고심 끝에 태산 태수 응소를 낭야군으로 보내 가족들을 모셔오게 했다.

응소의 호위를 받으며 조숭은 조조의 동생 조덕과 함께 식솔들을 거느리고 연주로 향했다. 그들 일행은 가는 도중에 서주를 지나게 되었다.

서주 자사 도겸은 평소 조조와 친분을 맺고 싶어 했다. 그러던 중 조조의 부친 일행이 서주를 지나게 되자, 좋은 기회로 여겼다. 도겸은 그들을 영접한 후 극진히 대접했다. 또한, 조숭 일행이 떠나는 날, 도겸은 친히 성문 바깥까지 배웅하며, 도위 장개에게 군사 5백 명을 주고 호위하도록 했다.

조숭 일행이 어느 산중에 이르렀을 때 갑자기 천둥 번개가 치더니 억수 같은 소나기가 쏟아졌다. 일행은 비를 피하고자 산속 사찰에서 하룻밤을 묵어 가기로 했다.

본래 황건적 잔당이던 장개는 도겸에게 투항한 후 서주에서 도위에 임명된 자였다. 그는 조숭 일행이 지닌 재물이 탐이 나 부하들을 선동하여 조숭을 비롯한 조조의 가족들을 모두 죽였다. 그들을 호위하던 응소는 겨우 도망쳐 원소에게 몸을 의탁했다. 장개는 절에 불을 지른 후 재물들을 챙겨 부하 5백 명과 함께 회남 땅으로 달아났다.

응소의 부하 중 한 명이 무사히 도망쳐 조조에게 이 사실을 보고했다.

"뭐라고, 그게 사실이냐?"

조조는 부친을 비롯한 일가족이 몰살당했다는 소식을 듣자 엎드려 대성통곡[61]했다. 그는 도겸이 부하들을 시켜 자신의 부친을 살해했다고 오해했다.

"자식 된 몸으로 부친의 원수를 갚지 않고 어찌 하늘을 볼 수 있겠는가. 내 당장 군사를 이끌고 쳐들어가 앞으로 서주 땅에서 풀 한 포기도 자라지 못하도록 만들겠다."

조조는 친히 군사를 이끌고 서주로 향했다. 선봉은 하후돈, 우금, 전위가 맡았다.

서주 자사 도겸은 조조의 군사들이 성난 파도처럼 몰려오자 휘하의 장수들과 대책을 논의했다. 이때 별가종사 미축이 북해 태수 공융과 청주 자사 전해에게 구원을 요청하자는 의견을 냈다.

"북해와 청주 두 곳에서 구원병이 도착하면 조조도 어쩔 수 없이 물러가게 될 것입니다."

도겸은 그 의견을 받아들여 진등을 청주, 미축은 북해로 보냈다. 그들이 떠난 후 도겸은 서주성의 성문을 굳게 닫고 조조의 공격을 막아 냈다.

북해 태수 공융은 노나라 곡부 땅 출신으로 공자의 20대 후손이었다. 그는 어려서부터 총명해서 신동으로 소문났으며, 성장해서는 중랑장을 거쳐 북해 태수가 되었다. 그는 천하에 이름난 사람들과 사귀기를 좋아하고, 항상 손님 접대하기를 즐겨 했다. 그래서 사람을 만나면 늘 이렇게 말하곤 했다.

"집에는 항상 손님이 가득하고, 술통에 늘 술이 가득 차서 넘쳐흐르는 게 내 소원이요."

공융은 미축이 찾아오자 크게 반겼다. 그는 도겸이 보낸 서신을 읽고 나서 말했다.

"내 먼저 조조에게 서신을 보내 화해하도록 권하겠소. 만약 그가 듣지 않으면 그때 군사를 일으키겠소."

공융은 사자에게 서신을 주어 조조에게 보낸 후, 조조가 거부할 때를 대비하여 군사를 소집했다. 공융이 미축과 앞일을 의논하고 있을 때 갑자가 파발꾼이 달려와서 고했다.

"황건적 잔당 관해가 수만 명의 도적을 거느리고 쳐들어옵니다."

공융은 친히 군사를 이끌고 성 밖으로 나가 황건적을 막아섰다. 도적들의 우두머리 관해가 말을 달려 앞으로 나왔다.

"북해 땅에 곡식이 많다는 것을 알고 왔다. 우리에게 곡식 1만 석을 내어 주면 순순히 물러가겠다. 만약 거절하면 즉시 성을 파괴하여 성안의 사람은 남녀노소를 불문하고 씨를 말릴 것이다!"

관해가 공융을 향해 큰소리로 외쳤다.

"닥쳐라! 한나라 황실의 신하 된 몸으로 어찌 너희 도적 떼의 협박에 굴복하여 나라의 곡식을 내어 주겠느냐?"

공융이 꾸짖자 화가 난 관해는 즉시 칼을 뽑아 들고 공융을 향해 공격해 들어갔다. 그러자 공융은 휘하 장수 종보에게 맞서 싸우게 했다.

종보는 관해를 맞아 싸웠으나 몇 합을 견디지 못하고 칼에 맞아 목숨을 잃고 말았다. 믿었던 종보가 패배하자 공융의 군사들은 매우 놀라서 성안으로 도망쳤다.

관해는 부하들을 이끌고 북해성을 사방으로 포위했다. 공융은 뜻밖의 사태에 근심했고, 도움을 요청하러 온 미축은 성안에 갇히는 신세가 되자 한숨이 절로 나왔다.

다음 날, 공융은 성 위에 올라가서 상황을 살폈다. 생각보다 도적의 수가 많은 것을 보자, 공융의 근심은 더욱 커졌다.

이때 성 밖의 황건적 진영에서 큰 혼란이 일어났다. 한 장수가 말을 타고 황건적의 촘촘한 포위망을 뚫은 채 성 쪽으로 달려오고 있었다. 그는 덤벼드는 도적의 무리를 좌충우돌하며 창으로 찌르고 베더니 순식간에 성문 아래 도착했다.

"성문을 여시오!"

공융은 급히 성문을 열어 그를 맞아들였다. 성안으로 들어온 그 장수는 말에서 뛰어내리자 창을 버리더니, 바로 공융에게 와서 절했다. 공융이 물었다.

"그대는 누구요?"

"저는 태사자라 합니다. 제가 어제 요동에서 어머니를 뵈러 왔다가, 도적 떼가 성을 포위한 걸 보게 되었습니다. 어머니께서 평소 태수님께 많은 신세를 지셨다며 가서 도와 드리라고 하시기에, 이렇게 달려왔습니다."

공융은 그 말을 듣자 매우 기뻐했다. 그는 태사자를 만난 적이 없었지만, 그가 비범한 장수라는 사실은 소문으로 익히 알고 있었다.

태사자의 어머니는 성문 밖 20여 리쯤에 살았는데, 아들이 늘 집을 떠나 있던 터라 생활이 궁핍했다. 공융이 사정을 알고 식량과 의복을 늘 보내 줬었다. 이번에 그 어머니가 은혜에 보답하고자 아들을 보낸 것이다.

공융은 크게 기뻐하며 태사자에게 갑옷과 좋은 말, 안장을 내리고 후히 대접했다. 태사자가 청했다.

"저에게 날쌘 군사 천 명만 주시면 나가서 도적 떼를 무찌르겠습니다."

"그대는 비록 용맹하나 적이 너무 많아서 정면 승부는 위험하오. 그보다는 유현덕에게 원군을 청하고 싶은데 도적들의 포위망을 뚫고 도움을 청할 방법이 없어 고민이오."

"그 일이라면 제게 맡겨 주십시오. 반드시 임무를 완수하겠습니다."

태사자가 주저함 없이 나서자, 공융은 크게 기뻐하며 즉시 편지를 써서 주었다. 태사자는 허리에 활과 화살집을 차고 손에 철창을 든 채, 성문이 열리자 나는 듯이 말을 달려 나갔다. 그 모습을 본 관해는 수백 기의 병마를 이끌고 뒤를 쫓았다. 태사자가 창을 활로 바꿔 잡고 화살을 쏘자, 순식간에 10여 명이 화살에 맞아 말에서 굴러떨어졌다. 그러자 도적들은 지레 겁을 집어먹고 감히 태사자를 추격하지 못했다.

태사자는 밤낮없이 말을 달려 평원현에 있는 유비에게 서신을 전달했다. 유비는 서신을 읽고 나자 내심 흐뭇했다.

"이 세상에서 공융만이 나를 알아주는구나."

유비는 곧 관우, 장비와 함께 정예군 3천 명을 거느리고 북해로 달려갔다. 황건적의 우두머리 관해는 유비가 거느리고 온 군사의 수가 적은 것을 보고 얕잡아 봤다.

관해가 친히 선두에 서서 공격해 오자 관우가 마주 달려 나갔다. 두 장수가 맞서 싸우자 양쪽 진영에서 응원의 함성이 터져 나왔다. 그러나 관해는 관우의 적수가 되지 못했다. 그는 불과 10여 합도 채 겨루지 못하고 관우의 청룡언월도에 몸이 두 조각이 나서 말 아래로 굴러떨어졌다. 그 모습을 본 도적 떼는 겁을 집어먹고 혼란에 빠졌다.

장비와 태사자는 혼란에 빠진 적진 속으로 뛰어들어 종횡무진[62]으로 움직이며 적을 마구 베어 쓰러뜨렸다. 성곽 위에서 그 모습을 본 공융은 직접 군사들을 이끌고 나가 적을 공격했다. 도적의 무리는 크게 패하여 사방으로 흩어져 달아났다.

공융은 유비를 성안으로 영접하여 맞아들인 후 성대한 축하연을 베풀었다. 그 자리에서 공융은 유비에게 미축을 소개하며 말했다.

"실은 도겸이 조조의 부친 조숭을 안전하게 보호하려고 부하 장수인 장개에게 호위 임무를 맡겼다고 하오. 그런데 장개가 재물에 눈이 멀어 그만 조조의 부친을 살해하고 도망쳤소. 조조는 그 일을 도겸이 시킨 것으로 오해하여 지금 서주성을 공격하고 있소. 여기 미축 공은 도겸의 명을 받고 도움을 청하기 위해서 온 것이오."

공융의 설명을 듣고 유비가 말했다.

"도겸은 원래가 성품이 어진 분인데 억울하게 오해를 샀군요."

"나는 도겸과의 의리를 생각해서 그를 돕기로 했소. 귀공도 서주성에 힘을 보태 주시오."

이에 유비는 서주성을 돕기로 약속하고 그 길로 공손찬에게 갔다. 유비는 공손찬에게 사정을 설명하고 군사 2천을 빌린 후 조운을 데려가도록 허락받았다. 유비는 관우와 장비에게 정예군 3천 명을 주어 선봉에 세우고, 조운에게는 빌린 군사 2천 명을 주어 후방을 맡게 한 후 서주로 향했다.

한편, 북해에서 서주로 돌아온 미축은 공융과 유비가 도우러 온다는 소식을 전했고, 때마침 진등도 돌아와 청주 태수 전해가 구원을 오기로 했다는 소식을 전했다. 그러자 도겸은 비로소 안심했다.

며칠 후 공융은 서주로 떠날 채비를 마쳤다. 이때 태사자는 작별을 고했다. 공융은 그에게 금과 비단을 내렸으나 태사자는 한사코 사양하며 어머니에게로 돌아갔다.

공융이 군사를 이끌고 서주성 부근에 도착했을 때, 청주 자사 전해는 약속대로 서주성 부근에 도착했다. 그러나 조조의 군세가 막강한 것을 보자 겁을 먹고 산밑에 진을 친 채 움직이지 않았다.

조조 또한 북해와 청주의 군사들이 온 것을 보자 군사를 두 패로 나누고, 서주성에 대한 공격을 멈춘 채 상황을 살폈다. 때마침 서주에 도착한 유비는 공융으로부터 상황 설명을 듣고, 공융, 전해와 함께 대책을 논의했다. 유비가 말했다.

"지금 서주성 안에는 식량이 바닥나 오래 버티지 못할 것이오. 관우와 조운에게 군사 4천 명을 주어 두 분을 돕게 하겠소. 나는 장비와 함께 나머지 군사를 데리고 조조의 포위망을 뚫고, 일단 성안으로 들어가서 대책을 세워 보겠소."

공융과 전해는 크게 기뻐하며 유비의 의견을 따랐다. 유비는 즉시 장비와 함께 군사들을 이끌고 서주성으로 향했다. 이때 조조의 진영에서 우금이 군사들을 이끌고 달려 나와 길을 막았다. 이에 장비가 나서서 우금과 맞서 싸웠다. 그러자 유비는 군사들을 이끌고 우금의 부하들을 공격했다.

양군이 어우러져 싸운 지 얼마 되지 않아서 우금은 패하여 달아났다. 장비는 우금을 뒤쫓으며 닥치는 대로 적군을 쓰러뜨렸다. 그 틈에 유비군은 무사히 서주성 안으로 들어갈 수 있었다. 도겸은 유비를 자신의 집무실로 안내하여 인사를 나눈 후 잔치를 베풀어 군사들의 노고를 위로했다.

"도와주어서 정말 고맙소."

도겸은 원래 장수라기보다는 선비에 가까웠다. 요즈음 그는 군웅이 할거하는 난세를 만나 서주 땅을 지키는 것이 무척 버겁게 느껴지고 있었다. 그런데 유비의 말과 행동, 모습을 살펴보니 온화하면서도 활달한 기상을 지닌 영웅의 풍모를 갖추고 있었다. 그는 문득 유비라면 서주를 굳건히 지켜 백성들을 평안하게 보살펴 줄 수 있겠다는 생각이 들었다.

도겸은 미축에게 도장을 가져오게 한 뒤 유비에게 건네며 말했다.

"이 늙은이는 나이도 많고 무능해서 이 서주를 다스리기에 벅차다오. 공은 한실의 종친이니 이 도겸을 대신하여 서주 자사가 되어 주시오."

"저는 대의명분을 위해서 도우러 왔을 뿐입니다."

도겸의 갑작스러운 제안에 유비가 소스라치게 놀라며 사양하자 도겸이 거듭 권했다. 그러나 유비는 두 번 절한 후 끝내 이를 사양했다. 이에 미축이 나서서 말했다.

"이 문제는 나중에 다시 상의하시면 어떻겠습니까? 지금은 조조의 군사들을 물리칠 대책을 세우는 것이 시급합니다."

미축의 말에 유비가 동의하고 나서자 도겸도 더는 고집을 부리지 않았다. 유비가 조조군에 대한 대책을 말했다.

"제가 먼저 조조에게 화해를 권하는 서신을 보내겠습니다. 만약 그가 듣지 않으면 그때 군사를 움직여도 늦지 않습니다."

유비의 말에 도겸과 미축도 동의했다. 유비는 먼저 조조에게 애도와 위로의 인사를 건넨 후, 조조의 부친 조숭의 죽음은 황건적 출신 장개가 벌인 일로서 도겸과는 무관하니 전쟁을 멈추고 돌아가 달라는 부탁의 서신을 보냈다.

조조는 유비의 서신을 읽고 크게 노하여 서신을 북북 찢어 버렸다. 조조가 좌우의 장수들에게 명했다.

"서신을 가져온 사자의 목을 베라! 그리고 당장 서주성을 공격하라!"

그러자 곽가가 급히 나서며 말렸다.

"주공 참으십시오. 유비는 멀리서 군사를 이끌고 왔음에도 먼저 주공께 예를 갖춘 다음에 싸우려고 할 만큼 여유를 부리고 있습니다. 그러니 주공께서도 좋은 말로 답을 보내 유비를 안심시킨 뒤 한 번에 공격하면 손쉽게 성을 무너뜨릴 수 있을 것입니다."

조조는 곽가의 말에 고개를 끄덕였다. 듣고 보니 괜찮은 방책이었기 때문이다. 조조는 유비가 보낸 사자를 후히 대접한 후 답장을 쓸 준비를 했다. 이때 조조의 본거지에서 달려온 연락병이 급한 소식을 전했다.

"큰일 났습니다. 여포가 연주를 공격하여 빼앗은 뒤 지금 복양으로 진격하고 있습니다."

조조는 보고를 받고 충격을 받았다. 자칫하면 자신의 근거지를 잃게 될 위험에 처한 것이다.

"연주를 잃으면 나는 갈 곳이 없어진다. 우선 연주부터 찾고 봐야겠다."

그러자 곽가가 나서며 입을 열었다.

"이왕 이렇게 된 것 유비에게 청을 받아들이겠다는 답신을 보내십시오. 그러면 주공께서 유비에게 은혜를 베푸신 것이 됩니다."

조조는 곽가의 의견을 받아들여 유비에게 답신을 보낸 후 연주를 향해 군사를 돌렸다.

한편 유비의 서신을 받은 조조가 군사를 이끌고 물러가자 도겸은 큰 잔치를 베풀었다. 잔치가 무르익자 도겸은 유비를 권해 상석에 앉혔다. 그는 두 손을 모으고 서서 여러 사람을 향해 말했다.

"나는 늙어서 기억력도 떨어지고 힘도 약해졌소. 비록 아들이 둘 있으나 모두 변변치 못해서 국가의 무거운 책임을 감당하기 어렵소. 그러나 여기 유 공은 황실의 친척에다가 인품과 실력 또한 매우 뛰어난 분이오. 지금부터 나는 유 공에게 서주 땅을 넘겨주고 쉬면서 병을 치료할 생각이오."

그러나 유비는 끝내 도겸의 간청을 물리쳤다. 유비의 뜻이 굳음을 안 도겸은 도장을 거두고 가까운 소패라도 맡아 서주를 지켜 달라고 부탁했다. 유비는 차마 그것마저 거절할 수 없어 승낙했다.

이튿날 유비는 조자룡과 이별의 정을 나눈 후 그에게 공손찬으로부터 빌린 군사 2천 명을 주어 돌려보냈다. 공융과 전해도 각기 군사를 이끌고 자신들의 본거지로 돌아갔다. 유비는 관우, 장비와 함께 자신의 군사를 이끌고 소패성에 자리를 잡았다.

25

계략과 계략

한편 여포는 이각과 곽사의 난이 일어나자 장안을 떠나 원술에게 몸을 의탁하러 갔다. 그러나 원술은 여포를 받아 주지 않았다. 여포는 하는 수 없이 원소를 찾아갔다.

원소는 그를 받아들여 함께 상산 땅에서 흑산적의 우두머리 장연을 쳤다. 원소를 도와 공을 세운 여포는 원소 휘하의 장수들 앞에서 오만하게 굴었다. 이에 화가 난 원소는 여포를 죽이려고 했다. 그 사실을 눈치챈 여포는 도주하여 하내 태수 장양의 휘하로 들어갔다.

이 무렵 장안성에 있던 방서는 자기 집에 숨겨 주었던 여포의 가족들을 여포에게로 몰래 보냈다. 나중에 이 사실을 알게 된 이각과 곽사는 방서를 처형하고, 장양에게 비밀 편지를 보내 여포를 죽이도록 지시했다. 그 사실을 알게 된 여포는 장양을 떠나 진류 태수 장막에게 몸을 의탁했다. 이때 마침 장초가 진궁을 데리고 형님인 장막을 찾아왔다.

장막을 만난 진궁은 조조가 없는 틈을 타 여포에게 연주를 치게 하라고 권했다. 장막은 진궁의 말에 마음이 움직여 여포를 보내 연주를 치게 했다. 불시에 여포군의 공격을 받은 연주는 맥없이 무너졌고, 여포는 내친김에 복양까지 점령했다. 그러나 조조의 책사인 순욱과 정욱의 지휘 아래 있던 견성, 동아, 범현은 여포의 공격을 물리쳤다.

조조가 서주 땅을 떠나 돌아오자 연주성을 잃고 떠돌던 조인과 조홍이 멀리까지 나와서 조조를 맞이했다.

"여포의 군대가 워낙 막강해서 연주성 일대를 모두 잃고 복양성까지 빼앗겼습니다. 지금 놈의 옆에서는 진궁이 돕고 있습니다. 견성, 동아, 번현은 순욱과 정욱이 죽을 각오로 성을 지키고 있습니다."

"여포는 용맹스럽지만, 지혜가 없다. 그러니 크게 염려할 필요가 없다."

조조는 군사를 둘로 나누어 조인에게 연주를 포위하게 한 후 자신이 직접 군사를 이끌고 복양으로 진격했다. 그 소식은 곧 여포에게 전해졌다.

여포는 휘하의 장수 설란과 이봉에게 군사 1만을 주어 연주성을 지키게 한 후 자신은 조조를 맞아 싸우기 위해 출전 준비를 했다. 그 사실을 알게 된 진궁이 놀라서 여포를 말렸다.

"설란과 이봉에게 연주를 맡기는 것은 위험합니다. 차라리 태산에 군사를 매복시키십시오. 조조는 분명히 그곳을 지나갈 테니, 그때 기습 공격을 감행하면 반드시 조조를 사로잡을 수 있을 것입니다."

그러나 여포는 진궁의 말을 듣지 않았다.

"내 복양에 가서 조조를 맞아 싸우려는 것은 좋은 계책이 있기 때문이오. 그대가 어찌 나의 뜻을 알겠소?"

여포는 자기 고집대로 설란과 이봉에게 연주를 맡긴 후 복양을 향해 길을 떠났다.

한편, 조조가 태산에 이르렀을 때였다. 산의 지형을 살피던 곽가가 조조에게 말했다.

"이곳은 적이 매복하기 좋은 곳이니 조심하셔야 합니다."

곽가의 말에 조조는 껄껄 웃었다.

"여포는 힘은 장사지만 지혜가 부족한 놈이다. 내 짐작으로는 여포가 휘하 장수에게 연주를 맡기고 복양으로 갔을 것이다. 제 힘만 믿고 정면 승부를 하면 했지 결코 매복할 만한 위인은 아니야."

조조는 이미 여포를 간파하고 있었다. 그의 짐작대로 여포군의 매복은 없었고, 조조의 군대는 무사히 태산을 넘어 복양에 도착할 수 있었다. 이때 여포의 진영에서는 진궁이 다시 여포에게 조언했다.

"조조의 군사들은 먼 길을 오느라 많이 지쳤을 겁니다. 지금 당장 저들을 공격해야 우리에게 유리합니다. 저들에게 휴식을 취할 기회를 주어서는 안 됩니다."

그러나 여포는 이번에도 진궁의 의견을 무시했다.

"나는 한 마리의 말로 천하를 가로질렀거늘, 어찌 조조 따위를 겁내겠소? 내 단번에 조조를 사로잡을 테니 두고 보시오."

여포가 조조를 가벼이 보고 큰소리칠 때, 조조는 이미 복양에 진을 치고 군사들에게 휴식을 취하게 했다.

다음 날, 여포는 5만의 군사를 이끌고 조조군과 대치했다. 여덟 장수가 좌우에서 여포를 호위했는데 그중 장료와 장패는 둘 다 무용이 뛰어난 장수들이었다. 나머지 여섯 장수는 학맹, 조성, 성염, 위속, 송헌, 후성이었다.

조조가 여포를 향해 큰 소리로 외쳤다.

"나는 너와 원수진 일이 없다. 그런데 어찌하여 내 땅을 빼앗았느냐?"

"연주는 따지고 보면 한나라 땅이 아니냐? 어찌 네 땅이라고 우기는 것이냐?"

여포는 원래 말재주가 없었고, 말을 길게 하는 편도 아니었다. 그는 대답을 마치자 즉시 장패에게 공격 명령을 내렸다.

조조는 악진을 보내 장패와 맞서 싸우게 했다. 두 장수는 치열하게 싸웠으나 막상막하의 힘을 보이며 30여 합이 지나도록 승패가 나지 않았다. 이에 조조 편에서 하후돈이 달려 나와 싸움에 가세했다. 여포 쪽에서도 장료가 달려 나와 하후돈을 막았다.

네 장수가 서로 뒤엉켜 싸우자 성미 급한 여포는 승패를 기다리지 못하고 직접 싸움에 뛰어들었다.

여포가 방천화극을 휘두르며 공격에 가세하자 하후돈과 악진은 감당하지 못하고 말 머리를 돌려 달아났다. 여포는 두 장수를 뒤쫓으며 그 여세를 몰아 조조의 군사들을 닥치는 대로 찌르고 베었다.

조조의 군사는 혼비백산하여 40리 바깥으로 물러났다. 그제야 여포는 추격을 포기하고 자신의 진영으로 돌아갔다.

첫 전투에서 패한 조조는 휘하 장수들과 대책을 의논했다. 우금이 먼저 입을 열었다.

"오늘 제가 산 위에서 보니, 복양 서쪽에 군사가 적은 진영이 하나 있었습니다. 그들은 승리에 도취하여 방심하고 있을 테니 오늘 밤 그곳을 야습하는 것이 어떻습니까? 그곳을 뺏는다면 우리 군사의 사기는 높아지고 적의 사기는 크게 떨어질 것입니다."

조조는 우금의 제안을 받아들여 밤이 되기를 기다렸다. 날이 어두워지자 마침내 조조는 조홍, 이전, 모개, 여건, 우금, 전위 여섯 장수와 군사 2만 명으로 야습을 감행했다.

한편, 여포는 승전을 축하하며 잔치를 열어 군사들을 위로하고 있었다. 이때 진궁이 걱정스러운 표정으로 여포에게 말했다.

"서쪽에 있는 거점은 우리에게 매우 중요한 곳이니 방비를 튼튼히 해야 합니다. 만약 조조가 야습이라도 하면 곤란합니다."

여포는 손을 저었다.

"첫 전투에서 패했는데 그럴 정신이 있겠소?"

여포가 진궁의 걱정을 대수롭지 않게 받아넘기자, 진궁은 거듭 충고했다.

"조조는 전략에 뛰어나니 모든 가능성에 대비를 해야 합니다."

이에 여포는 고순과 위속, 후성에게 군사를 주어 서쪽 거점으로 보냈다. 하지만 그들이 도착했을 때 진영은 이미 조조가 차지하고 있었다. 이에 고순은 위속, 후성과 함께 군사들을 이끌고 조조군을 공격했다. 양쪽 군사들은 어둠 속에서 적과 아군의 구분이 어려운 가운데 혼전을 벌였다. 어느새 날이 훤히 밝아 오고 있었다. 이때 갑자기 서쪽에서 요란한 북소리가 울려왔다. 군사 하나가 급하게 달려와 조조에게 보고했다.

"여포가 군사를 이끌고 달려오고 있습니다."

조조는 깜짝 놀라서 점령한 주둔지를 버리고 군사들에게 퇴각을 명했다. 고순과 위속, 후성이 이끄는 군사들은 도망가는 조조군을 추격했다. 조조가 한참을 도망가는데 이번에는 여포군이 그 앞을 막아섰다.

우금과 악진이 나가 여포군을 맞아 싸웠다. 그 틈에 조조는 북쪽으로 말을 몰아 달려갔다. 조조가 막 산모퉁이를 돌아가는데 이번에는 장료와 장패가 앞을 막아섰다. 이번에는 조홍과 여건이 그들을 맞아 싸웠고, 그 틈에 조조는 다시 서쪽으로 말을 몰아 달려갔다. 그러자 이번엔 학맹과 조성, 성렴, 송헌 네 장수가 앞을 가로막았다.

조조의 장수들이 필사적으로 적을 막는 동안 조조도 칼을 뽑아 휘두르며 앞으로 나아갔다. 그런데 이번엔 화살이 그를 향해 빗발쳤다. 위기일발[63]의 순간, 전위가 무게 80근이나 되는 창을 풍차처럼 휘두르며 쏟아지는 화살을 막아 냈다. 그러자 학맹 등 네 장수가 한꺼번에 전위에게 맹공을 가했다. 하지만 전위는 네 장수를 모두 격퇴했다. 전위의 기세에 놀란 학맹 등 네 장수가 달아나자, 그 부하들도 덩달아 도망치기에 바빴다.

전위의 활약으로 겨우 퇴로를 확보한 조조는 서둘러 자신의 진영을 향해 달려갔다. 그러나 얼마 가지 못해서 조조군은 다시 여포에게 쫓기는 신세가 되었다. 이때 하후돈이 군사들을 이끌고 나타나 여포의 군사들을 맞아 싸웠다.

조조군과 여포군이 치열한 전투를 벌이며 일진일퇴[64]를 거듭하고 있을 때, 하늘에서 갑자기 억수 같은 소나기가 쏟아졌다. 그 바람에 양군은 전투를 멈추고 각자 자신의 진영으로 돌아갔다.

복양성으로 돌아온 여포는 진궁을 불러 조조를 칠 방책을 의논했다. 진궁의 예측이 몇 차례나 적중하자, 여포는 이제 그의 의견을 무시할 수 없었다. 여포가 의견을 묻자 진궁은 미리 생각해 둔 계책을 들려주었다.

"복양성 안에 전씨 성의 부자(父子)가 있습니다. 그에게 거짓 편지를 쓰게 해서 조조를 유인하십시오."

여포는 곧 전 씨를 불러 조조를 유인할 거짓 편지를 쓰게 하여 조조에게 보냈다.

전씨 부자는 조조도 잘 알고 있었다. 그가 보낸 편지의 내용은 다음과 같았다.

'여포가 군사를 이끌고 여양으로 떠나서 지금 성안에 주둔한 군사의 수가 얼마 되지 않습니다. 이 기회에 성을 공격하면 쉽게 점령할 수 있습니다. 우리도 안에서 돕겠습니다. 오늘 밤 저녁 시간에 성 위에서 징을 쳐서 신호를 보낸 후 성문을 열겠습니다.'

조조는 편지를 읽고 크게 기뻐했다. 조조는 그 편지 내용을 신뢰하여 여양성을 공격하기로 했다. 그러자 책사 유엽이 조조에게 조언했다.

"만일에 대비해서 군사를 셋으로 나누고, 그중 한 부대를 선봉으로 삼아 공격하십시오. 나머지 부대는 유사시에 대비하십시오. 여포는 꾀가 없지만, 그의 곁에는 진궁이 있습니다."

조조도 그 말을 옳게 여겨 군대를 셋으로 나눈 뒤, 어둠을 틈타 복양성으로 쳐들어갔다.

저녁이 되자 성문 위에서 징 소리가 울리더니, 편지에 쓰인 대로 성문이 열렸다. 그러나 선봉에 섰던 이전은 성안의 공기가 너무 조용하여 문득 의구심이 들었다.

"주공께서는 성 밖에 계십시오. 일단 저희가 먼저 성안을 살펴보겠습니다."

조조는 고개를 저었다.

"그럴 필요까지 없네."

조조는 친히 선두에 서서 성안으로 달려 들어갔다. 그러나 성안에 사람 하나 보이지 않았다. 그제야 이상하게 생각한 조조는 급히 말을 세웠다. 이때 갑자기 사방에서 함성이 밤하늘에 울려 퍼졌다.

"퇴각하라! 적의 함정이다."

조조는 놀라서 퇴각 명령을 내렸다. 하지만 때는 이미 늦었다. 성벽 위에서는 돌덩이들이 쉴 새 없이 쏟아져 내렸고, 사방에서 횃불이 날아와 어둠을 밝혔다.

조조가 고개를 돌려 사방을 살피는데 동쪽 거리에서 장료가, 서쪽 거리에서는 장패가 군사를 이끌고 달려와 조조의 군사들을 공격했다. 겁을 집어먹은 조조군은 이리저리 헤매며 달아났고, 조조 역시 싸워 볼 엄두를 내지 못한 채 북문을 향해 달아났다. 그러나 미처 북문에 도착하기도 전에 이번에는 학맹과 조성이 나타나 앞을 가로막았다.

조조는 놀라서 다시 말 머리를 돌려 남문으로 향했다. 그러자 이번엔 고순과 후성이 어느새 도망치는 조조군의 뒤를 따라붙어 공격했다. 이에 전위가 두 눈을 부릅뜨고 이를 갈며 그들과 맞섰다.

고순과 후성은 함께 전위를 공격했으나 오히려 밀리자 싸움을 포기하고 달아났다. 전위는 그들의 뒤를 쫓다가 성문 앞에 이르렀다. 주변을 살피던 그는 비로소 조조의 모습이 보이지 않는 것을 깨닫고 다시 성안으로 말 머리를 돌렸다.

조조를 찾아다니던 전위는 이전과 마주쳤다. 이전 역시 조조를 찾아다니던 중이었다. 전위가 이전에게 말했다.

"성 밖으로 가서 구원을 요청해 주시오. 나는 주공을 찾아보겠소."

전위는 말을 마치자 조조를 찾아 달려갔다. 그러나 아무리 성안을 뒤져도 조조의 모습은 보이지 않았다. 이때 조조는 여포의 군사들을 피해 북문 쪽으로 도망치다가 방천화극을 든 여포와 마주쳤다.

조조는 그 순간, 너무 놀라서 심장이 멎는 줄 알았다. 하지만 누구보다 임기응변에 뛰어난 조조였다. 그는 손으로 얼굴을 가리고, 달리는 말에 채찍질을 가해 여포의 곁을 슬쩍 지나 달려갔다. 그런데 어느새 여포가 조조의 뒤를 쫓아와 화극으로 조조의 투구를 치며 물었다.

"조조는 어디에 있느냐?"

여포는 조조를 자기의 부하로 착각한 것이다. 조조는 가슴이 철렁했지만, 곧 정신을 가다듬고 자기가 가는 반대 방향을 가리키며 대답했다.

"저 앞에 황색 말을 타고 가는 놈이 조조입니다."

조조의 말에 여포는 속은 줄도 모르고 황색 말을 탄 자를 뒤쫓았다. 그제야 조조는 긴 숨을 몰아쉬며 동쪽 성문으로 달아나다가, 도중에 전위와 만났다.

전위는 조조를 호위하여 여포군을 뚫고 성문에 이르렀다. 성문은 불이 한참 타올라 불덩이가 되었고, 성문의 바닥도 성 위에서 던진 마른 풀 더미가 타올라 온통 불바다였다. 조조는 깊이 탄식했다.

"온통 불구덩이여서 여기로 나가기는 힘들겠구나."

그러자 전위가 결연한 표정으로 말했다.

"주공, 다른 곳도 마찬가지입니다. 제가 이 불구덩이를 뚫어 보겠습니다. 제 뒤를 바짝 따라오십시오."

전위가 창으로 불더미를 헤치며 앞장서자, 조조는 그 뒤를 바짝 따라갔다. 전위가 성문을 막 벗어났을 때, 한참 타오르던 대들보가 불덩어리째로 조조가 탄 말의 뒷다리를 쳤다.

말이 고꾸라지는 바람에 조조는 불덩어리 위에 떨어져 온몸에 화상을 입고 말았다. 전위가 깜짝 놀라서 조조를 구출하는데, 때마침 도착한 하후연이 전위를 거들었다.

전위와 하후돈의 도움을 받아 진영에 돌아온 조조는 상처를 치료받고, 장수들의 보고를 받았다.

"군사의 반 이상이 죽거나 포로가 되었습니다."

조조는 수심에 가득 찬 장수들을 돌아보더니, 갑자가 껄껄 웃었다. 장수들은 영문을 알 수 없다는 듯 서로 얼굴을 마주 보았다. 조조가 쓴웃음을 지으며 말했다.

"이 조조가 여포 따위의 계략에 당하다니, 참으로 부끄러운 일이다. 나도 여포에게 당한 패배를 계략으로 갚아 줄 것이다."

곽가가 말했다.

"저들을 물리칠 방책을 서둘러 마련해야 합니다."

조조가 고개를 끄덕였다.

"나는 상대의 계책을 역이용할 것이다. 내가 화상을 입어 죽었다는 소문을 적진에 퍼뜨리게. 그러면 여포는 반드시 공격해 올 것이다. 그때 나는 마릉산 숲속에 군사를 매복하고 여포의 군사가 반쯤 지나가기를 기다렸다가 그 중간을 칠 것이다. 여포의 군사들이 앞뒤로 분리되면, 우리는 쉽게 승리할 수 있을 것이다."

"참으로 좋은 계책입니다."

그제야 장수들은 무릎을 치며 웃었다.

다음 날, 조조의 군사들은 상복 차림으로 장례를 준비했다. 조조가 죽었다는 거짓 소문은 곧 여포의 귀에까지 들어갔다. 여포는 첩자를 보내 정보를 수집하게 했다.

"조조의 군사들이 장례식을 치르기 위해 마릉산으로 떠났습니다."

첩자의 보고를 받은 여포는 마음이 급해졌다. 그는 즉시 휘하의 장수와 군사들을 이끌고 마릉산으로 갔다. 이 기회에 조조의 세력을 송두리째 뿌리 뽑을 심산이었다.

여포가 조조의 주둔지 가까이 이르렀을 때였다. 갑자기 사방에서 함성과 함께 매복해 있던 조조의 군사들이 쏟아져 나왔다.

"이런, 속았구나!"

조조군의 기습 공격을 받은 여포군은 혼란에 빠져 우왕좌왕하다가 제대로 싸워 보지도 못하고 추풍낙엽처럼 쓰러졌다. 참패를 당한 여포는 가까스로 목숨만을 부지하여 복양성 안으로 도망쳤다.

조조는 여포를 성 밖으로 유인해 내려고 하였으나, 참담한 패배에 충격을 받은 여포는 성문을 굳게 닫고 움직이지 않았다.

26

맹장 허저

　한편, 서주 자사 도겸은 이때 나이가 예순셋이었는데 갑작스럽게 병을 얻어 중태에 빠졌다. 그는 유비에게 사자를 보내 초청한 후 서주를 맡아 달라고 부탁했다.

　"이 늙은이는 이제 세상을 떠날 때가 된 것 같소. 제발 서주를 맡아 주시오. 그래야만 내가 편하게 눈을 감을 수 있을 것 같소."

　유비는 사양했다.

　"태수께는 아들이 둘이나 있습니다. 왜 그들에게 자리를 물려주시지 않습니까?"

　도겸이 힘겹게 대답했다.

　"그 아이들은 큰일을 감당할 만한 인재들이 못 되오. 혹여 이 늙은이가 죽은 후에라도 그대는 내 자식들에게 절대 중책을 맡기면 안 됩니다."

"저 역시 서주를 감당할 만한 위인이 못 됩니다."

유비의 대답에 도겸이 손을 저었다.

"그렇지 않소. 유비 공이야말로 적임자요. 내 그대를 보필할 인재를 추천할 테니 더는 사양하지 마시오. 그 사람은 북해 출신의 손건이오. 그 사람이라면 분명 귀공을 잘 보필할 것이오."

도겸은 유비에게 말을 마친 후 미축을 돌아보며 당부했다.

"유 공은…… 이 시대의 영웅이니…… 그대는 잘 보필하시오."

도겸은 힘겹게 말을 마친 후 숨을 거두었다. 도겸의 장례를 치른 후 휘하 장수들은 유비에게 태수가 사용하는 도장을 바치고, 백성들도 눈물로 서주를 다스려 달라고 간청했다.

관우와 장비까지 나서서 거듭 권하자 유비는 마지못해 잠시나마 서주를 다스리기로 했다. 유비는 손건에게 청해 미축과 함께 종사관으로 삼고, 진등을 참모로 임명한 뒤 소패에 있던 군사들을 서주성 안으로 불러들였다.

한편, 조조는 도겸이 죽고 유비가 서주의 태수가 되었다는 소식을 듣고 크게 노했다.

"내가 아직 원수를 갚지 못했는데, 유비가 서주 땅을 차지하다니 이럴 수가 있단 말인가? 내 먼저 유비를 죽인 후 도겸의 시체를 도륙하여, 아버님의 원한을 씻어 드릴 것이다."

조조가 서주 정벌을 위해 군사를 일으키려고 하자 순욱이 말렸다.

"만약 서주를 정벌하기 위해 많은 군사를 동원하면, 이곳 연주를 지키는 병력이 부족하게 됩니다. 그 틈에 여포가 쳐들어오면 남은 병력으로 당해 내기 어려우니 필시 연주를 잃게 될 것입니다.

주공께서 연주를 버리고 서주를 취하는 것은, 큰 것을 잃고 작은 것을 취하는 것과 다름없습니다. 연주는 주공께서 대업을 이룰, 서주와 비교할 수 없을 만큼 중요한 터전입니다. 두세 번 깊이 생각하십시오."

"그대의 말도 일리가 있군. 하지만 우리는 지금 흉년으로 식량이 떨어져 가고 있네. 이곳을 마냥 지키는 것만이 좋은 방법은 아닐세."

"제게 좋은 방책이 있습니다. 지금 여남군과 영천엔 아직도 황건적 잔당이 활동하고 있습니다. 그들은 주변 고을을 노략질하여 많은 황금과 양식을 쌓아 두고 있습니다. 그 도적들을 쳐서 양식을 빼앗아 군량미로 삼는다면 조정에서 기뻐할 것이며, 백성들도 고마워하며 우리를 칭송할 것입니다."

조조는 순욱의 말을 옳게 여겨 즉시 출정 준비를 했다. 그는 하후돈과 조인에게 연주 땅을 지키게 하고 자신은 군사들을 이끌고 여남과 영천으로 향했다.

황건적의 잔당인 하의와 황소는 조조의 군사들이 온다는 보고를 받고 양산에 진을 쳤다. 조조는 양산에 도착한 후 전위를 선봉에 세워 싸우게 했다. 이에 하의도 휘하의 부장을 내보내어 맞서 싸우게 했다. 그러나 하의의 부장은 얼마 버티지 못하고 전위의 창에 목숨을 잃고 말았다.

전위는 그 여세를 몰아 황건적 진영으로 곧장 쳐들어갔다. 겁을 집어먹은 도적들은 제대로 싸워 보지도 못하고 도주하기에 바빴다.

조조는 단번에 황건적을 물리치고 양산에 진을 쳤다.

다음 날, 황소가 한 떼의 군마를 이끌고 와서 조조군의 진영 맞은 편에 진을 쳤다. 이때 황건적의 무리에서 거구의 사내가 크고 묵직한 쇠몽둥이를 들고 뚜벅뚜벅 걸어 나왔다.

"조조 이놈아! 나는 절천야차[65] 하만이다. 당장 나와서 한판 붙어 보자."

하만이 큰 소리로 외치자, 조홍이 말에서 뛰어내려 칼을 뽑아 들고 하만에게 달려갔다.

"이 무식한 도둑놈아! 우리 주공은 너 같은 시골뜨기와 싸우시지 않는다. 내 칼이나 받아라!"

두 장수는 이내 맞붙어서 치열하게 싸웠다. 막상막하의 결투는 40, 50합이 지나서야 승패가 났고, 조홍의 칼이 마침내 하만의 목숨을 빼앗았다. 그 모습을 본 이전은 적들이 당황하는 틈을 타서 재빨리 말을 달려 적진으로 뛰어들었다.

황소는 믿었던 하만이 패배하고 기습을 받자 허둥대다가 졸지에 이전에게 사로잡히고 말았다. 조조의 군사들이 때를 놓치지 않고 일제히 공격을 퍼부었다.

우두머리를 잃은 황건적은 크게 동요하며 갈팡질팡하다가 조조군의 공격을 받고 추풍낙엽처럼 쓰러졌다. 황건적 잔당의 두목 하의는 겨우 수백 명의 부하만 거느린 채 갈파 방면으로 도망쳤다. 그들이 막 산모퉁이에 접어들었을 때 한 무리의 군마가 마주쳐 왔다.

하의가 보니 무리의 선두에 선 자는 8척 장신에 항아리 같은 허리를 한 거구의 장수였다. 그 장수는 대뜸 하의를 향해 발길질했고, 가슴을 얻어맞은 하의는 그대로 말에서 떨어져 바닥에 나뒹굴었다. 그 장수는 거구의 몸에 어울리지 않게 날쌘 호랑이처럼 달려들어 하의를 포박했다.

하의의 부하들은 눈 깜짝할 사이에 우두머리가 포박을 당하자, 도망칠 생각을 버리고 그 자리에 엎드려 항복했다. 이때 하의를 추격하던 전위가 도착했다.

"웬 놈이냐? 너희도 황건적이냐?"

전위가 묻자 거구의 장수가 대답했다.

"황건적 수백 명은 내가 사로잡아 우리 마을에 묶어 두었다. 너는 누구인데 우리보고 황건적이라고 하느냐?"

"그렇다면 당장 그놈들을 내게 넘겨라."

전위가 그 장수를 향해 말했다.

"하하하, 정말 웃기는 녀석이구나. 다짜고짜 내가 포로로 잡은 자들을 넘기라니, 정 원한다면 내 손에 있는 칼을 빼앗아 보아라. 하지만 그 전에 목이 달아날 각오부터 해야 할 것이다."

거구의 장수가 비웃음을 흘리자 전위는 크게 화가 났다.

"오냐! 네놈이 무얼 믿고 도발하는지 내가 직접 확인해 봐야겠다."

전위가 쌍철극을 휘두르며 공격해 들어가자, 그 장수 또한 큰 칼을 뽑아 들고 맞섰다. 거구의 몸을 지닌 두 사람이 맞붙어 싸우자 마치 두 마리의 거대한 호랑이가 포효하며 뒤엉켜 싸우는 것 같았다.

쌍철극과 큰 칼이 부딪칠 때마다 불꽃이 사방으로 튀었다. 두 사람은 해가 질 무렵까지 싸웠으나 일진일퇴를 거듭하며 승패를 가르지 못했다. 지켜보던 전위의 부하 중 하나가 조조에게 가서 이 사실을 알렸다.

조조는 매우 놀랐다. 전위는 조조의 휘하 장수 중 무용이 으뜸가는 장수였다.

'전위가 온종일 싸우고도 승패를 가르지 못하는 상대가 있다니, 참으로 놀랍구나.'

조조는 휘하 장수들을 이끌고 급히 갈파로 달려갔다. 두 장수의 싸우는 모습을 목격한 조조는 감탄을 금치 못했다. 조조는 내심 그 장수를 휘하에 두고 싶은 욕심이 생겼다.

밤이 깊어 오자 두 장수는 다음 날 다시 싸우기로 약속한 뒤 각자 자신의 진영으로 돌아갔다.

이튿날, 조조는 함정을 판 뒤, 전위에게 적당히 싸우다가 상대를 그곳으로 유인하라고 지시했다.

전위는 30여 합을 겨룬 후 계획대로 말을 돌려 함정을 설치한 쪽으로 도망쳤다. 그러자 그 장수는 전위를 잡기 위해 뒤를 쫓았고, 마침내 함정에 빠져 사로잡혔다.

군사들이 그 장수를 결박하여 끌고 오자 조조는 짐짓 군사들을 꾸짖었다.

"네놈들은 어찌 이리 무례하단 말이냐? 내가 이분을 모셔 오라고 했지, 언제 포박하여 끌고 오라고 했느냐?"

조조는 친히 장수의 결박을 풀어 주고, 새 옷을 주어 바꿔 입게 했다. 조조가 부드러운 어조로 물었다.

"그대의 고향은 어디이며, 존함은 어떻게 되시오."

그 장수는 조조가 예를 갖추어 자신을 환대하자, 자신도 예를 갖추어 대답했다.

"저는 초국, 초현 사람으로 허저라 합니다. 황건적이 난을 일으켰을 때, 1만여 명의 도적들이 우리 마을에 들이닥쳐 약탈한 적이 있습니다.

당시 저는 마을 사람 수백 명과 함께 황건적을 물리쳤는데, 이후 놈들은 겁을 집어먹고 두 번 다시 우리 마을을 침범하지 않았습니다. 그런데 이번에 다시 황건적이 출몰했다는 소문을 듣고 놈들을 소탕하기 위해 이곳에 오게 된 것입니다."

조조는 허저의 말을 듣고 놀라는 기색을 감추지 못했다.

"내 그대의 명성은 이미 소문으로 들어 알고 있었소. 이렇게 직접 만나다니, 참으로 기쁘오. 나는 그대처럼 훌륭한 장수가 필요하오. 나에게 힘이 되어 주지 않겠소?"

허저의 입장에서는 사로잡혀 죽게 될 줄 알았다가 뜻밖의 제안을 받자 망설일 이유가 없었다.

"이 허저, 미력한 힘이나마 기꺼이 보태겠습니다."

허저는 그날로 일가친척과 마을 사람 수백 명을 이끌고 조조의 휘하에 들어왔다. 조조는 허저를 도위로 삼고 극진히 대우했다.

또한 황건적의 두목 하의와 황소는 목을 베고 포로가 된 황건적 잔당들은 여남과 영주 땅에서 농사를 짓게 했다.

조조가 군사를 이끌고 견성으로 돌아가자 조인과 하후돈이 나와서 맞이했다. 조인은 연주성의 상황을 보고했다.

"요즘 연주성을 지키는 설란과 이봉이 자주 군사를 이끌고 성 밖에 나가 노략질을 일삼고 있습니다. 놈들이 성을 비운 사이에 쳐들어가면 연주성을 쉽게 빼앗을 수 있습니다."

조조는 그 말을 듣자 즉시 군사를 이끌고 연주성으로 향했다. 설란과 이봉은 조조의 대군이 몰려온다는 보고를 받자, 즉시 군사를 이끌고 싸우러 나왔다. 허저가 조조에게 청했다.

"제가 주공을 모시게 된 기념으로, 저 두 놈을 잡아 첫 선물로 드리고 싶습니다."

조조는 크게 기뻐하며 허락했다. 허저가 적진을 향해 달려 나가자 이봉이 창을 휘두르며 맞섰다. 그러나 이봉은 겨우 두 차례 창을 휘두른 후 허저의 칼에 목이 달아났다. 이 모습을 지켜본 설란은 너무 놀라서 얼이 빠진 채 싸움을 포기하고 서둘러 도망쳤다. 그러나 어느새 이전이 달려와 그의 앞을 가로막자, 설란은 연주성을 포기한 채 거야 땅으로 달아났다. 하지만 얼마 가지 못해서 조조의 장수 여건이 쏜 화살에 맞아 말에서 떨어져 숨을 거두었다.

장수를 모두 잃은 군사들은 사방으로 흩어져 달아나거나 항복했다. 이렇게 해서 조조는 마침내 연주성을 수중에 넣었다. 이때 정욱이 조조에게 청했다.

"이 여세를 몰아 복양성까지 탈환해야 합니다."

이에 조조는 허저와 전위를 선봉으로 삼고, 하후돈과 하후연을 좌군, 이전과 악진을 우군으로 삼았다. 조조는 직접 중군을 맡아 군사를 거느리고 복양으로 진군했다.

27

여포, 소패성으로

조조의 진군 소식은 곧 여포의 귀에 들어갔다. 책사 진궁이 여포에게 청했다.

"지금 조조의 대군과 정면 승부를 벌이면 불리합니다. 성 밖에 있는 장수들이 모두 돌아오면 그때 싸우십시오."

그러나 여포는 손을 좌우로 휘저었다.

"나는 이 세상에서 두려운 게 없소. 조조의 군사가 수가 많다고 겁먹을 이 여포가 아니오."

여포는 진궁의 의견을 무시하고, 성안의 군사를 총동원하여 성 밖에 자리를 잡았다. 마침내 조조가 도착하자, 여포는 화극을 비껴들고 조조를 향해 욕설을 퍼부었다.

"조조, 이 도적놈아! 당장 나와서 목을 내놓아라!"

그러자 조조의 진영에서 허저가 달려 나와 여포에게 달려들었다.

두 장수의 창과 칼이 불을 뿜으며 맞부딪쳤다. 그 모습은 마치 용과 호랑이가 어우러져 싸우는 것처럼 맹렬하면서도 한편으로 신비롭기까지 했다. 양편의 군사들은 그들의 싸움을 넋을 놓고 바라보았다.

두 장수는 그렇게 20여 합을 싸웠으나 승부가 나지 않았다. 이에 조조는 전위를 불러 허저를 돕게 했다. 그러나 여포는 전위와 허저의 협공을 받고도 전혀 위축되지 않았다.

"과연 여포의 무용은 명불허전[66]이로다."

조조는 여포의 힘에 감탄하며, 하후돈과 하후연, 이전과 악진 네 장수를 한꺼번에 출전시켜 여포를 사로잡게 했다. 허저와 전위는 정면, 하후돈과 하후연은 왼쪽, 이전과 악진은 오른쪽에서 여포를 포위하고 맹공을 가하였다.

아무리 여포가 천하무적이라고 해도 한꺼번에 당대의 맹장 여섯을 당해 낼 수는 없었다. 마침내 여포는 더는 버티지 못하고 말 머리를 돌려 성안으로 달아나려고 했다. 이때 성곽 위에서 싸움을 지켜보던 복양성의 부자 전 씨가 하인들을 시켜 성문을 닫게 했다. 그는 지난번 여포에게 협박을 당해 조조에게 거짓 편지를 썼던 사람이었다.

"당장 성문을 열어라!"

성안으로 들어갈 수 없게 된 여포가 고래고래 소리를 질렀다. 전씨는 여포를 내려다보며 고개를 저었다.

"내 지난날은 네놈의 협박에 굴복하여 본의 아니게 조 장군에게 죄를 지었다. 이젠 그 죄를 씻고자 나는 이 성을 조 장군께 바칠 것이다. 그러니 네놈은 이만 물러가라!"

여포는 그제야 전 씨가 배반한 것을 알고 한바탕 욕설을 퍼부었다. 하지만 조조의 장수들이 추격해 오자 더는 그곳에 머무를 수 없어 말 머리를 돌려 정도 방면으로 달아났다.

이때 성안에 있던 진궁은 전 씨의 배신을 눈치챘으나 달리 방도가 없었다. 성안에 여포의 군사는 그 수가 적었고, 전 씨의 세력은 막강했기 때문이다. 진궁은 급히 여포의 가족들을 데리고 몰래 성을 빠져나와 여포의 뒤를 따랐다.

복양성을 되찾은 조조는 큰 공을 세운 전 씨에게 지난날의 잘못을 용서해 주었다. 연주와 복양성을 되찾은 조조가 휴식을 취하고 있을 때, 모사 유엽이 조조에게 진언했다.

"여포의 용맹은 천하에 따를 자가 없습니다. 이대로 놓아두면 반드시 군사를 일으켜 쳐들어올 것입니다. 여포가 힘을 회복하기 전에 공격하여 걱정거리를 없애야 합니다."

조조는 유엽의 의견을 받아들였다. 조조의 관점에서 여포는 언젠가는 반드시 제거할 대상이었기 때문이다. 조조는 유엽에게 복양성을 맡기고, 자신은 직접 군사를 이끌고 여포를 뒤쫓았다.

이때 여포는 장막, 장초와 함께 정도성 안에 있었다. 고순과 장료, 장패, 후성은 식량을 구하러 나가서 아직 돌아오지 않았다.

조조는 정도에 도착하여 여포에게 싸움을 걸었으나 여포는 성안에서 움직이지 않았다. 이에 조조는 정도성에서 40리나 떨어진 제군에 주둔지를 세웠다. 마침 그 주변에는 수확을 앞둔 보리가 탐스럽게 익어 가고 있었다.

조조는 군량미로 사용하기 위해 군사들에게 보리를 베게 하였다. 군량미가 떨어져 큰 어려움에 빠진 여포는 그 소식을 듣자 군사를 이끌고 조조의 진영으로 갔다. 조조군이 수확한 보리를 빼앗기 위해서였다.

여포가 조조의 진영을 살펴보니 그 왼쪽에 숲이 있었는데, 적병이 매복하기에 좋은 장소였다. 여러 차례 조조의 계략에 당했던 여포는 그 숲속에 복병이 있을 것으로 판단하여 싸움을 포기한 채 정도성으로 돌아갔다. 여포는 진궁과 함께 조조군을 쳐부술 방법을 모색했다.

"조조는 병법에 능한 자이니 섣불리 공격하면 안 됩니다."

진궁의 말에 뜻밖에도 여포가 대책을 내놓았다.

"조조는 분명 숲속에 군사를 매복시킬 것이오. 나는 화공으로 적의 복병을 섬멸하겠소."

진궁은 여포의 말이 그럴싸하게 느껴져 찬성했다.

다음 날, 여포는 진궁과 고순에게 정도성을 맡기고, 대군을 동원하여 조조의 진영이 있는 제군으로 향했다.

조조의 영채가 가까워지자 여포는 숲 쪽을 살폈다. 여포의 예상대로 숲에는 무수한 깃발이 바람에 나부끼고 있었다.

여포는 숲을 포위하고 군사들에게 명하여 불을 지르게 했다. 그러나 불길 속에서 뛰쳐나와야 할 조조의 군사는 한 명도 없었다.

조조는 이미 여포의 전략을 꿰뚫고 있었다. 그래서 숲에 깃발을 꽂아 군사들이 매복한 것처럼 속였다. 여포는 그제야 속은 것을 직감하고 군사를 돌리려고 했다. 하지만 이미 늦었다.

천지를 진동하는 북소리와 함께 사방에서 군사들의 함성이 들려왔다. 곧이어 요란한 말발굽 소리와 함께 사방에서 조조의 군사들이 몰려왔다.

여포가 놀라서 돌아보니 선두에 달려오는 장수는 하후돈, 하후연, 허저, 전위, 이전, 악진이었다. 며칠 전에 그들과 겨루다가 쫓겨 달아났던 여포는 싸움을 포기하고 말 머리를 돌려 달아났다. 그 뒤를 따라 달아나던 여포의 부장 성렴은 이전의 화살에 맞아 목숨을 잃었다.

상황이 이렇게 되자 여포의 부하들은 지리멸렬[67]하였다. 이날 여포는 휘하 군사의 3분의 2를 잃었다.

패잔병 하나가 정도성에 달려와서 진궁에게 전황을 알렸다.

"군사를 그렇게 많이 잃었다면 이 성도 지킬 수 없다. 어서 떠나야겠다."

진궁은 고순과 함께 여포의 가족을 데리고 정도성을 서둘러 빠져나갔다. 조조는 승리의 여세를 몰아 파죽지세로 정도성을 쳐들어갔다. 미처 성을 빠져나가지 못한 장초는 스스로 목숨을 끊었고, 장막은 원술에게 몸을 의탁하기 위해 달아났다.

이렇게 하여 산동 일대는 다시 조조의 수중에 들어갔다. 조조는 백성들을 위로하고 모든 성곽을 수리하게 했다.

한편 조조에게 패한 여포는 뒤쫓아 온 진궁과 만났고, 뿔뿔이 흩어졌던 장수들을 모아 군사들을 수습했다.

"갈 곳이 없어졌으니, 잠시 원소에게 의탁하는 것이 어떻겠소?"

"먼저 사람을 기주로 보내 원소의 움직임부터 살핀 뒤 가는 것이 좋겠습니다."

여포는 원소에게 의탁하기 위해 사람을 보내 자기 뜻을 전했다.

원소는 책사 심배에게 의견을 물었다.

"여포를 받아 주면 안 됩니다. 그는 천하무적의 장수이지만 승냥이와 같은 성정을 가지고 있습니다. 만약 그가 연주를 차지했다면, 다음에는 반드시 이 기주를 노렸을 것입니다. 오히려 조조를 도와 여포를 치는 것이 훗날의 근심을 없애는 방책입니다."

원소는 심배의 말에 고개를 끄덕였다.

"옳은 말이다."

원소는 즉시 휘하의 장수 안량에게 군사 5만 명을 주어 조조를 돕게 했다. 이 사실은 여포의 귀에도 들어갔다. 여포는 당황해서 진궁에게 의견을 물었다.

"듣자 하니 최근에 유비가 서주의 자사가 되었다고 합니다. 그곳으로 가시지요."

여포는 진궁의 의견대로 유비에게 사람을 보낸 뒤 서주로 향했다. 유비는 여포가 사람을 보내 거두어 줄 것을 청하자 휘하의 장수들과 이 일을 의논했다.

"여포 같은 당대 최고의 영웅이 갈 곳이 없다니, 가슴 아픈 일이오. 내 그를 기꺼이 받아들이겠소."

그러자 미축이 반대했다.

"여포는 믿을 자가 못 됩니다. 그런 자를 받아들이면 반드시 후환이 생길 것입니다."

관우와 장비는 미축의 말에 공감하여 고개를 끄덕였으나, 유비는 고개를 저었다.

"지난날 여포가 연주를 공격하지 않았다면, 서주는 조조의 수중에 떨어지고 말았을 거요. 여포가 곤경에 빠져 나를 믿고 오는 처지가 되었는데, 어찌 그가 우리에게 창을 겨누겠소?"

유비는 휘하 장수들을 거느리고 서주성 밖 30리까지 나가서 여포를 맞이했다.

여포는 유비가 반갑게 맞이하자 감격하여 말에서 내린 후 예의를 갖추었다.

"나는 왕 사도와 뜻을 모아 동탁을 죽여 나라를 바로잡으려 했소. 그런데 이각과 곽사가 난을 일으키는 바람에 정처없이 떠도는 몸이 되었소. 때마침 조조가 까닭 없이 서주를 침공하자 유 공은 망설이지 않고 서주를 구원했소. 당시 나는 연주를 공격하여 조조의 힘을 분산시키려다가 도리어 놈의 간교한 책략에 넘어가 패하고 말았소. 이제 유 공과 함께 조조를 치고자 하는데 공의 생각은 어떠시오?"

여포가 묻자 유비가 대답했다.

"도겸 공께서 세상을 떠나신 후 뜻하지 않게 제가 서주를 잠시 맡아 관리하고 있었습니다. 이제 장군께서 오셨으니 서주 땅을 제가 넘겨 드리는 것이 도리라고 생각합니다."

유비는 말을 마친 후 태수의 작위를 표시하는 도장을 가져오게 해서 여포 앞에 내밀었다. 여포는 그것을 받으려다가 유비의 등 뒤에서 관우와 장비가 두 눈을 부릅뜨고 자신을 노려보는 것을 발견했다. 그는 내밀었던 손을 재빨리 거두며 억지웃음을 지었다.

"나는 서주를 다스릴 만한 자격이 없는 사람이오. 더구나 유 공의 자리를 어찌 욕심내겠소?"

여포가 사양했지만, 유비가 거듭 권하자 여포의 곁에 선 진궁이 나서서 말렸다.

"저희 주군께서는 서주를 빼앗을 마음이 털끝만큼도 없습니다. 제 말을 믿으신다면 유 공께서는 더는 권하지 말아 주십시오."

진궁까지 만류하고 나서자 유비도 더는 권하지 않았다. 그 대신 주연을 베풀어 여포 일행을 대접한 후 그들이 편히 지낼 수 있도록 숙소를 마련해 주었다.

다음 날, 여포는 유비의 친절에 보답하기 위해 자신의 숙소에 술상을 차려 놓고 유비와 관우, 장비를 초대했다. 그런데 몇 차례 술이 오가며 기분이 좋아진 여포가 그만 유비를 아우라고 불렀다. 그러자 여포를 탐탁하지 않게 여겼던 장비가 두 눈을 부릅뜨며 호통을 쳤다.

"이 근본도 없는 놈아. 네놈이 뭐라고 감히 우리 형님께 아우라고 하느냐? 우리 형님은 황제 폐하의 숙부뻘이 되시는 귀한 분이시다. 내 오늘 네놈과 더불어 사생결단을 내야겠다!"

장비가 여포의 말버릇을 문제 삼아 폭주하자, 술자리의 분위기가 갑자기 싸해졌다.

"장비, 이게 무슨 짓이냐? 여기 계신 여포 장군은 당대 최고의 영웅이시다. 나를 형제로 여겨 주시는데 고마워하지 못할망정 어찌 무례를 범한단 말이냐?"

유비는 장비를 꾸짖어 밖으로 내보낸 후 여포에게 정중히 사과했다.

"여 장군, 제 아우가 무례를 범한 점, 제가 대신하여 사과를 드리겠습니다. 부디 용서하십시오."

그러나 이 일로 불편해진 여포는 고민 끝에 서주를 떠나려 했다. 다음 날, 날이 밝자 여포는 유비에게 작별을 고했다.

"유 공의 아우님들이 저를 그토록 싫어하시니 어쩔 수 없이 다른 데 의지할 곳을 찾아볼까 하오."

유비는 깜짝 놀라며 여포를 만류했다.

"장군을 이대로 보내면 제가 죄를 짓게 됩니다. 제 아우들이 불편하시다면 가까운 곳에 소패성이 있으니 그곳에 머무시는 게 어떻습니까? 생활하는 데 필요한 건 제가 모두 지원해 드리겠습니다."

"유 공께서 이렇게까지 마음 써 주시니, 이 은혜를 어떻게 보답해야 할지 모르겠소."

이렇게 해서 여포는 소패성에 자리를 잡게 되었다.

28

다시 낙양으로

이 무렵 조정의 실권은 이각과 곽사의 수중에 들어가 있었다.

이각은 스스로 대사마가 되고 곽사는 스스로 대장군이 되어 동탁 못지않은 폭정을 일삼았다.

이각과 곽사가 황제를 협박하고 안하무인으로 권력을 휘두르자 일삼자 이를 보다 못한 조정 대신 양표와 주준은 그들을 주살하기로 결의했다. 그들은 헌제의 허락을 받아 산동을 평정한 조조를 조정으로 불러들였다. 또한, 양표는 곽사의 부인이 질투가 심하다는 정보를 입수하고, 자신의 아내를 시켜 곽사가 이각의 아내와 정을 통한다는 거짓말을 하게 했다.

질투심에 불타오른 곽사의 아내는 사실 여부를 알아보지도 않고 남편의 외도를 확신했다. 이각이 곽사를 초대해도 곽사의 부인은 못

가게 말렸다. 또한, 남편에게 이각은 믿을 수 없는 사람이니 멀리하라고 충고했다. 하지만 그때마다 곽사는 이각은 친형제와 다름없는 사람이라며 아내를 나무랐다.

　어느 날 이각은 잔치를 열고 곽사를 초대했다. 이날도 곽사의 부인은 남편의 외출을 강력하게 막았다.

　이튿날 아침, 이각은 하인을 시켜 잔치에 오지 않아 섭섭했다는 전갈과 함께 곽사의 집으로 술과 안주를 보냈다. 곽사의 아내는 남편과 이각의 사이를 갈라놓을 기회로 여겨, 그 술에 몰래 독약을 탔다. 곽사가 술잔을 입으로 가져가자 아내가 말렸다.

　"밖에서 가져온 음식을 어떻게 믿고 드시려고 하세요. 잠깐만 기다려 보세요."

　곽사의 아내는 마당의 개에게 술잔을 가져다 놓았다. 개는 술을 몇 번 핥더니 갑자기 깽깽거리며 날뛰다가 곧 사지를 쭉 뻗고 피를 토하며 죽었다. 곽사의 아내가 호들갑을 떨며 말했다.

　"에구머니나! 저, 저것 보세요. 이각의 집에서 독약을 탄 술을 보낸 거예요."

　곽사는 큰 충격을 받았다. 아내가 그동안 이각에 대해 어떤 말을 해도 추호의 의심 없이 굳건한 믿음을 가졌던 그였다. 하지만 눈앞에 벌어진 현실에 이각을 의심하지 않을 수 없었다. 이때부터 곽사는 이각에 대한 의심을 하기 시작했다.

하루는 곽사가 조정에서 퇴궐하던 중 이각과 마주쳤다. 이각이 곽사를 자기 집으로 청하자, 곽사는 이런저런 핑계를 대며 사양했다. 그러나 이각은 강제로 이끌다시피 하며, 기어코 곽사를 집으로 데려갔다.

이각은 산해진미가 가득한 술상을 내오게 한 뒤 곽사에게 술을 권했다. 곽사는 내키지 않는 술을 억지로 마셨다. 밤이 늦어서야 집으로 돌아온 곽사는 갑자가 배가 아프기 시작했다. 곽사의 아내가 옆에서 빈정거렸다.

"참으로 딱하시오. 지난번 그 일을 겪고도 이 사마와 술을 마셨단 말인가요?"

곽사의 아내는 하인을 시켜 묽은 똥을 가져오게 했다. 똥물을 마신 곽사는 뱃속에 든 것을 모두 토해 내고서야 복통이 가라앉았다. 곽사는 이를 갈았다.

"이각. 이노옴! 내 너와 함께 목숨을 걸고 큰일을 진행해 왔는데, 어찌 나를 죽이려 한단 말이냐. 내가 먼저 그놈을 죽이지 않으면, 그놈 손에 내가 죽겠구나."

곽사는 이각을 치기 위하여 즉시 군사들을 동원했다. 그러나 이 사실은 곧 이각의 귀에 들어갔다.

"뭐라고? 곽사가 나를 치러 오고 있다고! 이놈이 혼자서 권력을 독차지할 속셈이구나. 어쩐지 그동안 나를 피한다 했다."

이각도 즉시 군사를 소집하여 곽사를 치러 나갔다. 두 장수가 거느린 군사만 수만 명이 넘었다.

두 군대가 장안의 밤거리에서 전투를 벌이자 도성은 순식간에 수라장으로 변했다. 한편으로 군사들은 그 와중에 노략질까지 일삼았다.

곽사는 심지어 궁전을 불태우고, 궁녀들을 자신의 진영으로 끌고 갔다.

이때 이각의 조카 이섬은 헌제와 복황후를 수레에 태워 미오성으로 데려가서 유폐시켰다. 그 사실을 알게 된 곽사는 군사를 이끌고 이각의 진영으로 쳐들어갔다.

이각도 군사를 이끌고 곽사의 군사들과 맞서 싸웠다. 이들은 서로 황제를 차지하겠다며 치열한 전투를 벌였다. 그러나 전력이 엇비슷하여 쉽게 승부가 나지 않았다. 그러자 이각이 곽사를 향해 소리쳤다.

"네놈이 황제를 모셔 가겠다니, 군사를 물리고 나와 너 단둘이서 결판을 내자. 이긴 쪽이 황제를 차지하는 거다."

"좋다. 우리끼리 결판을 내자!"

두 장수는 말을 달려 나와 싸웠다. 창과 칼이 부딪칠 때마다 불꽃이 튀었고, 두 마리의 말이 거친 숨을 몰아쉬며 움직일 때마다 흙먼지가 피어올랐다. 그렇게 10여 합을 주고받았으나 좀처럼 승부는 나지 않았다. 이때 성안에서 태위 양표가 말을 달려 나와 두 장수의 싸움을 말렸다.

"싸움을 멈추시오. 황제 폐하의 명령이오! 두 분은 싸움을 멈추고 각자 군사를 거두어 돌아가시오. 만약 황명을 어기면 스스로 역적이라는 것을 인정하는 것이오."

양표의 말에 이각과 곽사는 할 말을 잊었다. 서로 상대를 역적으로 몰아세우던 터여서 황명을 거역할 수 없었다. 곽사와 이각은 하는 수 없이 군사를 거두어 각자 자신의 진영으로 돌아갔다. 그러나 이후로도 두 장수의 싸움은 계속되었고, 2개월이 지나도록 승패를 가리지 못했다.

이 무렵 헌제는 여전히 이각에 의해 미오성에 유폐되어 있었고, 조정의 중신들은 곽사의 진영에 볼모로 사로잡혀 있었다. 이때 섬서성에서 주둔하고 있던 장제가 대군을 이끌고 와서 두 사람에게 화해를 권했다.

곽사와 이각은 오랜 싸움으로 전력이 약화되었고, 장제의 대군을 적으로 맞아 싸울 자신도 없어 화해를 받아들였다. 헌제는 비로소 유폐 생활을 벗어났고, 볼모로 잡혀 있던 중신들도 풀려나 자유의 몸이 되었다.

헌제는 장제의 공을 치하하고 그를 표기장군에 봉하였다. 장제는 기뻐하며 표문을 올려 아뢰었다.

"궁전이 모두 불에 타서 폐허가 되었으니 낙양이 있는 홍농군으로 행차하심이 좋을 듯합니다."

"짐도 늘 낙양이 그리웠소. 이 기회에 돌아가야겠소."

헌제는 기뻐하며 양봉의 장수 서황, 황제의 외척 동승 등과 함께 낙양으로 향했다. 헌제 일행이 낙양에 도착했을 때 궁전은 이미 잿더미가 되었고, 그 자리에는 잡초만 무성하였다. 폐허가 된 낙양은 몇 년째 흉년이 겹쳐 백성을 찾아보기 어려웠고, 황제의 수라상에 올릴 양식조차 걱정할 처지였다.

어느 날 태위 양표가 헌제에게 진언했다.

"지난날 폐하의 조서를 받았으나, 경황이 없어서 아직 조조에게 보내지를 못했습니다. 지금 조조는 산동을 평정하고, 휘하에 용맹스러운 장수와 20만 대군을 거느리고 있으니, 그를 조정으로 불러들여 황실을 돕게 하십시오."

헌제는 즉시 사신을 산동으로 보내 조조에게 조서를 전하도록 했다.

29

조조, 대권을 거머쥐다

한편 조조는 황제가 낙양으로 돌아왔다는 소식을 듣고, 모사 순욱을 불렀다.

"소식을 들으니 황제께서 낙양으로 오셨다고 하오. 그러나 낙양은 폐허가 되었으니 변변한 거처조차 마련하기 어렵고, 호위하는 군사 또한 부족하여 많은 어려움을 겪고 계실 것이오. 신하 된 도리로서 어찌하면 좋겠소."

"지금 황제께서 곤궁한 처지에 놓였으니, 주공께서 폐하를 받들어 민심을 대변하시면, 만인의 존경을 받으며 큰일을 성취할 수 있습니다. 천재일우[68]의 기회를 놓치지 마십시오."

순욱의 말에 조조는 매우 기뻤다. 그는 즉시 군사를 일으킬 준비에 들어갔다. 이때 조정에서 사신이 찾아왔다. 조조는 예를 갖추고 황제의 명령을 받들었다. 그리고 즉시 군사를 일으켰다.

이때 낙양의 헌제는 또다시 위기를 맞았다. 이각과 곽사가 군사를 이끌고 낙양으로 쳐들어오고 있었기 때문이다.

"조조를 데리러 산동으로 간 사자가 아직 돌아오지도 않았는데, 이각과 곽사가 쳐들어오고 있으니 이를 어찌하면 좋겠소?"

양봉과 한섬이 아뢰었다.

"신들이 죽기를 각오로 싸워 폐하를 보호하겠나이다."

그러자 동승이 말했다.

"두 분의 뜻은 매우 훌륭하오. 하지만 우리의 병력으로는 적의 대군을 막아 내기란 무리요. 차라리 폐하를 모시고 안전하게 조조가 있는 산동으로 피하는 것이 어떻겠소?"

황제는 동승의 의견을 좇아 그날로 수레를 타고 산동으로 향했다. 타고 갈 말조차 없던 백관들은 모두 걸어서 뒤를 따라야 했다.

황제의 행렬이 낙양성을 떠나 얼마 가지 못했을 때였다. 저편에서 북과 징 소리가 크게 울리더니 많은 군사가 몰려왔다. 황제 일행이 놀라서 바라보니 맨 앞에 말을 달려오는 사람은 조조에게 보냈던 사신이었다. 그는 황제의 수레 앞에 이르러 절하고 아뢰었다.

"조조 장군은 조서를 받고 낙양으로 달려오던 중 이각과 곽사가 낙양을 공격한다는 소식을 듣고, 폐하를 호위하기 위해 군사 5만 명을 먼저 이곳으로 보냈습니다."

선봉대를 이끌고 온 하후돈과 전위, 허저 등이 황제에게 예를 올렸다. 헌제는 기뻐하며 그들의 노고를 위로했다.

그 뒤를 이어 조홍과 이전, 악진 등 장수들도 군사를 이끌고 당도하여 황제에게 절했다.

"조조 장군께서 적군이 가까이 온 것을 아시고, 선봉대를 지원하기 위해 저희를 먼저 보내셨습니다."

"조 장군이야말로 황실을 지키는 수호신이로다."

헌제는 조조를 치하하고, 조홍으로 하여금 자신이 탄 수레 앞에서 군사를 이끌게 했다. 이렇게 하여 황제는 단번에 8만 대군의 호위를 받으며 낙양으로 돌아갔다.

한편, 이각과 곽사의 군대는 황제의 행렬을 뒤쫓다가 전방에서 생각지도 못한 대군이 갑자기 몰려오자 어리둥절했다. 그들이 상황을 채 파악하기도 전에 조홍과 하후돈의 군사들이 좌우에서 덮쳐 왔다.

조조 휘하의 맹장들과 잘 조련된 산동의 군사들은 오합지졸인 이각과 곽사의 군대를 단숨에 격파했다. 이각과 곽사의 군사들은 순식간에 1만여 명이 목숨을 잃었다. 이각과 곽사는 겁을 집어먹고 황급히 군사를 돌려 달아났다.

이에 조홍과 하후돈은 황제를 낙양성에 모시고, 성 주변에 군사를 주둔시켰다.

다음 날, 조조는 대군을 이끌고 낙양에 도착해서 성 밖에 군사를 주둔시킨 후 성안으로 들어가 황제를 알현했다.

"신은 지난날 나라의 은혜를 입었기에 항상 보답할 길을 모색하고 있었습니다. 이제 곽사와 이각 두 역적의 죄가 땅을 덮고 하늘에 닿았으니, 신은 20만 대군을 이끌고 역적들을 쳐서 나라의 은혜에 보답하고자 합니다. 폐하께서는 심려하지 마시고 옥체를 잘 보존하소서."

이에 헌제는 크게 기뻐하며, 조조를 사례교위로 봉한 뒤 절월을 하사하고 녹상서사를 겸임하게 했다. 이렇게 하여 조조는 하루아침에 당당한 정승의 지위에 올랐다.

한편, 이각과 곽사는 자신들을 공격했던 군대가 산동에서 온 조조의 군사들이라는 걸 나중에야 알게 되었다. 권세를 잡고 조정을 쥐락펴락했던 이각과 곽사가 보기에 지방의 수장인 조조는 그리 대단한 인물이 아니었다. 그들은 첫 전투에서 조조군에게 패한 원인이 갑작스러운 공격을 받았기 때문이라고 여겼다. 이각과 곽사는 머리를 맞대고 조조군을 공격할 방책을 세웠다. 하지만 모사 가후는 그들을 말렸다.

"조조와 싸워서는 안 됩니다. 조조의 군사는 모두 날랜 자들만 뽑아 조련한 정예병이며, 휘하의 장수들은 하나같이 뛰어난 맹장입니다. 차라리 항복해서 지난날의 죄를 씻고 목숨을 건지는 것이 현명합니다."

"이놈! 항복이라니, 지금 무슨 헛소리를 지껄이는 것이냐?"

이각은 불같이 화를 내며, 칼을 뽑아 가후의 목을 치려고 했다. 이에 곁에 있던 장수들이 모두 나서서 말려 가후는 겨우 죽음을 면했다. 가후는 이각과 곽사의 운이 다했음을 깨닫고, 그날 밤 몰래 고향으로 떠났다.

다음 날, 이각과 곽사는 군사를 동원하여 조조군과 전투에 나섰다. 이각은 자신의 조카 이섬과 이별을 선봉에 세웠다. 조조는 허저에게 그들을 상대하게 했다. 허저는 나는 듯이 말을 달려 적진으로 가서 이섬을 단숨에 베어 버렸다. 이에 놀란 이별은 말에서 굴러떨어졌고, 허저는 그의 목마저 베어 진영으로 돌아왔다. 이 일이 얼마나 순식간에 일어났는지, 적들은 대응도 못 한 채 넋이 나간 듯 바라볼 뿐이었다.

조조는 허저의 활약에 아낌없는 찬사를 보냈다.

"그대는 참으로 나의 번쾌[69]로다."

조조는 하후돈에게 우군을, 조인에게 좌군을 맡기고 자신은 중군을 거느리고 이각과 곽사의 군대를 향해 총공세를 펼쳤다. 이각과 곽사의 군대는 조조군의 총공세를 버텨 내지 못하고 삽시간에 전열이 무너졌다. 이에 이곽과 곽사는 싸움을 포기하고 달아났다. 조조는 군사들을 이끌고 밤이 새도록 그들을 추격하니, 죽거나 부상한 자가 부지기수[70]였고, 항복하는 자 또한 그에 못지않았다.

이각과 곽사는 겨우 목숨을 건진 채 소수의 군사만 이끌고 깊은 산 속으로 들어가서 숨었다.

헌제는 조조가 대승을 거두자 한층 더 조조를 믿고 의지하게 되었다. 이후 조정의 권세는 자연스럽게 조조의 것이 되고 말았다.

이때 자신의 입지가 좁아질 것을 염려한 양봉은 한섬을 찾아가 의논했다.

"조조가 큰 공을 세웠으니 앞으로 그의 세상이 될 것이오. 우리가 비록 황제 폐하를 모시는 공을 세웠다고 해도 조조가 과연 그것을 인정해 주겠소? 차라리 이각과 곽사의 잔당을 처치한다는 핑계로 일찍 몸을 빼서 후일을 도모하는 것이 어떻겠소."

한섬 또한 양봉과 생각이 다르지 않았다. 그들은 뜻을 모은 뒤 황제 앞에 나아가 아뢰었다.

"이각과 곽사의 군대를 물리쳤지만, 아직 두 역적 놈이 살아 있습니다. 그들이 또 무슨 짓을 저지를지 모르니 신 등이 가서 그들의 목을 베어 걱정거리를 없애겠습니다."

이각과 곽사의 만행으로 원한이 뼈에 사무친 헌제는 그들의 뜻을 가상히 여겨 이를 허락했다. 그들은 곧 군사를 이끌고 대량으로 떠나 버렸다.

어느 날 헌제는 조조를 불러 큰일을 의논하기 위해 정의랑 동소를 보냈다. 조조는 직접 동소를 맞이했는데, 그의 신수가 훤한 것을 보고 의아한 생각이 들었다.

'지금 낙양 일대는 큰 흉년이 들어서, 백성이나 벼슬아치 할 것 없이 모두 굶주려 하나같이 형색이 초췌하다. 한데 이 사람의 얼굴은 어찌 혈색도 좋고 윤기가 흐르는가?'

조조가 웃으며 물었다.

"동소 공의 얼굴을 뵈니 남달리 혈색이 좋으십니다. 혹시 비결이라도 있으십니까?"

"별다른 것은 없습니다. 다만 30년 전부터 자극적인 음식을 피하고 있습니다."

조조는 이해가 된다는 듯이 고개를 끄덕였다.

"그대의 벼슬은 어떻게 되시오?"

"저는 원래 효렴으로 천거받아 원소와 장양 밑에서 일했습니다. 황제께서 낙양으로 돌아오셨다는 소식을 듣고 찾아와 뵈었더니 정의랑에 임명하셨습니다. 저는 제음군 정도 출신으로 자는 공인이며, 이름은 동소라 합니다."

"오! 그대의 이름은 들은 바 있소. 여기서 뵙다니, 참으로 반갑소."

조조는 동소를 위하여 술자리를 마련하고 그 자리에 순욱도 불렀다. 그런데 술이 몇 차례 돌자 동소가 말했다.

"장군께서 의로운 군사를 일으켜 역적을 제거하셨고, 이제 조정에서 황제 폐하를 보좌한다면, 이는 춘추시대의 다섯 패자[71]에 버금가는 공적입니다.

다만 사람마다 성격도 다르고 의견도 달라서 장군의 뜻에 모두 복종하지는 않을 것입니다. 그런 점에서 낙양에 오래 머물면 좋지 않은 일이 생길 수도 있습니다."

조조는 동소의 말에 일리가 있다고 여겨 물었다.

"그럼 어떻게 하면 좋겠소?"

"장군의 본거지인 허도로 폐하를 모시는 것이 상책입니다. 하지만 지금 허도로 옮기면 당연히 반대 의견이 많겠지요. 그래도 남다른 일을 해야 남다른 공을 세우는 법이니, 장군께서 결단하시기 바랍니다."

조조는 동소의 손을 잡고 웃으며 말했다.

"그거야말로 내 뜻이오."

다음 날, 조조는 모사들과 함께 천도할 방법을 은밀하게 논의했다. 그리고 며칠 후, 마음의 결단을 내린 조조는 헌제를 찾아가 아뢰었다.

"장안은 황폐해진 지 오래여서, 궁궐과 성곽은 수리할 수 없는 지경입니다. 또한, 곡식을 옮겨 오기도 힘이 듭니다. 반면 허도는 성곽과 궁궐이 잘 갖춰져 있고, 물자도 풍부합니다. 신이 감히 바라건대, 허도로 도읍을 옮기심이 어떻습니까?"

헌제는 감히 따르지 않을 수 없었다. 여러 대신 또한 조조의 위세에 눌려 다른 의견을 내지 못하였다.

마침내 조조는 어가를 호위하여 허도로 출발했다. 그러나 채 몇 리를 가지 못해서 양봉과 한섬이 군사를 이끌고 나타나 길을 막았다. 양봉의 부장 서황이 앞으로 나서면서 큰소리로 외쳤다.

"조조는 폐하를 어디로 모시려고 하느냐?"

조조는 서황의 위풍당당한 모습에 비록 적이지만 감탄했다.

"허저는 나가서 서황과 대적하여 겨뤄 보아라."

허저는 기다렸다는 듯 말을 달려 나가서 서황과 겨루었다. 두 장수는 도끼와 칼을 무기로 50여 합을 겨뤘으나 승부가 나지 않았다. 그러나 두 장수 모두 지친 기색은 전혀 없었다. 조조는 싸움을 지켜보다가 돌연 징을 울려 허저에게 퇴각 신호를 보냈다. 허저는 영문도 모른 채 명령에 따라 일단 물러났다.

"서황은 참으로 비범한 장수요. 차마 죽이기 아까운 장수니 그를 내 사람으로 만들고 싶소. 누가 좋은 방법이 있으면 말해 보시오."

그러자 행군종사 만총이 나섰다.

"주공께서는 염려하지 마십시오. 서황은 저는 고향이 같으며, 어느 정도 친분도 있습니다. 제가 오늘 밤 서황을 찾아가 그를 설득해 보겠습니다."

그날 밤, 만총은 조조의 허락을 얻어 군졸로 변장한 후 서황을 은밀히 찾아갔다. 그는 양봉과 한섬을 조조와 비교하며 투항을 권유했다. 이에 서황이 난처한 듯 탄식했다.

"나도 양봉과 한섬이 대업을 이룰 만한 그릇은 못 된다는 걸 잘 아네. 하지만 그들을 따른 지 오래여서 차마 저버리기 어렵네."

"하지만 옛말에 '훌륭한 새는 나무를 가려서 깃들고, 어진 신하는 주인을 가려서 섬긴다'고 했네. 섬길 만한 주인을 만나고도 놓친다면 어찌 대장부라 하겠는가?"

마침내 서황은 결단을 내려 만총을 따라서 조조에게 귀순했다. 조조는 몹시 기뻐하며 그를 넉넉히 대접했다.

서황이 조조에게 귀순한 사실을 알게 된 양봉은 크게 분노했다. 양봉은 서황을 추격하다가 매복한 조조군의 공격을 받고 위기에 빠졌으나, 때마침 한섬이 군사를 이끌고 구원한 덕분에 겨우 목숨을 구했다. 하지만 그의 휘하 군사의 태반이 죽거나 항복하고 말았다. 한섬과 양봉은 더는 싸울 엄두를 내지 못하고 원술에게 의탁하러 갔다.

조조는 황제를 허도로 모신 후 궁전과 전각을 보수하고 종묘와 사직을 옮겨 모셨다. 이후 동승 등 열세 명을 열후에 봉하고, 조정 대신들과 장수들에 대한 논공행상[72]이 이뤄졌다. 조조 자신은 대장군 무평후가 되고 순욱은 시중 상서령, 순유는 군사, 곽가는 사마좨주로 삼았다. 하후돈, 하후연, 조홍, 조인은 모두 장군이 되고, 이전, 악진, 여건, 서황은 모두 교위, 허저와 전위는 도위가 되었다. 그 외 장수들에게도 공적에 따라 합당한 벼슬이 내려졌다.

이때부터 조정의 대권은 조조의 수중에 떨어져, 조정의 큰일은 먼저 그에게 알린 뒤에야 황제에게 아뢸 수 있었다.

30

장비의 실수

천도 후 조정이 안정되자, 조조는 모사들과 함께 유비와 여포를 어떻게 처리할지 의논했다.

"유비가 도겸이 죽은 후 서주를 물려받았고, 여포는 나에게 패한 뒤 유비에게 몸을 의탁하고 있소. 만에 하나 이 둘이 힘을 합쳐 쳐들어온다면 큰 걱정거리가 될 것이오. 근심거리를 제거할 방도가 없겠소?"

순욱이 대답했다.

"이호경식지계⁷³를 펴는 것이 어떻습니까? 유비는 서주를 다스리지만, 아직 조정에서 정식 임명을 받은 것은 아닙니다. 황제 폐하께 청하여 유비를 서주목으로 임명하신 다음, 은밀히 서신을 보내 여포를 죽이라고 하십시오. 그렇게 하면 여포도 유비를 죽이려 할 것인즉, 이는 곧 서주라는 먹이를 두고 두 호랑이를 다투게 만드는 것입니다."

조조는 순욱의 계책을 따랐다. 곧 황제에게 아뢰어 유비를 정동장군 의성정후로 봉하고 서주목으로 삼는다는 조서와 함께 여포를 죽이라는 한 통의 편지를 보냈다. 여포는 유비가 서주목이 되었다는 소식을 듣고 축하하기 위해 서주성으로 왔다.

여포를 죽일 수 있는 절호의 기회였다. 그러나 유비는 여포를 죽이지 않고 오히려 조조의 비밀 편지를 여포에게 보여 주었다. 여포가 감격하며 유비에게 말했다.

"이는 조조가 현덕 공과 나를 이간시키려는 계책이 분명합니다."

"맹세코 저는 그런 불의를 저지르지 않을 것입니다."

유비가 여포를 안심시키자 여포는 다시 한 번 유비의 넓은 도량에 감격하여 물러갔다.

조조가 서주로 보냈던 사자가 돌아와 그 사실을 조조에게 고했다. 계책이 실패로 끝나자 순욱이 다시 계책을 냈다.

"유비가 황제 폐하에게 은밀히 말씀을 올려 회남을 치려 한다고 원술에게 알려 주십시오. 그러면 원술이 분노하여 유비를 공격할 것입니다. 그때 주공께서는 유비에게 황제의 명령을 내려 원술을 토벌하게 하십시오. 이들이 서로 다투면 유비는 반드시 다른 마음을 품게 될 것입니다. 이것이 바로 구호탄랑지계[74]입니다."

조조는 크게 기뻐하여 순욱의 계책대로 진행했다. 결국, 유비는 조조의 계책인 줄 알면서도 황명을 거역하지 못하고 원술을 토벌하기 위해 나서야 했다.

유비는 장비에게 진등과 함께 성을 지키게 한 뒤 절대 술을 마시지 말라고 당부했다.

"아우는 취하면 군사를 심하게 매질하는 버릇이 있으니 절대 술을 마시지 말게. 또한, 모든 일을 쉽게 생각하고 남의 조언을 무시하는 버릇이 있으니 내가 마음을 놓을 수가 없네."

"형님, 걱정 마시오. 이제부터 절대 술을 입에 대지 않겠소. 부하들도 때리지 않고, 모든 사람의 조언을 귀담아듣도록 할 테니, 아무 염려 마시오."

유비는 장비의 약속이 미덥지 못해 진등에게도 당부했다.

"장비가 약속은 했지만, 나는 여전히 마음이 놓이지 않네. 그대는 장비가 술을 마시지 못하도록 감시하고, 모든 일에 실수가 없도록 장비를 잘 도와주게."

그러자 장비는 아끼던 술잔까지 깨뜨리며 술을 마시지 않겠노라고 다짐했다. 유비가 관우와 함께 남양으로 떠난 후 장비는 솔선수범하며 성을 두루 살폈다. 그런 장비를 보며 군사들도 자신의 임무에 충실했다.

하루는 장비가 큰 술통 하나를 열어 부하들에게 술잔을 돌리며 그들의 수고를 위로했다. 그러자 부하들이 술을 한 사발 가져와 바치며 말했다.

"장군께서 드시지 않으니 저희도 도저히 술이 넘어가지 않습니다. 한 잔만 드십시오."

이에 장비는 술잔을 물리치지 못하고 받아 마셨다. 그런데 이것이 문제였다. 일단 술이 넘어가자 발동이 걸린 장비는 연거푸 술잔을 들이켰다.

이때 술 창고지기의 보고를 받은 부장 조표가 놀라서 헐레벌떡 뛰어왔다. 그는 만취한 장비를 보자 어이가 없어 멍하니 바라보고만 있었다. 장비는 조표를 보자 그에게도 술잔을 돌리게 했다.

"저는 술을 마시지 못합니다."

조표는 당황하며 자리를 뜨려고 했다. 그러자 장비는 화를 벌컥 냈다.

"이놈, 내 명을 어기려 드느냐? 당장 저놈을 끌어내어 곤장 1백 대를 쳐라!"

장비의 불호령에 조표는 겁을 집어먹고, 당장 위기를 모면할 생각에 얼른 입을 열어 부탁했다.

"익덕 공, 술을 마시지 못한다는 것은 거짓이 아니오. 내 사위 여포의 체면을 보아서 인제 그만 용서해 주시오."

여포의 옛 부인이 바로 조표의 딸이었다. 그런데 조표가 장비에게 여포를 사위라고 언급한 것은 불난 곳에 기름을 끼얹은 것과 다름없었다. 여포라면 이를 갈며 싫어하는 장비는 속이 뒤틀릴 대로 뒤틀려 분노가 폭발했다.

"오냐, 이놈! 내 너를 정말로 곤장을 칠 생각은 아니었다. 그런데 네놈이 여포를 믿고 이토록 방자하게 구니 도저히 용서할 수가 없구

나. 너를 치는 것은 여포를 치는 것이다."

장비는 곧장 50대를 치고야 군사들이 간절히 말리는 것을 받아들여 조표를 풀어 주었다. 군사들의 부축을 받고서야 겨우 집으로 돌아온 조표는 장비에 대한 원한을 품고 이를 갈았다. 그는 편지를 써서 소패에 있는 여포에게 몰래 사람을 보냈다.

여포는 진궁과 함께 조표가 보낸 서찰을 읽었다.

'지금 서주성은 장비 혼자 지키고 있으며, 오늘은 군사들과 함께 술에 취해 곯아떨어졌으니, 만약 서주를 친다면 이보다 좋은 기회는 없을 것이오.'

서찰을 읽고 난 여포는 하늘이 주신 기회라고 생각했다. 만날 때마다 사사건건 트집을 잡는 장비를 언젠가 혼내 주겠다고 벼르던 여포였다. 진궁이 옆에서 그런 여포를 부추겼다.

"소패는 오래 머물 만한 곳이 아닙니다. 지금이 서주를 빼앗을 절호의 기회입니다. 이 기회를 놓치면 나중에 반드시 후회하게 될 것입니다."

이에 여포는 즉시 군사를 이끌고 서주성으로 향했다. 밤길을 달려 성문 앞에 도착한 여포는 큰 소리로 외쳤다.

"문을 열어라! 현덕 공께서 급한 일로 사람을 보내셨다."

조표는 여포에게 사람을 보낸 후 여포가 오기를 기다리고 있었다. 이미 성문지기도 모두 자기의 부하들로 교체한 후였다. 여포가 성문을 열라고 외치자 조표의 부하들은 성문을 활짝 열었다.

여포군이 함성을 지르며 성안으로 밀어닥치자 술에 취해 곯아떨어졌던 장비는 깜짝 놀라 벌떡 일어났다. 그러나 만취한 그의 몸은 뜻대로 움직여 주지 않았다.

"이게 도대체 무슨 일이냐?"

장비는 휘청이는 몸을 가누며 장팔사모를 들고 말 위에 몸을 실었다. 그러나 이미 때는 늦었다. 장비가 달려왔을 때 성안의 광장은 여포의 부하들로 가득 찼고, 사방에는 자기 부하들의 시체가 즐비했다.

장비는 분노로 온몸의 피가 끓어 올랐다. 그는 장팔사모를 휘두르며 여포군을 공격했다. 그러나 아직 취기가 가시지 않은 몸으로 제대로 싸울 수가 없었다.

서주성의 군사들 또한 술에 취한 상태에서 기습을 당하자 지리멸렬했다. 장비는 곧 여포군에 둘러싸여 위기를 맞았다. 이때 장비의 부장 열여덟 명이 혼란 속에서 그를 호위하며 동문을 열고 성을 빠져나갔다.

유비의 가족들이 모두 성안에 있었지만 그들을 돌볼 여력조차 없을 만큼 위급한 상황이었다. 이때 조표가 그런 장비를 뒤쫓았다.

"네 이놈, 장비야! 어디를 도망가느냐? 네놈의 목을 쳐 원한을 갚겠다. 게 섰거라!"

성을 빼앗긴 채 도망치던 장비는 조표의 목소리를 듣자 말 머리를 돌렸다. 조표를 향해 달려간 장비는 단 3합 만에 조표의 목을 베었다.

조표를 따르던 군사 1백여 명도 장비 일행의 공격을 받고 목숨을 잃었다. 장비는 그 길로 유비가 있는 회남 땅으로 갔다.

회남에 도착한 장비는 유비를 만나 울먹이며 서주성을 빼앗긴 경위를 설명했다. 유비는 한숨을 내쉬며 탄식했다.

"성을 얻었다고 기뻐할 게 무엇이며, 성을 잃었다고 근심할 것은 또 무엇이랴."

관우가 장비에게 물었다.

"형님의 가족들은 어떻게 되었느냐?"

"모두 성안에 계실 것입니다."

장비가 기어들어 가는 목소리로 대답했다. 그러자 관우가 격노하여 꾸짖었다.

"너에게 술을 삼가라고 그토록 당부하지 않았느냐? 사내대장부가 어찌 스스로 다짐했던 일을 어긴단 말이냐? 이제 성도 잃고, 형님의 가족들까지 적의 손에 넘겨주었으니 도대체 어쩔 작정이냐?"

그 말에 죄책감을 느낀 장비는 갑자기 칼을 빼 들고 자기 목을 찌르려고 했다. 유비가 황급히 칼을 빼앗아 던진 후 장비의 어깨를 토닥이며 부드럽게 말했다.

"옛사람이 이르기를 형제는 손발과 같고, 아내와 자식은 옷과 같다고 했다. 옷이야 해지면 다시 지을 수 있지만, 손발이 끊어진다면 어찌 다시 잇겠느냐? 비록 성과 가족은 잃었지만 그렇다고 어찌 형제의 의까지 끊겠느냐? 내 가족은 비록 잡혀 있지만, 여포가 해치지는 않을 것이네. 함께 구해 낼 방도를 찾아보세. 한때의 실수로 목숨까지 버려서야 되겠는가?"

유비가 눈물을 흘리며 타이르자, 관우와 장비도 유비의 너그러움과 깊은 정에 감격하여 함께 울었다.

여포가 서주를 차지했다는 소식은 곧 원술의 귀에 들어갔다. 원술은 기뻐하며 여포에게 사람을 보내어 제안했다.

'만약 공께서 유비의 후진을 공격하여, 내가 유비를 물리치도록 돕는다면 곡식 5만 석, 금은 1만 냥, 비단 1천 필을 주겠소.'

재물에 욕심이 난 여포는 원술의 제안을 수락했다. 고순에게 군사 5만 명을 주어 유비를 치게 했다. 우이에 있던 유비는 그 소식을 듣고 퇴각을 명하여 광릉 지방으로 갔다.

다음 날, 고순이 우이에 도착했을 때 유비는 이미 그곳에서 철수한 뒤였다. 고순은 원술의 장수 기령을 만나 약속한 물건을 내어 달라고 요구했다. 그러자 기령이 대답했다.

"그 일은 우리 주군과 공의 주군이 한 약속입니다. 공은 일단 군사를 이끌고 돌아가시오. 나는 주공과 의논해서 이 일을 처리하겠소."

고순은 뭐라고 대꾸할 말이 없어서 회군한 후 여포에게 이 사실을 고했다. 여포는 원술의 태도에 의구심이 들었다. 아니나 다를까 곧 원술이 보낸 서찰이 당도했다.

'유비군은 광릉에 숨어 있소. 그를 사로잡게 되면 약속한 물건을 보내 드리겠소.'

여포는 원술이 자신을 기만했다는 것을 깨닫고, 원술을 치기 위해 준비했다. 하지만 모사 진궁이 여포를 말렸다.

"원술의 군사는 많고, 양식도 넉넉하니 쉽게 상대할 수 없습니다. 차라리 유비를 잘 구슬려 소패에 머물게 하여, 기회가 오면 그를 선봉으로 삼아 원술을 치십시오."

여포는 진궁의 의견을 훌륭하게 여겨 즉시 편지를 써서 사람을 유비에게 보냈다. 이때 광릉 지방으로 갔던 유비는 원술에게 패하여 군사를 절반이나 잃고 돌아오는 길이었다. 유비는 여포의 제안을 받아들였지만, 관우와 장비는 결사반대했다.

"여포는 의리 없는 자이니 그의 말을 믿을 수 없습니다."

그러나 유비는 고개를 저으며 두 아우를 설득했다.

"상대의 호의를 어찌 의심부터 하는가?"

유비가 기어이 서주행을 고집하자 관우와 장비는 하는 수 없이 뒤따랐다. 유비가 서주에 이르자 여포는 유비의 의심을 풀기 위해 가족들을 돌려보냈다. 유비는 어머니와 두 아내, 감부인과 미부인 그리고 자식들을 반갑게 맞이했다.

감부인과 미부인은 여포가 군사를 보내 자신들을 지켜 주었으며, 필요한 물건을 풍족하게 보내 불편함이 없었다고 말했다. 이에 유비는 기뻐하며 관우와 장비를 향해 말했다.

"그것 보게. 내가 한 말이 맞지 않는가?"

유비가 여포를 만나기 위해 성안으로 들어가자, 여포에게 원한을 품은 장비는 유비의 가족들을 호위하여 먼저 소패로 가 버렸다.

여포는 성문 밖까지 나와 유비를 맞이했다. 유비가 고마움을 표하자 여포는 변명부터 늘어놓았다.

"나는 결코 성을 탈취한 것이 아니오. 공의 동생 장비가 술에 취해 함부로 사람을 죽이니, 혹시 잘못될까 염려스러워 잠시 성을 맡아 지킨 것뿐이오."

"나도 이 서주를 공께 양보하려고 마음을 먹은 지 오래입니다."

유비가 부드러운 말로 화답하자 여포는 서주성을 돌려주겠다고 말했다. 이에 유비는 좋은 말로 사양한 후 소패로 돌아갔다.

31

손책과 주유

이 무렵, 유표와 싸우다 전사한 손견의 아들 손책은 원술에게 의탁하고 있었다. 손책은 원술의 명을 받고 경현 태수 조랑을 친 후, 여강 태수 육강까지 정벌했다. 이렇게 해서 원술의 근거지는 구강, 양주, 여강까지 넓어지게 되었다.

원술의 시선은 자연스럽게 지난날 손견의 땅이었던 강동으로 옮겨 갔다. 이에 손책은 울적한 마음을 달랠 길이 없었다. 그때 손견의 휘하에서 종사관을 지낸 주치는 손책에게 원술의 품을 떠나 독립하라고 권했다. 손책과 주치가 그 방법을 의논할 때, 원술의 모사 여범도 그들과 합류했다.

세 사람은 궁리 끝에 손책이 가진 전국 옥새를 담보로 원술에게 군사를 빌리기로 했다. 다음 날, 손책은 원술을 찾아가 눈물을 흘리며 간청했다.

"강남 곡아의 숙부와 어머니가 유요의 침략을 받아 위험한 상황이라고 합니다. 군사를 빌려주시면 당장 달려가 유요를 물리친 후 다시 돌아오겠습니다."

손책이 전국 옥새를 담보로 내놓자 원술은 크게 기뻐하며, 군사 3천과 말 5백 마리를 빌려주었다. 손책은 아버지 손견을 보좌하던 정보, 황개, 한당과 함께 군사를 이끌고 강동으로 달려갔다. 그들이 역양 땅에 이르렀을 무렵, 손책의 옛친구인 주유가 군사를 이끌고 합류했다.

주유는 여강 서성 출신으로, 손책과는 죽마고우[75]이자 의형제를 맺은 사이였다. 나이는 같으나 생일이 빠른 손책을 주유는 형이라 불렀다.

주유가 강동의 명사인 장소와 장굉을 추천하자 손책은 장소를 무군중랑장으로 삼고, 장굉은 참모 정의교위로 삼았다. 손책은 그들과 함께 양주 자사 유요를 칠 계획을 세웠다.

유요는 원래 한나라 황실의 혈통으로 연주 자사 유대는 그의 형이며, 태위 유총은 그의 백부였다. 원래 그의 근거지는 수춘 땅이었다. 하지만 원술에게 그곳을 빼앗기는 바람에 강동으로 쫓겨와 지금은 곡아를 점령하고 있었다.

유요는 손책이 군사를 이끌고 곡아로 오자 장영에게 대군을 주어 막게 했다. 장영군과 손책군은 장강의 요충지로 알려진 우저란 곳에서 마주쳐 치열한 전투를 벌였다.

장영은 황개를 상대로 싸웠으나, 몇 합을 버티지 못하고 자신의 주둔지를 향해 물러났다. 이에 장영의 부하들도 싸움을 포기하고 그 뒤를 따랐다.

손책은 군사들을 이끌고 도망치는 장영군을 추격하였다. 그런데 갑자기 장영의 주둔지 쪽에서 시뻘건 불길과 함께 검은 연기가 치솟아 올랐다. 누군가 막사와 군량 창고에 불을 지른 것이다.

장영은 당황하여 갈팡질팡하는 군사들을 이끌고 군영을 버린 채 산기슭을 향해 달렸다. 손책은 그 모습을 보고 앞질러 가서 기다리다가 장영의 군사들을 닥치는 대로 베어 버렸다.

장영은 간신히 손책의 칼을 피해 달아났다가, 남은 군사를 수습하여 곡아로 돌아갔다.

손책은 유요와의 첫 전투에서 대승을 거두었다. 이때 장흠과 주태라는 두 장수가 3백여 명의 부하를 이끌고 투항해 왔다. 그들은 원래 양자강을 무대로 양민들의 재물을 털어 살아가는 수적(水賊)이었다. 그러나 마음속으로는 항상 큰 뜻을 품고 때를 기다려 왔다. 손책이 강동으로 온다는 말을 듣고 그들은 손책의 휘하에 들어가기로 했다. 때마침 손책이 장영의 군대와 전투를 치르자, 공을 세우기 위해 장영의 주둔지에 불을 지른 것이었다.

장흠과 주태를 얻은 손책은 기쁨을 감추지 못했다. 여기에 항복한 군사 4천이 더해지자 손책의 세력은 배로 늘었다. 손책은 그 여세를 몰아 신정 땅으로 진군했다.

한편, 장영이 패잔병을 이끌고 돌아오자 유요는 크게 분노했다.

유요가 패배의 책임을 물어 장영의 목을 베려 하자 모사 책용과 설예가 간곡히 말렸다.

"장영을 영릉성에 보내 적군을 막게 해서, 이번에 지은 죄를 갚도록 기회를 주십시오."

유요는 그들의 청을 받아들여 장영을 영릉으로 보낸 뒤, 자신은 친히 군사를 이끌고 신정산 남쪽 기슭에 진을 쳤다. 그러자 손책은 신정산 북쪽에 진을 쳤다. 그리고 정보, 황개 등 장수 열세 명과 함께 적의 진지를 엿보기 위해 신정산 중턱으로 나아갔다.

이때 숲속을 살피던 유요의 척후병이 손책 일행을 보고 유요에게 달려가 이 사실을 고했다. 그러자 태사자가 급히 무장하고, 말 위에 오르며 큰 소리로 외쳤다.

"하늘이 주신 기회입니다. 지금 손책을 사로잡지 않으면 언제 그를 잡겠습니까?"

그러나 유요는 대꾸하지 않았다. 그는 자신들을 유인하려는 계책이라고 믿었다. 그러자 태사자는 유요의 허락을 기다리지 않고 말을 달려 가며 장수들을 향해 소리쳤다.

"뜻이 있는 자는 모두 나를 따르시오!"

그러나 어느 장수도 움직이지 않았고, 그중 한 명만이 말을 몰아 태사자의 뒤를 따랐다.

"태사자야말로 참다운 용장이시오. 그를 혼자 보내서는 안 됩니다."

그래도 유요의 장수들은 하나같이 두 사람을 비웃기만 할 뿐이었다.

한편 손책은 적진을 살핀 후 자신의 진영으로 돌아가기 위해 말 머리를 돌렸다. 이때 갑자기 등 뒤에서 우렁찬 호통 소리가 들려 왔다.

"도망가지 마라, 손책!"

손책이 고개를 돌려 보니 두 장수가 바람처럼 말을 몰아 자신을 향해 달려오고 있었다.

"나는 동래의 태사자다. 손책을 사로잡으려고 왔다."

"너희 두 놈이 감히 나를 잡겠다고? 어디 함께 덤벼 보아라!"

손책이 코웃음을 치며 대꾸하자, 태사자도 지지 않고 맞받아쳤다. 그는 손책의 뒤에 있는 장수들을 가리키며 씩씩하게 외쳤다.

"너희야말로 한꺼번에 덤벼도 좋다."

태사자는 창을 비껴들고, 손책을 향해 쏜살같이 달려들었다. 손책도 창을 들고 그를 맞았다. 두 장수는 50여 합을 싸웠으나 승부가 가려지지 않았다.

손책은 태사자의 힘과 투지에 내심 놀랐다. 태사자 역시 놀라기는 마찬가지였다. 정보와 황개 등 장수들도 두 장수의 창 솜씨에 감탄을 금치 못했다.

'그야말로 용호상박이로구나.'

이때 유요는 뒤늦게 척후병의 보고를 받고, 군사 천여 명을 먼저 보내 태사자를 지원하게 했다. 그렇게 되자 유요군 천여 명과 손책의 휘하 장수 열세 명이 일대 혼전을 벌였다. 그러나 손책의 장수들이 아무리 용맹스러워도 수적 열세를 감당할 수는 없었다.

정보와 황개 등 장수들은 어쩔 수 없이 손책을 보호하며 산골짜기 아래로 쫓겨 내려왔다. 이때 큰 함성과 함께 주유가 군사를 이끌고 손책을 돕기 위해 달려왔다. 때마침 유요도 대군을 이끌고 그곳에 도착하여 양군 사이에 혼란스러운 싸움이 벌어졌다.

그러나 이미 해는 저물어 어두워지기 시작했다. 거기에 비바람까지 몰아치자 제대로 싸울 수가 없었다. 이에 양군은 싸움을 멈추고 각기 자기 진영으로 돌아갔다.

이튿날, 날이 밝자 손책이 먼저 유요의 진영으로 쳐들어왔다. 그러자 유요의 진영에서 태사자가 달려 나와 소리쳤다.

"손책은 어디 숨었느냐? 당장 나와서 승부를 내자!"

이에 손책이 화가 나서 달려 나가려고 하자, 정보가 말렸다.

"주공께서는 힘을 쓰실 필요 없습니다. 제가 나가서 저놈을 잡아오겠습니다."

정보가 말을 달려 태사자에게 싸움을 걸자 태사자는 버럭 고함을 질렀다.

"너는 내 적수가 되지 못한다. 당장 돌아가서 네 주인 손책보고 나오라고 해라!"

태사자의 말에 정보는 크게 노하여 곧장 태사자를 향해 창을 찔러 갔다. 이에 태사자 역시 창을 휘두르며 맞섰다. 두 장수의 싸움은 30여 합이 지나도록 승부가 나지 않았다.

태사자가 막 승기를 잡고 정보를 몰아붙이고 있을 때였다. 갑자기 유요의 진영에서 북을 쳐서 태사자를 불러들였다.

"이제 막 적장을 사로잡으려던 참인데 무슨 일로 갑자기 싸움을 멈추게 하셨습니까?"

태사자가 분한 듯 묻자, 유요가 당황한 표정으로 대답했다.

"방금, 주유란 놈에게 곡아를 빼앗겼다는 보고를 받았다. 진무란 놈이 우리를 배신하고 성문을 열어 주었다고 한다. 이미 내 가족들과 근거지를 잃었으니 이곳에 오래 머무를 수 없다. 속히 말릉으로 가서 설예와 책융과 힘을 합쳐 곡아를 되찾아야 한다."

유요는 밤이 오기를 기다려 군사를 이끌고 말릉으로 철수했다. 태사자도 어쩔 수 없이 그 뒤를 따랐다. 밤길을 이동하던 유요의 군사들이 지쳐 쉬고 있을 무렵, 손책은 군사를 다섯 갈래로 나누어 유요의 군사들을 급습했다.

유요의 군사들은 놀라서 싸울 생각도 잊고, 혼비백산하여 모두 달아났다. 태사자는 남아서 사력을 다해 싸웠으나 혼자 힘으로 역부족이었다. 그는 10여 명의 군사를 이끌고 경현 땅으로 몸을 피했다.

유요는 얼마 남지 않은 군사를 이끌고 책융과 함께 형주의 유표를 찾아갔다.

32

소패왕

유요군을 물리치고 곡아를 점령한 손책은 그 여세를 몰아 설예와 장영이 지키는 말릉성을 공격했다. 그러나 성곽이 견고하고 설예 또한 만만치 않은 상대여서 공격이 쉽지 않았다.

"계속 공성전을 치르다가는 우리 쪽의 희생도 만만치 않을 것 같구나."

손책은 고민 끝에 친히 성문 아래로 가서 설예에게 항복하기를 권했다. 그러자 망루 위에 있던 장영은 손책을 겨냥해서 화살을 날렸다.

화살은 바람을 가르고 날아가 손책의 허벅지에 적중했다.

"크윽!"

손책은 신음과 함께 말에서 굴러떨어졌다. 그 모습을 본 손책의 장수들이 일제히 달려가 손책을 부축하여 급히 진영으로 돌아왔다.

다행히 상처는 깊지 않았다.

　그날 밤, 손책은 군사들을 시켜 자신이 죽었다는 소문을 냈다. 설예와 장영의 군사들을 성 밖으로 끌어내기 위한 계책이었다.

　이 소식을 들은 장영은 설예와 함께 군사들을 이끌고 성에서 나와 손책의 진영을 공격했다. 그러자 죽은 줄 알았던 손책이 그들 앞에 모습을 나타냈다.

　"이놈들, 손책이 여기 있다! 당장 항복하지 못할까?"

　설예와 장영은 깜짝 놀랐다.

　"아차, 속았구나!"

　설예와 장영은 탄식했으나 때는 이미 늦었다. 사방에 매복했던 손책의 군사들이 쏟아져 나와 장영의 군사들을 급습했다. 혼란에 빠진 장영의 군사들 중에서 제대로 싸워 보지도 못하고 도망치거나 항복하는 자들이 속출했다. 이에 장영은 싸움을 포기하고 도망치다가 진무의 창에 찔려 그 자리에서 즉사했다. 설예는 혼전 중에 손책군의 말발굽에 짓밟혀 죽었다.

　손책이 이처럼 용맹을 떨치자 세상 사람들은 그를 소패왕이라고 불렀다. 손책의 다음 목표는 경현으로 도망간 태사자였다.

　한편 태사자는 잘 훈련된 군사 2천 명을 모아 유요의 원수를 갚기 위한 준비에 속도를 높이고 있었다. 그는 손책을 찾아 나서려던 참이었는데, 손책이 제 발로 찾아온다는 보고를 받자 그 어느 때보다 투지를 불태웠다.

마침내 경현에 도착한 손책은 진을 치고, 주유와 함께 태사자를 사로잡을 계획을 세웠다. 태사자의 무용을 아껴 될 수 있는 한 사로잡아 자기 사람으로 만들고 싶었기 때문이다.

그날 밤, 손책은 주유의 계획에 따라 진무에게 날랜 군사 열 명을 준 뒤 성안에 잠입하여 불을 지르게 했다.

진무는 군사들과 함께 몰래 성벽을 기어올라 성안에 불을 질렀다. 때를 맞춰 성의 서, 남, 북쪽에서 손책군이 일시에 들이닥쳤다. 깜짝 놀란 태사자는 성곽에 뛰어 올라가 성안의 형세를 살폈다.

사방에서 불이 타오르는 가운데 자신의 부하들이 허둥대며 이리저리 뛰어다니는 모습이 보였다. 이때 성의 서문, 남문, 북문 세 곳에서 손책군이 물밀듯이 쏟아져 들어오고 있었다. 그러나 동문 쪽은 조용했다.

태사자는 이 상황에서 성을 지키기 어렵다는 판단을 했다. 그는 곧장 말에 올라 군사들을 향해 소리쳤다.

"동문을 열고 성 밖으로 나갈 것이다! 모두 나를 따르라!"

태사자는 급히 군사들을 이끌고 동문을 향해 성을 빠져나갔다. 그들이 30여 리쯤 달려갔을 때 갑자기 한 떼의 군사들이 나타나 화살을 쏘아 댔다. 주유의 계책에 따라 매복했던 손책의 군사들이었다. 순식간에 많은 군사가 화살에 맞고 죽거나 다쳤다.

태사자는 사력을 다해 매복한 적군을 돌파하였으나 이때 그를 따르는 부하들은 눈에 띄게 줄었다. 그 뒤를 손책의 군사들이 추격해 왔다. 태사자는 달리는 말에 더욱 박차를 가했다. 한동안 정신없이 달리다가 문득 뒤를 돌아보니 따르는 부하는 하나 없고, 추격군의 함성 소리만 들렸다. 어느새 그는 혼자였다.

"태사자가 저기 간다. 놓치지 마라!"

갑자기 어둠 속에서 고함이 들려오자 태사자는 다시 황급히 말을 몰았다. 얼마나 달렸을까. 그렇게 정신없이 말을 달리던 태사자는 갈대가 무성한 벌판에 들어섰다.

사방이 온통 갈대가 무성하여 나아갈 방향을 잡을 수 없었다. 길을 잃은 태사자는 갈대숲을 맴돌았다. 이젠 말도 지쳤는지 거친 숨을 연방 몰아쉬었다. 그런데 갈대숲을 헤매던 태사자는 하필이면 주유가 군사들을 매복시킨 곳에 이르렀다.

복병들은 숲에 밧줄을 늘여 놓고 기다리다가 태사자가 탄 말의 다리를 옭아맸다. 그 바람에 말이 쓰러지자 태사자도 곤두박질치며 갈대숲에 처박혔다. 그러자 복병들이 우르르 덤벼들어 지칠 대로 지친 태사자를 밧줄로 꽁꽁 묶어 버렸다. 이렇게 해서 태사자를 사로잡기 위한 주유의 작전은 완벽하게 성공했다.

군사들이 태사자를 끌고 진영으로 돌아가자 기다리고 있던 손책은 군사들을 나무랐다.

"내 너희에게 장군을 정중하게 모셔 오라고 했거늘, 어찌 이리도 무례하게 장군을 포박하였느냐?"

손책은 손수 태사자의 결박을 풀어 준 뒤 그에게 비단옷을 입히고 자신의 장막 안으로 청했다.

"나는 그대가 진정한 남아 대장부임을 잘 알고 있소. 하지만 유요는 어리석어 그대처럼 훌륭한 장수를 곁에 두고도 알아보지 못했소. 오늘 패한 것도 그대의 잘못은 아니니 너무 모욕적으로 생각지 마시오."

손책은 다정한 친구처럼 태사자를 따뜻하게 위로하며 잔치를 베풀어 극진히 대접했다. 원래 자부심이 강하고 의리가 깊은 태사자였지만, 손책의 따뜻하고 정중한 태도에 감격하지 않을 수 없었다. 손책이 태사자의 두 손을 잡으며 말했다.

"나는 그대와 함께 큰 뜻을 펼쳐 보고 싶소. 부디 나의 청을 거절하지 말아 주시오."

"저 역시 여러 차례 싸우면서 장군이야말로 진정한 영웅임을 알았습니다. 저를 거두어 주신다면 힘을 다하여 장군을 돕겠습니다."

"고맙소. 그대가 나와 함께 하니 마치 천군만마[76]를 얻은 것 같소."

손책은 기쁨을 감추지 못하고 태사자의 잔에 술을 가득 따라 주었다. 태사자는 잔을 비운 뒤 무겁게 입을 열었다.

"지금 태수 유요 휘하의 패잔병들이 주군을 잃고 떠돌고 있습니다. 그중에는 뛰어난 장수와 아까운 군사가 많습니다. 만약 저에게 사흘 동안만 시간을 주시면 그들을 설득하여 장군께 힘이 되고 싶습니다. 저를 믿어 주시겠습니까?"

태사자는 어렵게 자신을 사로잡은 상대에게 풀어 달라고 부탁한 것이다. 그러나 손책 역시 주저하지 않고 허락하며 상대를 믿어 주었다. 그뿐만 아니라 일어서서 예까지 갖추며 감사의 마음을 전했다.

"내가 감히 부탁하지 못했지만, 그거야말로 바라던 바요. 다만 약속은 반드시 지켜 주시오."

그날 밤, 손책은 튼튼하고 날랜 말 한 마리를 태사자에게 주어 그를 보내 주었다. 그 사실을 알게 된 장수들은 깜짝 놀랐다. 그들은 태사자를 풀어 준 것이 우리 안에 가둔 사나운 호랑이를 풀어 준 것과 같다고 생각했다. 즉시 여기저기서 볼멘소리가 나왔다.

"어렵게 사로잡은 장수를 왜 풀어 주십니까? 태사자는 다시 돌아오지 않을 것입니다."

그러나 손책은 고개를 저으며, 빙긋이 웃었다.

"두고 보시오. 태사자는 의리가 있는 사람이오. 그는 내 믿음을 절대 저버리지 않을 것이오."

그러나 손책의 확신과는 달리 장수들은 모두 태사자가 돌아오지 않을 것이라 믿었다.

시간은 흘러 태사자가 돌아오기로 약속한 날이 되었다. 손책의 장수들은 영문에 깃대를 세우고 그 그림자를 보며 시간을 쟀다. 장대의 그림자가 점점 줄어들고 있었다. 그러나 태사자가 돌아온다는 어떤 징조도 없었다.

"시간이 되었습니다!"

마침내 해시계를 보던 군사가 큰 소리로 외쳤다. 손책은 장막에서 나와 기대 어린 시선으로 전방을 주시했다. 장수들은 그 옆에서 손책이 곧 실망하게 될 것을 생각하며 염려했다.

"저 앞을 보라!"

이때, 손책이 손을 들어 앞을 가리켰다. 장수들이 그곳을 보니, 저 멀리 벌판에서 한 떼의 말을 탄 사람들이 흙먼지를 날리며 달려오고 있었다.

태사자는 아주 조금의 시간도 어기지 않고 돌아와 약속을 지켰다. 손책의 사람 보는 안목과 태사자의 의리에 탄복한 장수들은 자신도 모르게 두 손을 들어 환호하며 태사자와 3천 명의 군사들을 맞았다.

태사자까지 얻은 손책은 거침이 없었다. 강동의 본성인 선성을 자신의 동생인 손권과 주태에게 지키게 한 후, 손책 자신은 친히 군사를 거느리고 오군을 치러 갔다.

당시 오군 땅에는 엄백호라는 자가 스스로 '동오의 덕왕'이라 일컬으며 세력을 키우고 있었다. 그는 손책이 공격해 오자 동생 엄여를 보내 싸우게 했다. 그러나 엄여는 손책의 장수 한당과 싸워 크게 패하여 쫓겨 왔다. 이에 엄백호는 엄여를 손책에게 보내 강릉 일대를 반씩 나누자는 조건을 걸어 화평을 청했다. 화평 조건에 분통을 터뜨린 손책은 그 자리에서 엄여를 참하고, 그 목을 엄백호에게 보냈다.

엄백호는 죽은 동생의 목을 보자 싸울 생각도 잊은 채 겁을 집어먹고 성을 나와 회계 땅으로 달아났다. 회계 태수 왕랑은 엄백호를 돕기로 했다.

왕랑은 군사를 일으켜 엄백호와 함께 산음현 벌판에서 손책군을 맞아 전투를 벌였다. 그러나 손책과 주유의 협공 작전을 당해 내지 못하고 패배한 채 회계성 안으로 쫓겨 달아났다.

손책은 사방에서 성을 공격했으나, 며칠이 지나도록 이렇다 할 성과를 거두지 못했다. 이에 손책의 숙부인 손정이 계책을 내놓았다.

"왕랑이 성문을 닫아걸고 나오지 않으니 함락하기가 쉽지 않다.

그러나 회계 땅의 모든 재물과 곡식의 대부분이 사독 땅에 있다고 하네. 그곳은 여기서 멀지 않으니 먼저 그곳을 쳐서 빼앗는 것이 어떤가? 만약 군량이 떨어지면 성안의 군사들이 무슨 수로 오래 버티겠는가?"

손책은 숙부의 말에 무릎을 치며 기뻐했다.

"실로 좋은 생각이십니다."

그날 밤, 손책은 군사들을 시켜 진중의 여러 곳에 모닥불을 피워 불을 훤히 밝혔다. 그리고 모닥불 주변에 수많은 깃발을 세우고. 그 뒤에는 수많은 허수아비를 세워 마치 군사들이 잔뜩 모인 것처럼 보이도록 꾸몄다. 준비를 마치자 주유가 다가와 말했다.

"사독을 치면 왕랑은 틀림없이 군사들을 이끌고 나올 것입니다. 미리 군사를 매복시켜 두었다가 그때 기습하면 크게 승리할 수 있습니다."

주유의 말에 손책이 웃으며 대답했다.

"이미 계책과 채비를 모두 갖추었으니 이제 회계성이 우리의 손 안에 떨어질 일만 남았네."

손책은 군사를 이끌고 사독을 향해 떠났다.

왕랑은 손책의 군사가 움직인다는 보고를 받고, 망루에 올라가 적진을 살폈다. 그러나 손책의 진영은 평소와 다름없이 곳곳에 모닥불이 피워져 있고, 질서 정연하게 세워 놓은 깃발들은 바람에 나부끼고 있었다.

왕랑은 문득 손책이 군사를 물리는 척 위장해서 자신을 성 밖으로 유인하려는 게 아닌지 의구심이 들었다. 이때 휘하 장수 주흔이 말했다.

"손책은 지금 물러간 것이 틀림없습니다. 깃발을 세우고 모닥불을 피운 것은 모두 우리를 속이기 위한 위장 전술입니다. 당장 나가서 저들을 쳐야 합니다."

옆에서 엄백호도 거들었다.

"놈들은 필시 곡식과 재물을 노리고 사독으로 갔을 겁니다. 무엇보다 곡식을 빼앗긴다면 큰일입니다. 제가 주흔 장군과 함께 적들을 뒤쫓겠습니다."

왕릉은 그 말에 정신이 번쩍 들었다.

"정말 그렇다면 큰일이오. 내 경황이 없어 그곳의 방비를 소홀히 했소. 놈들이 사독을 점령한다면 우리는 싸워 보지도 못하고 패배한 것이나 다름없소. 공이 먼저 적군을 추격하시오. 나도 곧 뒤따라 가겠소."

엄백호는 즉시 주흔과 함께 군사 5천 명을 이끌고 손책의 뒤를 추격하기 시작했다. 그들이 20여 리를 달려갔을 때 갑자기 양쪽 숲속에서 북소리와 함께 매복했던 손책의 군사들이 쏟아져 나왔다.

엄백호가 놀라서 말 머리를 돌리자 손책이 그의 앞을 가로막았다. 그러자 주흔이 먼저 칼을 휘두르며 손책에게 달려들었다. 그러나 채 3합도 버티지 못한 채 그는 손책의 창에 찔려 목숨을 잃고 말았다. 그 모습을 보고 겁에 질린 엄백호는 간신히 길을 열어 여항 땅으로 달아났다.

한편 왕랑은 사독을 향해 달려가다가 앞서간 엄백호와 주흔이 패배했다는 보고를 받았다. 그는 감히 회계성으로 돌아가지 못하고, 군사를 이끌고 바닷가로 달아났다.

주인을 잃은 회계성은 곧 손책의 수중에 떨어졌다. 손책은 숙부인 손정에게 회계성을 맡기고 주치를 오군의 태수로 삼아 다스리게 한 후 강동으로 돌아왔다. 이렇게 해서 손책은 강남, 강동의 81주를 모두 다스리게 되었다.

손책은 막강한 군사력과 풍요롭고 비옥한 땅을 차지하게 되자, 서서히 천하를 향해 시선을 돌렸다. 손책은 먼저 조조에게 사자를 보내 친교를 맺었다. 또한, 회남의 원술에게 빌린 군사와 함께 많은 공물을 보내 고마움에 대한 답례를 한 후, 지난날 담보로 맡긴 옥새를 돌려 달라고 요구했다.

33

화평의 화살

이 무렵 원술은 회남을 중심으로 강소, 안휘 일대를 장악하여 세력이 더욱 강대해졌다. 게다가 그의 수중엔 전국 옥새까지 있었다. 원술은 이 기회에 황제가 되고 싶어 부하들과 의논했다.

"옛날 한나라 고조 유방은 작은 고을의 관리에 불과했지만 천하를 손에 넣었소. 그러나 우리 가문은 4대에 걸쳐서 삼공을 배출한 명문대가요. 이제 내가 하늘의 뜻에 따라 황제의 자리에 오르려는데 여러분의 생각은 어떠시오?"

이에 주부 염상이 나서며 말했다.

"그것은 안 될 말씀입니다. 주나라 문왕은 천하의 3분의 2를 차지했지만, 오히려 신하의 예로 은나라를 섬겼습니다. 주공의 가문이 아무리 고귀하다고 해도 문왕보다 못하고, 한나라 황실이 비록 쇠퇴하였지만, 은나라 주왕처럼 난폭하지 않습니다. 절대 그리하시면 안 됩니다."

염상의 말에 원술이 화를 벌컥 냈다.

"우리 원씨 가문은 원래 진나라에서 비롯되었고, 진은 순 임금의 후예다. 게다가 나에게는 옥새가 주어졌으니, 황제가 되지 않는 것이 오히려 하늘의 뜻을 거스르는 것이다. 내 뜻은 이미 정해졌으니 반대하는 자는 참수하겠다!"

마침내 원술은 연호를 중씨(仲氏)라 하고 관청을 세우는 한편, 황제의 가마인 용봉련을 타고 다녔다. 또한, 풍방의 딸을 황후로, 자기 아들을 태자로 삼았다.

이때 손책이 옥새를 돌려 달라고 요구하자 원술은 크게 화를 냈다. 사자를 적당한 구실로 돌려보낸 뒤, 원술은 참모들을 불러 모아 손책을 칠 계획을 발표했다.

"손책이 내게 군마를 빌려 오늘날 강동 땅을 모두 차지했다. 그런데 인제 와서 배은망덕하게도 옥새를 돌려 달라고 요구하고 있다. 내 이번 기회에 손책을 칠 생각인데 그대들은 의견을 기탄 없이 말해 보라!"

그러자 양대장이 나서며 말했다.

"강동을 공격하려면 험한 장강을 건너야 합니다. 더구나 지금 손책의 군세는 강하고 군량 또한 넉넉합니다. 지금은 때가 아닙니다. 오히려 지금은 소패에 머무르는 유비부터 제거하는 게 급선무입니다. 손책을 치는 것은 그 이후여도 늦지 않습니다."

"유비를?"

원술은 양대장의 말에 귀가 솔깃해졌다. 양대장이 말을 이었다.

"다만, 유비는 세력이 작으므로 무찌르기 쉽지만, 서주에 버티고 있는 여포가 문제입니다. 제게 한 가지 방법이 있습니다."

"그 방법이란 무엇인가?"

"먼저 지난날 약속했던 군량 5만 석, 금은 1만 냥, 말과 비단 등을 지금이라도 보내 주십시오. 그렇게 해서 여포의 마음을 먼저 우리에 게로 돌려놓으십시오. 그래야 우리가 유비를 공격해도 여포는 움직 이지 않을 것입니다. 먼저 소패를 수중에 넣고 서주의 여포를 친다 면 서주도 우리 손에 들어오게 됩니다."

원술이 고개를 끄덕였다.

"그렇게 해서 소패와 서주를 손에 넣을 수 있다면, 그까짓 군량미 와 금은 1만 냥, 말과 비단이 뭐가 아깝겠는가?"

이튿날, 원술은 한윤을 사자로 하여 비밀 편지와 양곡, 금은 등을 여포에게 보냈다. 그러자 여포는 크게 기뻐하며 원술의 뜻을 받아들 이고 한윤을 정중히 대접했다.

여포의 뜻을 확인한 원술은 즉시 기령을 대장으로, 뇌박과 진란을 부장으로 삼아 대군을 일으켜 소패의 유비를 치게 했다.

원술의 대군이 몰려오자 유비는 여포에게 편지를 써서 도움을 요 청했다. 유비의 편지를 받은 여포는 진궁을 불러 의논했다. 진궁이 의견을 말했다.

"원술이 뒤늦게 약속한 군량미와 금은 등을 보내온 것은 주공을 견제한 후 유비를 치자는 속셈입니다.

유비가 소패에 있는 것은 우리에게 아무런 해가 되지 않습니다. 하지만 원술이 소패를 취한다면 그는 반드시 이 서주성을 넘보게 될 것입니다. 그러니 유비를 도와 소패를 지키는 것이 상책입니다."

여포는 진궁의 의견에 고개를 끄덕였다. 그는 원술과의 약속을 어긴 채 소패에 구원병을 보낸 후 자신도 군사를 거느리고 양군의 중간에 진을 쳤다.

소패를 공격하던 기령은 여포가 약속을 어기고 전투에 개입하자 사자를 보내 항의했다. 그러자 여포는 사자에게 한 통의 편지를 주어 돌려보냈다. 그리고 유비에게도 편지를 보냈다.

유비와 기령이 받은 편지는 여포가 자신의 진영으로 초대한다는 내용이었다. 유비는 초대의 서신을 받자 곧 떠날 채비를 했다. 그러자 관우와 장비가 한사코 만류했다.

"여포란 놈은 본시 믿을 자가 못 됩니다. 절대 가시면 안 됩니다. 무슨 꿍꿍이 수작을 부릴지 모릅니다."

하지만 유비가 두 아우의 말을 듣지 않고 길을 나서자, 관우와 장비도 어쩔 수 없이 뒤를 따랐다.

한편 기령도 여포의 초청을 받고 길을 나섰다. 그가 여포의 군영에 도착했을 때 유비는 이미 여포와 함께 마주 앉아 있었다. 기령은 유비를 발견하고 깜짝 놀랐다. 놀라기는 유비와 관우, 장비도 마찬가지였다. 전투 중인 적장을 뜻하지 않은 장소에서 예고 없이 만났으니 무리도 아니었다. 그들은 여포의 속셈을 알 수 없어 당황스러워했다.

여포는 두 사람을 억지로 좌우에 앉히고 술자리를 마련했다. 여포의 권유에 못 이겨 몇 차례의 술이 돌자 여포가 입을 열었다.

"내가 이 자리를 마련한 것은 중재하기 위해서요. 두 분은 이 여포의 얼굴을 봐서 각기 군사를 물리는 것이 어떻소?"

유비는 여포의 황당한 질문에 기가 막혔으나, 여포의 본심을 알 수 없어 입을 다문 채 그를 지켜보기만 했다. 그러나 기령은 어이없다는 표정을 지으며 여포에게 말했다.

"나는 주군의 명을 받들어 10만 대군을 이끌고 왔소. 저 유비를 사로잡지 못하면 살아서 돌아가지 않을 각오로 이 싸움에 임했소. 그런데 어찌 그냥 군사를 물린단 말이오. 내가 군사를 물리는 일은 유비를 사로잡거나, 그의 머리를 창으로 꿰었을 때뿐이오."

유비는 기령의 말을 묵묵히 듣고 있었으나, 성미 급한 장비는 참지 못하고 장팔사모를 움켜잡으며 호통을 쳤다.

"이놈이 듣자 하니 건방지기가 이를 데 없구나! 우리가 비록 군사는 적지만 메뚜기 떼 같은 네놈들 목을 베는 것쯤은 식은 죽 먹기와 다름없다."

장비가 당장이라도 기령을 공격하려고 하자 관우가 장비를 껴안으며 만류했다.

"여 장군이 우리를 청하였으니 장군의 말을 더 들어 보아야 하지 않겠는가? 싸움은 우리 진영으로 돌아간 후에 해도 늦지 않으니 참게."

여포도 양쪽을 말리며 언성을 높였다.

"내가 그대들을 초대한 것은 화해를 시키려는 것이지, 서로 다투라고 이 자리를 마련한 것이 아니오!"

여포는 말을 마치기가 무섭게 방천화극을 들고 주둔지의 문밖 멀리 떨어진 곳으로 단숨에 달려갔다. 그곳에 창을 거꾸로 꽂고 돌아온 여포는 유비와 기령에게 엄숙한 어조로 말했다.

"여기서 저 문까지 거리는 족히 150보는 될 것이오. 이제 내가 저 창끝에 달린 곁가지를 겨누어 활을 쏘겠소. 내가 맞추면 하늘의 뜻으로 알고 화해하고 돌아가시오. 그러나 화살이 빗나가면 그것은 싸우라는 하늘의 뜻일 것이오. 그때는 나도 이 일에 간섭하지 않겠소. 만약 어느 쪽이든 내 말을 거역하면 내가 그에게 저 방천화극을 겨누겠소."

여포의 제안은 유비나 기령 모두 전혀 예상치 못한 것이었다. 기령은 속으로 생각했다.

'저 먼 거리에 있는 창의 곁가지를 화살로 맞출 확률은 희박하다. 일단 여포의 제안을 따르는 척하다가 화살이 빗나가면 그때 유비를 쳐도 늦지 않을 것이다.'

반면, 유비는 적은 군사로 대군을 맞아 싸워야 할 형편이어서 여포의 제안에 흔쾌히 응했다. 두 사람이 자신의 제안을 받아들이자, 여포는 활의 시위에 화살을 메긴 후 창을 겨누어 시위를 놓았다. 그 순간 기령은 마음속으로 화살이 빗나가기를 빌었고, 유비는 목표물에 명중하기를 빌었다.

시위를 떠난 화살은 바람을 가르며 날아가 창의 곁가지에 정확하게 명중했다. 참으로 신기에 가까운 활 솜씨였다. 지켜보던 장졸들이 일제히 함성을 지르며 박수갈채를 보냈다.

유비는 안도의 한숨을 내쉬었고, 반면 기령은 표정이 흙빛으로 변했다. 그는 설마 화살이 목표물에 명중하리라고는 추호도 믿지 않았기에 큰 충격을 받았다.

여포는 만족한 듯 크게 껄껄 웃고 나서 활을 땅에 던진 후, 기령과 유비의 손을 덥석 잡으며 말했다.

"자 이제 두 분은 약속대로 하늘의 뜻에 따르시오."

여포는 군사들에게 다시 술을 가져오게 해서, 두 사람에게 술을 따라 주며 마시기를 권했다. 술잔을 받아 든 기령이 시무룩한 표정으로 말했다.

"장군의 뜻을 따르겠지만, 이대로 돌아가면 우리 주공이 내 말을 믿지 않을 테니, 어찌해야 좋을지 모르겠습니다."

"그 일이라면 아무 염려 마시오. 내가 원 장군께 보내는 편지를 써 주겠소."

이에 기령은 여포가 써 준 편지를 받아 들고 회남으로 돌아갔다. 유비도 여포에게 고마움을 표한 후 관우, 장비와 함께 소패로 돌아갔다.

34

조조의 품으로

원술은 기령의 보고를 받고 나서 여포의 편지를 읽었다. 그는 화를 참지 못하고 한동안 거친 숨을 몰아 쉬었다.

"여포, 이 엉큼한 놈! 내 친히 대군을 이끌고 소패와 서주를 모두 짓밟아 주마!"

그러자 기령이 조심스레 제안했다.

"지금 그들을 공격하면 여포와 유비는 서로 머리와 꼬리가 되어 함께 맞설 것입니다. 그보다는 주공의 아드님과 여포의 딸이 마침 혼인할 나이가 되었으니 혼사를 청해 보시면 어떻겠습니까? 이른바 가깝지 않은 이가 가까운 사이를 이간시킬 수 없다는 소불간친지계[77]입니다."

원술이 듣고 보니 신통한 방책이었다. 그는 곧 예물을 준비한 후 여포에게 편지를 써서 한윤을 사신으로 서주에 보냈다.

여포는 원술의 편지를 읽고 크게 기뻐하며 청혼을 받아들였다. 여포의 책사 진궁은 원술의 의도를 꿰뚫고 있었으나 내색하지 않았다. 이 혼인을 긍정적으로 받아들였기 때문이다. 그는 여포에게 권하여 혼례를 서두르게 했다.

혼례 준비는 일사천리로 진행되었고, 여포는 송헌과 위속에게 자신의 딸이 탄 마차를 호위하게 하여 회남으로 보냈다. 여포는 친히 성 밖까지 나와 딸을 배웅했다.

이때 진등의 아버지 진규는 노환으로 벼슬에서 물러나 집에서 쉬고 있었다. 그는 여포와 원술이 사돈을 맺는다는 소식을 듣고 급히 여포를 찾아갔다. 평소 유비를 공경하던 그는 이 혼인이 원술의 간사한 계획임을 눈치챘다.

"이 혼인은 원술의 소불간친지계입니다. 원술이 주공의 따님을 볼모로 잡고 유비를 칠 것입니다. 그다음 공격 목표는 바로 이 서주성이 될 것입니다. 더구나 원술은 황제가 되겠다며 역모를 꾀하고 있습니다. 원술과 사돈이 되면 주공도 곧 역적의 친척이 되니, 어려운 일을 당하면 천하의 그 누가 주공을 돕겠습니까?"

여포는 진규의 말을 듣고 나서 갑자가 등골이 오싹해졌다. 그는 혼례를 서두른 것을 후회하며, 급히 장료를 보내 회남을 향하던 혼인 행렬을 되돌리게 했다. 그리고 원술에게 사자를 보내 '혼수 준비가 덜 되었으니 기다려 달라'는 서신을 전하게 했다.

그러던 어느 날, 여포의 수하 송헌이 산동에서 말 3백여 마리를 사서 돌아오다가 복면을 한 도적 떼에게 2백여 마리를 빼앗겼다.

여포가 송헌을 다그쳤다.

"도적 떼에게 말을 빼앗기다니, 지금 나더러 네 이야기를 믿으라는 것이냐?"

"복면을 썼지만, 그 도둑은 분명 장비였습니다."

이에 여포는 분노하여 즉시 군사를 이끌고 소패성으로 달려갔다. 여포가 갑자가 들이닥치자 영문을 모르는 유비는 매우 놀랐다.

"여 장군께서 갑자기 어쩐 일이십니까?"

그러자 여포는 손가락으로 유비를 가리키며 꾸짖었다.

"지난날, 나는 네놈을 위기에서 구해 주었다. 그런데 네놈은 은혜를 갚기는커녕, 장비를 시켜 내 군마 2백 마리를 약탈했다. 도대체 그 까닭이 무엇이냐?"

유비는 어리둥절한 표정으로 장비를 힐끗 쳐다보고는 여포를 향해 되물었다.

"제가 최근에 말을 사들인 적은 있습니다. 하지만 감히 장군의 말을 빼앗을 리야 있겠습니까?"

"닥쳐라! 내 모든 것을 알고 왔거늘 아직도 시치미를 떼느냐? 장비는 당장 빼앗은 말 2백 마리를 내놓고, 내 앞에 무릎을 꿇고 엎드려 사죄해라!"

여포는 핏대를 세우며 호통을 쳤다. 그러자 화를 참지 못한 장비는 여포를 향해 삿대질하며 고함을 질렀다.

"그래. 내가 그랬다! 네놈은 우리 형님의 서주 땅을 **빼앗아** 놓고 그까짓 말 좀 **빼앗겼다고** 이 난리를 치냐? 무릎을 꿇고 용서를 구할 사람은 내가 아니라 바로 네놈이다."

장비의 태도에 분노가 폭발한 여포는 방천화극을 휘두르며 장비를 향해 돌진했다. 장비도 장팔사모를 휘두르며 맞섰다. 장비는 서주 땅을 빼앗은 여포에게 원한이 사무쳤다. 그래서 평소 여포만 보면 화가 머리끝까지 치솟고는 했다.

여포는 여포대로 그런 장비의 얼굴만 봐도 기분이 불쾌했다. 이처럼 상대에게 악감정을 가진 두 사람은 사생결단의 각오로 치열하게 싸웠다. 그 싸움이 얼마나 치열했는지 지켜보는 군사들이 오히려 긴장하여 손에 땀이 날 정도였다. 그러나 백여 합이 지나도 승부는 나지 않았다.

장비가 걱정된 유비는 조바심이 나서 징을 쳐 군사를 성안으로 불러들였다. 장비도 싸움을 멈추고 재빨리 성안으로 돌아왔다. 그러자 여포는 성을 포위했다. 유비는 성안으로 돌아온 장비를 불러 꾸짖었다.

"아우가 또 일을 저질렀군. 대체 말은 어디에 둔 것인가?"

"여러 사찰에 매어 두었습니다."

장비의 대답을 들고 난 유비는 관우에게 말했다.

"남에게서 **빼앗은** 말을 내 마구간에 둘 수는 없네. 아우가 그 말을 전부 여포에게 돌려보내고 화해를 요청해 보게. 지금은 여포와 싸울 때가 아니네."

유비의 명에 따라 관우는 말 2백 마리를 여포에게 보내고 화해를 청했다. 말을 모두 되찾은 여포는 분노를 가라앉히고 돌아가려고 했다. 그러자 진궁이 여포를 충동질했다.

"지금 유비를 살려 두면 훗날 반드시 화근이 되어 우리가 해를 당하게 될 것입니다."

이에 여포는 진궁의 의견을 받아들여 유비의 화해 요청을 거절했다. 그리고 무차별적인 공격을 퍼부었다. 위기에 처한 유비는 미축과 손건을 불러 대책을 세웠다. 손건이 먼저 의견을 말했다.

"지금 여포와 맞서 싸우면 승산이 없습니다. 일단 성을 버리고 허창으로 가서 조조에게 의지했다가 때를 엿보는 게 좋겠습니다. 조조는 여포에게 원한이 있으니 우리를 물리치지는 않을 것입니다."

손건의 의견에 공감한 유비는 좌우를 둘러보며 물었다.

"누가 여포의 포위망을 뚫겠는가?"

"제게 맡겨 주십시오. 목숨을 걸고 반드시 길을 열겠습니다."

장비가 선봉을 맡겠다고 나서자 유비 자신은 중군이 되어 노약자와 가족들을 이끌고, 관우는 후방을 맡아 여포군의 추격을 물리치기로 했다.

그날 밤, 어둠이 짙어지자 장비는 북문을 열고 성 밖으로 나갔다. 그러자 여포의 부장 송헌과 위속이 장비를 가로막았다. 하지만 그들은 죽음을 작정하고 싸우는 장비를 막아 내지 못하고 길을 내주어야 했다. 그 틈에 유비는 중군을 이끌고 재빨리 성을 빠져나갔다.

장료가 군사를 이끌고 추격해 오자 관우가 유비의 뒤에서 그들을 맞아 싸웠다. 관우의 청룡언월도가 바람을 가를 때마다, 장료의 군사들은 비명을 지르며 쓰러졌다. 순식간에 10여 명이 목숨을 잃고 쓰러지자, 추격대는 감히 더는 쫓지 못했다.

여포는 유비가 소패성을 버리고 달아나자 굳이 추격하지 않고, 고순에게 성을 지키게 한 후 군사를 거두어 서주성으로 돌아갔다.

소패성에서 도망쳐 나온 유비는 허창으로 가서 먼저 손건을 조조에게 보냈다. 손건은 조조를 만나 유비가 성을 빼앗기게 된 과정을 상세하게 설명한 후 투항하고 싶다는 유비의 뜻을 전했다. 이에 조조는 유비를 흔쾌히 받아들였다. 조조는 평소 유비와 여포가 동맹 관계에 있는 것이 늘 불안했는데, 이제 두 사람이 갈라서고 유비가 자신의 휘하에 들어오자 몹시 기뻐했다. 그는 이 기회에 유비를 자기 사람으로 만들 결심을 했다.

유비는 그동안 서주성에서 있었던 일을 설명한 후 조조의 호의에 감사했다. 그러자 조조는 유비를 위로했다.

"여포는 원래 의리를 모르는 놈이오. 자기에게 이익만 되면 양아버지조차 베는 게 바로 여포요. 나와 힘을 합쳐 그놈을 쳐 없애면 될 것이니 너무 상심하지 마시오."

조조는 연회를 베풀어 유비를 극진히 대접했다. 유비는 밤이 깊어지자 호의에 감사하다는 인사를 한 후 숙소로 돌아갔다. 그러자 순욱이 조조에게 낮은 목소리로 말했다.

"유비는 여포 따위와 비교할 수 없는 위험한 인물입니다. 나중에 반드시 주공께 큰 위협이 될 테니, 세력이 더 커지기 전에 제거하는 것이 좋겠습니다."

순욱은 유비가 한나라의 신하로 만족할 인물이 아니며, 장차 조조에게 큰 위협이 될 존재라는 것을 직감했다. 그러나 조조는 순욱과 생각이 달라서 고개만 끄덕일 뿐 아무런 대꾸를 하지 않았다. 순욱이 가자 때마침 곽가가 들어왔다. 조조는 이번엔 곽가에게 의견을 물었다.

"순욱은 내게 유비를 없애라고 하는데 그대의 생각은 어떤가?"

곽가는 잠시 생각에 잠긴 후 대답했다.

"그것은 안 됩니다. 주공께서는 지금 천하의 인재를 모으고 계십니다. 유비는 사람들에게 의롭고 용감한 영웅으로 인정받고 있습니다. 만약 지금 유비를 해치면 주공께서는 자신에게 의지하러 온 영웅을 없앴다는 오명을 쓰게 되십니다. 그렇게 되면 앞으로 좋은 인재를 얻기 어려워집니다."

조조는 곽가의 의견이 자기의 뜻과 일치하자 비로소 표정이 밝아졌다.

이튿날, 조조는 황제에게 표문을 올려 유비를 예주 목사로 추천했다. 또한, 유비에게 군사 3천, 양곡 1만 석을 주어 예주로 떠나게 했다. 예주는 유비가 머물던 소패와 거리가 멀지 않았다. 조조가 유비를 예주로 보낸 것은 유비에게 여포를 치게 할 속셈이었다.

조조의 의도대로 유비는 흩어졌던 옛 부하들을 다시 불러 모아 힘을 기르고, 여포를 칠 준비를 해 나갔다. 마침내 전투 준비를 마친 유비는 조조와 의논하여 여포를 정벌할 일정을 잡았다. 그런데 조조에게 뜻밖의 급보가 날아들었다. 동탁의 옛 부하였던 장제의 조카 장수가 형주 태수 유표와 손을 잡고 허도를 치기 위해 완성에 진을 쳤다는 것이다.

조조는 크게 노하여 당장 군사를 이끌고 장수와 유표를 응징하려고 했다. 하지만 서주의 여포가 마음에 걸렸다. 고민하던 조조는 순욱을 불러 그 문제를 의논했다. 순욱이 자신의 의견을 말했다.

"여포는 지혜가 부족하고 욕심이 많은 자입니다. 그의 관직을 높여 주고 많은 예물을 보내 유비와 화해하게 하십시오. 그렇게 하면 딴마음을 품지 않을 것입니다."

과연 순욱의 말대로 평동장군으로 승진한 여포는 조조에게 예물까지 잔뜩 받자 몹시 기뻐했다.

35

전위의 죽음

건안 2년 5월, 조조는 마침내 군사를 일으켜 장수를 정벌하기 위해 길을 나섰다. 완성에 진을 친 장수는 조조가 친히 15만 대군을 이끌고 오자 겁을 집어먹고 모사 가후에게 의견을 물었다. 그러자 가후는 싸워 봤자 승산이 없으니 일단 조조에게 항복하고, 때가 오기를 기다리는 것이 좋겠다고 대답했다. 이에 장수는 가후를 조조에게 보내 항복할 뜻을 전했다.

조조는 가후의 인품과 재주에 감탄하여 그를 자신의 책사로 삼고 싶다는 뜻을 슬며시 전했다.

"공은 장수를 떠나 나와 함께 큰 뜻을 펼쳐 볼 생각은 없으시오?"

"기회를 주셔서 감사 드립니다. 하지만 장수는 제가 낸 의견을 모두 받아들여 주었는데 어찌 그를 배신할 수 있겠습니까? 더구나 저는 이각과 곽사를 섬기며 천하에 큰 죄를 지은 몸입니다. 부디 넓으신 아량으로 양해를 부탁 드립니다."

가후는 조조의 권유를 완곡하게 거절했다.

이튿날, 장수는 가후를 데리고 직접 찾아와 항복했다. 조조는 크게 기뻐하며 두 사람을 정성껏 대접한 후 호위병들만 거느리고 성안으로 들어갔다. 나머지 군사들은 성 밖에 그대로 주둔했는데, 워낙 대군이어서 진지가 무려 10여 리에 이르렀다.

조조가 완성에서 며칠 머무르기로 하자, 장수는 매일 잔치를 베풀어 정성껏 대접했다.

하루는 밤늦도록 술을 마신 조조가 술이 거나하게 취했다. 숙소로 돌아가던 조조가 자신을 부축한 조카 조안민에게 넌지시 물었다.

"성안에 혹시 기녀는 없느냐?"

조안민은 좌우를 둘러본 후 조심스럽게 대답했다.

"제가 우연히 아름다운 여인을 목격하고, 몰래 누구인지 알아보니 장수의 숙부인 장제의 아내라고 합니다."

"장제라면 이미 죽은 사람이 아니냐? 그렇다면 과부로구나. 네가 가서 그 여자를 데려오너라."

조안민은 군사를 거느리고 가서 곧 장제의 아내를 데려왔다. 조조가 보니 과연 아름답기 그지없는 여인이었다. 조조는 그 여인을 자기의 숙소로 데려갔다.

"그대의 성은 무엇이오?"

"저는 지금은 세상을 떠난 장제의 아내 추씨라고 합니다."

"부인은 내가 누구인지 아시오?"

"승상의 명성은 오래전부터 들어 잘 알고 있습니다. 오늘 이렇게 뵙게 되어 영광입니다."

"오늘 그대를 만난 것은 하늘의 뜻인 것 같소. 오늘 밤 나와 함께 보내는 것이 어떻소. 내 반드시 그대를 허도로 데려가서 마음껏 부귀영화를 누리도록 해 주겠소."

조조의 말에 추씨는 말없이 절을 올려 승낙의 뜻을 대신했다. 그날 밤 조조는 추씨와 함께 밤을 보낸 후, 사람들의 시선을 피해 거처를 성 밖으로 옮겼다. 그리고 전위에게 자신의 막사를 지키게 한 후, 아무도 출입하지 못하게 했다.

그러나 꼬리가 길면 잡히는 법. 조조가 두문불출[78]하며 추씨와 함께 장막 안에서 시간을 보낸 지 여러 날이 지나자, 이 사실이 장수의 귀에 들어갔다. 장수는 화가 나서 이를 갈며 복수를 다짐한 후 가후를 불러 이 일을 상의했다.

"조조 그놈이 내 숙모를 끌고 가 밤낮없이 욕을 보인다고 하오. 이 일이 세상에 알려지면 사람들은 내가 숙모를 바쳐 구차한 목숨을 부지한다며 욕을 할 것이오. 나는 조조에게 복수하고 싶소. 내게 좋은 방법을 알려 주시오."

장수의 말을 듣고 한참 생각에 잠겨 있던 가후가 비로소 입을 열었다.

"일단 이 일은 비밀에 부치십시오. 소문이 나서 좋을 게 없습니다. 이런 일은 무엇보다 은밀하고 신중하게 처리해야만 합니다."

그러고는 장수에게 귓속말로 복수할 방법을 알려 주었다. 장수는 가후의 계획에 따라 먼저 조조에게 탈영병을 막는다는 핑계로 군사를 동원할 수 있도록 허락을 받아 냈다. 이렇게 하여 장수는 조조의 진중에 자신의 군사를 배치할 수 있었다.

계획대로 준비를 마친 장수는 휘하의 무장 중 가장 용맹스러운 호거아를 불러 조조를 없애도록 지시했다. 그러나 호거아는 걱정스러운 얼굴로 말했다.

"전위가 숙소를 지키는 한 조조를 없애는 일은 성공하기 어렵습니다. 하지만 그의 무기인 쌍철극만 훔쳐 낼 수 있다면 충분히 승산이 있습니다. 내일 주공께서 전위를 불러 술을 대접한 후 그를 취하게 만드십시오."

이튿날 장수는 계획대로 술자리를 마련하여 전위를 초청했다. 며칠 동안 조조의 숙소를 지키며 무료하게 시간을 보내던 전위는 오랜만에 술맛을 보자 취하도록 마셨다. 그사이 호거아는 전위의 쌍철극을 훔쳐 냈다. 그 사실을 알 리 없는 전위는 취한 몸으로 돌아와 다시 조조의 막사를 지켰다. 하지만 워낙 취하여 술기운을 이기지 못하고 깜박 잠이 들었다.

전위가 잠에서 깬 것은 지독한 연기 냄새와 요란한 징 소리, 함성을 듣고 나서였다. 놀란 전위는 취한 몸을 일으켜 주위를 둘러보았다.

조조의 막사는 불타오르고, 말을 탄 장수의 부하들이 긴 창을 들고 조조의 숙소를 향해 달려오고 있었다. 전위는 급히 쌍철극을 찾았으나 보이지 않았다.

전위는 하는 수 없이 주변에 있던 군사의 칼을 빼 들고 달려오는 적을 맞아 칼을 휘둘렀다. 이때 전위는 갑옷은커녕 웃통마저 벗어 던진 상태였다. 전위는 달려오는 적을 맞아 순식간에 20여 명을 찌르고 베었다.

전위의 용맹스러움에 겁을 집어먹은 장수의 부하들은 화살을 쏘아 대기 시작했다. 반 벌거숭이가 된 전위의 몸에 화살이 소나기처럼 쏟아졌다.

순식간에 전위의 몸은 고슴도치처럼 변했다. 하지만 전위는 그 상태에서도 쓰러지지 않고 적을 맞아 싸웠다. 이때 적병 하나가 몰래 전위의 등 뒤로 다가가 창으로 힘껏 등을 찔렀다. 그러자 역발산[79]의 기세를 자랑하던 천하의 전위도 더는 견디지 못하고 붉은 피를 내뿜으며 비명과 함께 쓰러졌다.

한편, 조조는 불타는 막사에서 빠져나와 전위를 찾았으나 보이지 않자 말을 타고 서둘러 몸을 피했다. 그러나 말을 구하지 못한 조카 조안민은 뛰어서 달아나야 했다.

장수의 부하들은 조조를 추격하며 쉴 새 없이 화살을 쏘아 댔다. 조조는 오른팔에 화살을 맞았으나, 다행히 강변에 이르렀다. 하지만 조안민은 적병에게 붙잡혀 죽임을 당하고 말았다. 조조는 황급히 강물에 뛰어들어 겨우 건너편 언덕에 이르렀다. 이때 그가 탄 말이 적병이 쏜 화살에 맞고 쓰러지자, 조조도 함께 땅바닥에 나뒹굴었다.

마침 조조의 큰아들 조앙이 달려와 조조를 부축하여 자신의 말에 태웠다. 덕분에 조조는 적병의 추격을 겨우 따돌렸으나, 조앙은 빗발치는 화살을 피하지 못하고 참혹한 죽음을 맞았다. 조카와 아들을 잃고 구사일생[80]으로 목숨을 구한 조조는 그의 소식을 듣고 달려온 휘하의 장수들과 만났다.

한편, 조조를 추격하던 장수는 우금의 군대와 마주쳐 치열한 전투를 벌였으나 크게 패하였다. 우금에게 쫓겨 달아나던 장수는 부하를 거의 잃고 나서야 겨우 형주로 도망칠 수 있었다.

조조는 장수군을 격파한 우금에게 상을 내리고 그를 익수정후에 봉했다. 또한, 자신을 지키다가 목숨을 잃은 전위와 조카 조안민, 큰아들 조앙을 위해 제단을 만들어 그들의 넋을 위로했다.

"나의 큰아들과 사랑하는 조카를 잃은 것보다도 전위를 잃은 것이 참으로 비통하도다."

조조가 크게 소리 내어 울자, 휘하의 장수들은 가족의 죽음보다 전위의 죽음을 더 슬퍼하는 조조를 보고 감격하여 목이 메었다.

36

원술의 몰락

다음 날, 조조는 군사를 이끌고 허도로 돌아갔다. 장수를 정벌하여 군사를 일으킨 목적은 달성하였으나, 충직한 부하와 사랑하는 아들과 조카까지 잃은 조조의 마음은 무겁기만 했다.

조조가 허도에 도착했을 때, 마침 서주의 여포에게 보냈던 왕측이 돌아왔다. 왕측은 여포의 사자인 진등과 함께 원술의 수하인 한윤을 압송해 왔다.

한윤은 원술이 아들의 혼례를 위해 여포에게 보냈던 사자였다. 그러나 여포는 원술과 사돈을 맺기로 했던 약속을 파기하고, 한윤을 포박하여 조조에게 보냈던 것이었다. 조조는 여포와 원술이 서로 칼을 겨누게 된 사실에 크게 기뻐하며 한윤을 처형했다.

그날 밤, 조조는 잔치를 베풀어 여포의 사자인 진등을 친히 대접했다. 술이 몇 차례 오가며 대화를 나누던 조조와 진등은 서로에게 호감을 느꼈다. 이에 진등이 넌지시 말했다.

"여포는 늑대 같은 자입니다. 그는 용맹스럽지만, 변덕이 심하고 지혜가 부족하여 믿을 수가 없습니다. 훗날 승상께 큰 화근이 될 수 있으니 속히 없애 버려야 합니다."

"나도 그 문제로 근심하고 있었소. 공의 부친인 진규 대부의 명성은 나도 이미 들은 바 있소. 만약 그대들이 나에게 힘을 보태 준다면 여포를 제거하는 데 큰 힘이 될 것이오."

조조가 속마음을 털어놓자 진등도 다시 입을 열었다.

"훗날 승상께서 여포를 공격하시면, 저희는 성안에서 적극적으로 돕겠습니다."

조조는 크게 기뻐하며 진등을 광릉 태수로 임명하고, 그의 부친 진규에게는 2천 석의 녹봉을 내렸다.

한편, 여포가 청혼을 거부하자 원술은 크게 노했다. 그는 즉각 장훈을 대장군으로 삼고, 군사 10만 명을 주어 서주의 여포를 정벌하게 했다.

장훈은 군사를 일곱 갈래로 나누어 서주를 공격했다. 그러자 여포는 진등의 계책에 따라 원술에게 의탁해 있던 한섬과 양봉을 회유했다. 그들은 여포와 힘을 합쳐 원술을 치기로 약속한 후 대장군 장훈의 군대와 합류했다.

장훈은 한섬과 양봉의 변심을 모른 채 이들을 반겼다. 그날 밤, 한섬과 양봉은 장훈의 진영 여기저기에 불을 질렀다. 한순간 장훈의 진영에는 대혼란이 일어났다. 이를 신호로 여포가 군사를 이끌고 장훈의 군대를 공격했다.

양봉과 한섬이 협공을 가하자 장훈의 군대는 크게 패하여 달아났다. 장훈을 추격하던 여포는 원술이 친히 이끄는 군대와 마주쳤다. 원술은 여포를 보자 버럭 소리를 질렀다.

"주인을 배반한 이 은혜도 모르는 놈아!"

여포는 원술이 욕설을 퍼붓자 화가 머리끝까지 치밀었다. 이에 여포는 눈을 부라리며 곧장 원술을 덮쳐 갔다. 그러자 원술의 장수 이풍이 달려 나와 여포를 막았다. 그러나 이풍은 채 3합을 버티지 못하고 팔에 상처를 입은 채 도망쳤다.

여포는 그 기세를 몰아 군사를 이끌고 맹렬한 기세로 원술의 군대를 공격했다. 원술의 군사들은 금세 큰 혼란에 빠져 제대로 싸워 보지도 못한 채 달아나기에 바빴다. 여포는 원술을 격파하고 말과 무기 등 수많은 전리품을 챙겼다.

원술은 여포의 추격에서 겨우 벗어나 군사를 수습한 후 안도의 한숨을 내쉬었다. 이때 갑자기 한 떼의 군마가 나타나더니 원술의 앞길을 가로막았다. 원술이 놀라서 바라보니, 한 장수가 앞으로 나서면서 호통을 쳤다.

"황제를 사칭한 역적 놈은 당장 목숨을 내놓거라!"

순간 원술의 얼굴은 파랗게 질렸다. 그는 바로 관우였다. 원술은 말 머리를 돌려 정신없이 달아났다. 그 모습을 본 군사들도 겁을 집어먹고 사방으로 흩어져 도망치다가, 대다수가 목숨을 잃고 말았다.

간신히 목숨을 건진 원술은 얼마 남지 않은 군사를 이끌고 회남 땅으로 돌아갔다.

한편, 원술군과 싸워 크게 승리한 여포는 한섬과 양봉, 관우를 위해 크게 잔치를 베풀었다. 이튿날, 관우가 예주로 떠나자 여포는 한섬을 기도현령, 양봉을 낭야현령으로 조정에 천거하여 떠나보냈다.

시간이 흘러 여름이 지나갈 무렵, 원술은 여포에게 당한 패배를 설욕할 궁리에 여념이 없었다. 그러다가 강동의 손책에게 사람을 보내 비밀 편지를 전했다.

손책이 내용을 읽어 보니 함께 여포를 공격하자는 요청이었다. 손책은 화를 벌컥 냈다.

"원술은 내 옥새를 가지고 황제를 자처한 대역 죄인이다. 그렇지 않아도 내가 군사를 일으켜 응징하려고 했거늘, 어찌 역적을 돕겠는가?"

원술의 사자는 쫓기듯이 돌아가서 손책의 말을 전했다. 이에 원술은 크게 노했다.

"어린놈이 감히 나에게 이럴 수가 있단 말이냐? 당장 군사를 일으켜 이놈부터 쳐야겠다."

원술은 즉각 군사를 일으켜 강동으로 출병하려고 했다. 그러나 휘하의 양대장이 간곡히 만류하자, 분을 삭이고 때를 기다리기로 했다.

한편, 손책은 원술의 사자를 호통을 쳐서 쫓아 보낸 후 원술의 공격에 대비했다. 이때 허도의 조조로부터 사신이 와서 손책을 회계 태수로 임명하니 원술을 토벌하라는 칙명을 전했다. 이에 장소가 손책에게 계책을 올렸다.

"조조에게 먼저 남쪽으로 와서 원술을 치게 하십시오. 그다음에 우리가 협공하면 원술을 물리칠 수 있을 것입니다."

손책의 서신을 받은 조조는 군사를 일으켜 남쪽으로 정벌을 떠나는데 기병과 보병이 17만 명에 이르고, 군량미를 실은 수레가 1천여 대에 달했다.

조조는 유비와 여포에게도 군사를 일으켜 원술을 공격하라고 통지했다. 그 소식은 원술의 귀에도 들어갔다. 조조의 17만 대군에 여포와 유비의 군사들, 거기에 손책까지 합세하여 공격해 오자 원술은 놀라서 넋이 나갈 지경이었다. 그는 휘하의 장수들을 불러 모은 뒤 대책을 논의했다. 양대장이 먼저 입을 열었다.

"적들은 수가 많습니다. 저들과 맞서 싸우기보다 성을 굳게 지키는 것이 좋겠습니다. 그동안 폐하께서는 회수를 건너 그곳의 곡식을 확보한 후 잠시 조조의 칼끝을 피하십시오. 장수들이 한 달만 성안에서 버텨 준다면 저들은 식량 문제로 어려움을 겪게 될 것입니다. 우리는 안전한 곳에서 때를 기다리면 됩니다."

원술은 황제를 자처하던 터여서 몸을 피하는 것이 썩 내키지는 않았으나 달리 도리가 없었다. 그는 이풍, 진기, 악취, 양강 등 네 장수에게 군사 10만을 주어 수춘성을 굳게 지키게 했다. 자신은 그 밖의 장수와 군사들을 거느리고 회수를 건너 몸을 피했다.

성안의 원술군이 상대의 식량이 떨어지기를 기다리는 전략으로 맞서자, 조조의 군대는 싸워 보지도 못하고 한 달이라는 시간을 허비했다. 군량을 담당하는 왕후가 조조에게 말했다.

"군사는 많고 양식은 부족하니 어떡하면 좋겠습니까?"

"배급을 줄이고 우선 허기나 면하게 해라."

그러나 배급량이 줄어들자 군사들은 조조가 자신들을 속였다며 원망했다. 조조는 은밀히 왕후를 불렀다.

"내가 네 물건을 하나 빌려야 군사들의 원망을 잠재울 수 있을 것 같다."

"무슨 물건입니까?"

"바로 네 머리다."

왕후가 새파랗게 질려서 떨리는 목소리로 물었다.

"제, 제가 무슨 죄를 지었습니까?"

"너는 아무 죄도 없다. 하지만 너를 죽이지 않으면 군사들의 마음이 변한다. 네 가족은 내가 잘 돌봐 줄 테니 아무 염려 말아라."

조조는 곧 도끼로 무장한 병사를 불러 왕후를 끌고 나가 목을 베게 했다. 잠시 후 왕후의 머리는 긴 장대에 높이 매달렸다. 그 곁에 방문이 붙었다.

'왕후가 군사들의 배급량을 줄이고 식량을 도적질해서 군법에 따라 처형했다.'

그제야 군사들은 조조에 대한 원망을 풀었다.

조조는 각 진영의 장수들에게 명령을 내렸다.

"사흘 안에 수춘성을 함락하라! 만약 실패하면 지위가 높든 낮든 모두 참수할 것이다."

조조는 친히 성 아래로 가서 군사들을 독려하며 흙과 돌을 날라다 참호를 메우게 했다. 이때 성 위에서 화살과 돌멩이가 빗발치듯 날아왔다. 무장 두 사람이 화살을 피해 돌아서자, 조조는 그들의 목을 베고, 친히 흙을 날라다 참호를 메웠다. 그 모습을 본 군사들은 용기를 내어 모두 성을 향해 돌진했다.

조조의 군사들이 마침내 성벽을 타고 올라가 굳게 닫힌 성문을 열자, 조조의 대군이 마치 성난 파도처럼 성안으로 들이닥쳤다.

이풍, 진기, 악취, 양강 등 네 장수는 사로잡혀 참수를 당했고, 원술이 세운 대궐과 전각은 순식간에 불바다로 변했다.

조조는 여세를 몰아 회수를 건너 원술을 공격하려고 했다. 이때 허도에서 연락병이 급한 전갈을 가져왔다.

"장수가 유표와 결탁하여 남양과 강릉에서 군사를 일으켰습니다. 조홍 장군이 여러 차례 진압에 나섰으나 번번이 패하였습니다."

조조는 즉시 손책에게 강을 건너가서 진을 치고 유표를 막으라고 명했다. 그리고 자신은 장수를 칠 계획을 세우기 위해 허도로 돌아갈 준비를 했다.

37
진등의 계략

조조는 군사를 이끌고 떠나기 전 유비에게 소패에 머무르라고 명령한 후 여포와 유비에게 당부했다.

"두 분은 서로 형제처럼 지내면서 앞으로는 싸우지 마시오."

그러고 나서 여포가 군사를 이끌고 서주로 돌아가자 유비를 다시 불러서 말했다.

"그대를 소패에 머무르라고 한 것은 함정을 파 놓고 호랑이를 잡으려는 계획이오. 그대는 진규, 진등 부자와 상의해서 기회를 잡도록 하시오. 내가 외부에서 전폭적으로 지원하겠소."

서주로 돌아온 여포는 늘 잔치를 벌였는데, 그때마다 진규 부자는 여포에게 듣기 좋은 말로 아첨했다. 눈치 빠른 진궁은 그들 부자의 의도를 의심하기 시작했다. 하루는 진궁이 작정하고 여포에게 충고했다.

"진규 부자는 신뢰하기 어려우니 조심하시는 게 좋습니다."

하지만 여포는 진궁이 진규 부자를 시기한다고 여겨 오히려 꾸짖었다.

"그대는 왜 좋은 사람들을 의심하는가? 그들은 충직한 사람들이니 쓸데없는 소리는 하지 말게."

진궁은 물러 나와 깊이 탄식했다.

'위험을 알려 줘도 들으려 하지 않으니, 반드시 화를 당하겠구나.'

어느 날, 진궁은 울적한 마음을 달래기 위해 사냥을 나갔다가 수상한 사람을 붙잡았다. 그는 조조가 유비에게 심부름을 보낸 자였는데, 임무를 마치고 돌아가던 중이었다.

진궁이 그자의 몸을 뒤졌더니 뜻밖에도 유비가 조조에게 보내는 비밀 편지 한 통이 나왔다.

'여포를 치라는 승상의 분부를 받들어, 밤낮없이 전투 준비에 몰두하고 있습니다. 다만 병력이 부족하여 경거망동할 수 없습니다. 만약 승상께서 대군을 일으키신다면 저 또한, 기꺼이 선봉에 서겠습니다. 삼가 군대를 정비해서 명령을 기다리겠습니다.'

여포는 밀서를 읽고 나서 화가 머리끝까지 치솟았다. 그는 즉시 조조의 사자를 참수한 뒤, 진궁과 장패에게 먼저 산동 연주 고을을 치게 하고, 고순과 장료에게는 소패성의 유비를 치게 했다. 다급해진 유비는 즉시 조조에게 구원을 요청했고, 관우와 장비는 성을 굳게 지키면서 싸움에 응하지 않았다.

한편 조조는 유비의 서신을 받고 하후돈, 하후연 등의 장수에게 군사 5만을 주어 선봉을 맡게 한 뒤 자신도 대군을 거느리고 그 뒤를 따랐다.

선봉대를 이끈 하후돈은 여포의 장수 고순과 마주쳤다. 두 장수는 한바탕 치열하게 싸웠다. 그러나 싸운 지 40, 50여 합에 이르자 고순은 더는 버티지 못하고 말 머리를 돌려 달아났다.

하후돈이 고순의 뒤를 쫓자, 고순의 부하 조성은 급히 하후돈을 향해 화살을 쏘았다. 화살은 바람을 가르고 날아가 하후돈의 왼쪽 눈에 박혔다. 외마디 비명과 함께 그의 눈에서 검붉은 피가 흘러내렸다.

하후돈은 정신을 가다듬고 고통을 참으며 눈에 박힌 화살을 뽑았다. 그러자 화살촉에 박힌 눈알까지 함께 뽑혀 나왔다. 하후돈이 눈알이 꽂힌 화살촉을 높이 쳐들면서 큰 소리로 외쳤다.

"이 눈알은 부모님의 피와 정기로 만들어진 것이니 어찌 땅에 버리겠는가!"

하후돈은 눈알을 입에 넣고 씹어 삼킨 다음, 창을 비껴들고 나는 듯이 조성을 향해 말을 달렸다. 조성은 너무 놀라서 피할 생각도 잊은 채 넋을 놓고 있다가, 하후돈의 창에 찔려 그 자리에서 즉사했다.

이때 고순이 다시 군사를 이끌고 하후돈을 덮쳤다. 하후돈은 한쪽 눈이 피범벅이 되어 앞이 잘 보이지 않게 되자, 고순을 상대하기 부담스러워 후퇴했다.

승세를 탄 고순의 군사들이 숨 쉴 틈도 주지 않고 공세를 펴자 하후돈은 크게 패하고 말았다. 하후돈은 동생 하후연의 도움을 받아 이전, 여건의 진영으로 몸을 피했다. 그러나 고순의 공세가 계속되자 이전과 여건도 제북까지 후퇴했다.

고순은 여세를 몰아 유비를 치기 위해 여포와 합류했다. 여포는 군사를 셋으로 나누었다.

고순과 장료에게 유비와 관우를 치게 하고, 자신은 장비를 상대했다. 유비군은 세 방면에서 밀려오는 여포군을 맞아 치열하게 싸웠으나 중과부적이었다.

유비는 전장의 상황이 위급해지자 소패성으로 후퇴했다. 하지만 여포가 성안까지 추격해 오자 유비는 가족을 돌볼 겨를도 없이 성을 버린 채 달아났다.

성을 빼앗은 여포는 유비의 가족을 모두 사로잡았다. 유비의 처남인 미축이 여포에게 사정했다.

"대장부는 남의 처자를 함부로 해치지 않는다고 들었습니다. 장군의 적은 조조일 뿐, 저의 주군 유현덕께서는 늘 장군의 은혜를 잊지 않고 계십니다. 지금은 피치 못할 사정으로 조조에게 잠시 몸을 맡기고 있을 뿐이니 장군께서는 가엾게 여겨 주십시오."

여포가 고개를 끄덕이며 대답했다.

"걱정하지 마시오. 나와 현덕은 오랜 친구인데 어찌 그의 아내와 자식을 해치겠소?"

여포는 미축에게 유비의 가족을 서주로 옮겨 돌보게 했다. 미축은 여포에게 고마움을 전하고 유비의 가족을 인솔하여 서주성으로 갔다.

여포는 고순과 장료에게 소패성을 지키게 한 후 자신은 유비의 패잔병을 쫓아 산동 연주로 떠났다.

한편 관우와 장비는 각기 군사와 말을 수습하여 산속으로 몸을 피했다. 이때 유비는 따르는 부하 한 명 없이 홀로 허도로 향하고 있었다. 도중에 그는 손건을 만났다. 손건 역시 겨우 소패성을 빠져나와 허도로 향하던 중이었다.

"나는 지금 두 아우의 생사도 모르고, 가족들까지 모두 잃었네. 이제 어떻게 했으면 좋겠는가?"

유비가 길게 탄식하자 손건이 위로했다.

"관우와 장비 두 장군은 모두 자기 몸을 지키실 수 있는 강한 분들이니 염려하지 마십시오. 주군의 가족들 역시 무사하실 겁니다. 일단 허도로 가서 조조를 만나 후일을 도모하십시오."

유비는 손건의 의견을 따라 조조를 찾아갔다. 유비가 그간의 사정을 말하며 눈물을 흘리자, 조조도 그 말에 동정의 눈물을 감추지 못했다.

조조는 조인에게 군사 3천을 주어 소패성을 치게 하고, 자신은 대군을 거느리고 유비와 함께 소패성으로 통하는 관문인 소관으로 향했다.

이때 서주로 돌아온 여포는 소패성이 위급하다는 보고를 받았다.

"소패가 지금 조조군의 공격을 받고 있는데 매우 위급한 상황입니다!"

"소패는 서주의 입구가 아닌가? 내 친히 가서 놈들을 쳐부숴야겠다."

여포는 진규에게 성을 지키게 한 후 그의 아들 진등과 함께 출진하기로 했다. 진등은 소패로 떠나기 전 진규와 은밀히 계획을 세웠다.

"소자는 여포를 따라 소패로 갑니다. 만약 여포가 패하여 돌아오거든 아버님은 미축과 함께 성문을 닫고 열어 주지 마십시오."

"하지만 성안에는 여포의 가족과 심복 부하들이 많다. 그들이 가만있지 않을 텐데 어찌하면 좋으냐?"

진규는 걱정스러운 얼굴로 물었다.

"그 일은 염려하지 마십시오. 제가 따로 세운 계획이 있습니다."

진등은 웃음을 머금은 채 아버지를 안심시킨 후 여포에게 가서 말했다.

"조조는 사방에서 서주를 포위하고 전력을 다해 공격할 것입니다. 만약을 대비해서 주공의 가족과 재물, 군량을 하비성에 옮겨 두는 것이 어떻습니까? 그렇게 하면 서주성이 포위당해도 하비성에 군량이 넉넉해서 충분히 버틸 수 있습니다."

여포는 진등의 말을 옳게 여겨 송헌과 위속을 불렀다.

"그대들은 내 가족과 재물, 군량을 모두 하비성으로 옮기고 그곳을 지키도록 하라."

여포는 서주와 하비성에 대한 모든 준비가 끝나자 진등과 함께 소패로 향했다. 이때 소관이 위험하다는 급보가 전해졌다.

그 소식에 당황한 여포가 진등에게 물었다.

"그렇다면 소관부터 먼저 구해야 하는 것이 아닌가?"

"제가 먼저 소관에 가서 형세를 살피고 오겠습니다. 주공께서는 서두르지 마시고 서서히 진격하십시오."

여포가 허락하자 진등은 즉시 소관으로 가서 그곳을 지키던 진궁과 장패에게 말했다.

"주공께서는 그대들이 나가 싸우지 않는다고 처벌하시겠다고 하셨소."

진궁이 대답했다.

"지금은 조조의 군사가 워낙 많아서 함부로 나가 싸울 수 없소. 지금은 관문을 지키는 것이 상책이라고 전해 주시오."

진등은 고개를 끄덕였다.

그날 밤, 진등이 성루에 올라가서 보니 조조의 군사들이 관문 아래까지 와 있었다. 진등은 화살에 편지 세 통을 매달아 조조의 진영으로 쏘았다. 그리고 다음 날 진궁과 작별한 뒤 여포에게 가서 말했다.

"진궁에게 관문을 단단히 지키라고 했으니 주공께서는 날이 저물면 가서 구하십시오."

"그대는 다시 소관으로 가서 진궁에게 말하게. 오늘 밤에 횃불을 신호로 성 안팎에서 동시에 조조군을 공격하자고 말이네."

진등은 다시 소관으로 급히 달려가서 진궁에게 말했다.

"큰일 났소! 조조의 군사 일부가 샛길을 통해 나아가 서주를 공격하고 있소. 서주가 위태로우니 속히 돌아오라고 주공께서 명하셨소."

이에 진궁은 황급히 소관을 버리고 서주로 향했다. 그러자 진등은 곧장 관문 위로 올라가서 횃불로 신호를 보냈다. 여포는 신호를 보자 군사를 이끌고 곧장 소관을 향해 질주했다. 때마침 진궁과 장패 역시 군사를 이끌고 서주를 향해 달려오다가 양군은 어둠 속에서 마주쳤다. 이들은 서로 적으로 착각한 채 어둠 속에서 아군끼리 치열한 전투를 벌였다.

38

여포의 최후

    조조는 소관에서 진등이 보내는 횃불 신호를 보고 총공격을 개시했다. 진궁과 장패가 거의 모든 병력을 이끌고 떠난 소관에는 손관 등이 이끄는 소수의 병력만이 남아 있었다. 이들은 조조의 군사들이 성안으로 물밀듯이 쏟아져 들어오자 사방으로 흩어져 달아났다. 이렇게 해서 조조는 소관을 손쉽게 함락시켰다.

    여포는 날이 밝아서야 함정에 빠진 것을 알고 황급히 진궁과 함께 서주로 돌아갔다. 서주성 앞에 도착한 여포는 속히 성문을 열라고 외쳤다. 그러자 대답 대신 성 위에서 화살이 빗발치듯이 쏟아졌다. 여포가 놀라 쳐다보니, 미축이 성루에서 소리쳤다.

    "이 성은 원래 나의 주군인 유현덕 공의 소유다. 이제 성을 다시 찾았으니 나는 그분께 이 성을 돌려 드리겠다. 너는 지금부터 이 성에 들어올 생각도 하지 말아라!"

여포가 노하여 외쳤다.

"진규는 어디 있느냐?"

미축이 씩 웃으며 대답했다.

"그는 내 손에 이미 죽었다."

여포가 진궁을 돌아보며 물었다.

"진등은 어디 있는가?"

"주공은 아직도 미련을 버리지 못하십니까? 이 모든 일이 그 여우 같은 도적놈이 꾸민 일입니다. 어찌 이곳에 남아 있겠습니까?"

진궁은 어이가 없다는 표정으로 말했다.

"그럴 리가 없다. 속히 진등을 찾아보아라."

여포는 군사들에게 진등을 찾아보게 했으나, 그는 이미 그림자조차 보이지 않았다.

"으음, 이놈이 감히 날 배신하다니, 내 당장 잡아서 목을 칠 것이다."

그제야 진등에게 속은 것을 깨닫게 된 여포는 화가 나서 이를 부드득 갈았다. 이때 진궁이 옆에서 말했다.

"주공께서는 급히 소패성으로 가시는 것이 좋겠습니다. 고순과 장료 두 장수가 있으니 그들과 함께 조조를 막는 편이 낫겠습니다."

결국, 여포는 진궁의 의견을 받아들여 소패로 향했으나, 절반도 못 가서 마주 달려오는 고순과 장료의 군대와 마주쳤다. 여포가 놀라서 물었다.

"웬일로 돌아오는 것이냐?"

"진등이 와서 주공이 적군에게 포위됐으니 속히 가서 구출하라고 해서 달려오는 길입니다."

고순과 장료가 대답했다.

"이것도 그 간사한 도적놈의 계략입니다."

진궁이 분한 듯 말했다. 여포는 화가 머리끝까지 치밀었다. 그는 반드시 진등을 죽이겠다고 이를 갈며 질풍같이 소패성으로 달려갔다. 그러나 이미 성 위에는 조조의 깃발이 나부끼고 있었다. 고순과 장료가 성을 비운 틈에 조인이 이미 성을 함락시킨 것이다. 성루 위에서는 진등이 비웃음을 흘리며 여포를 굽어보고 있었다. 여포는 진등을 보자 화가 나서 욕설을 퍼부었다.

"진등, 이 배은망덕한 놈아! 내 너를 잡아 산 채로 껍질을 벗겨 네 놈의 고기를 씹을 것이다!"

그러자 진등이 여포에게 삿대질하며 꾸짖었다.

"너도 알다시피 나는 한나라의 신하이다. 그런데 어찌 너 같은 역적 놈을 섬기겠느냐?"

화가 난 여포가 성을 공격하려는데 갑자기 등 뒤에서 함성이 일며 한 떼의 군사가 몰려왔다. 여포가 돌아보니 맨 앞에 달려오는 장수는 장비였다.

고순이 달려가서 장비와 맞서 싸웠으나 당해 내지 못하자, 여포가 직접 나서서 장비를 상대했다. 두 사람이 한참 격렬하게 맞붙어 싸우고 있는데, 문득 진영 바깥에서 함성이 일며 조조의 대군이 밀려

들었다. 도저히 당해 낼 수 없다고 판단한 여포가 달아나자 조조가 그 뒤를 쫓았다. 한참을 정신없이 달아나다가 말도 군사도 지칠 무렵, 한 무리의 군사가 나타나 여포의 앞을 가로막았다.

"여포는 도망가지 마라. 관운장이 여기 있다!"

앞장선 장수는 청룡언월도를 비껴든 관우였다. 여포는 간담이 서늘해졌다. 이미 장비에게 한 차례 혼이 났던 여포는 다시 관우를 만나자 긴장했다. 더구나 뒤에서는 조조의 대군과 군사를 이끄는 장비가 추격해 오고 있었다. 여포는 관우와 싸움을 피한 채 퇴로를 뚫은 뒤 하비성으로 달아났다.

관우는 뒤늦게 달려온 장비와 함께 조조 진영에 있는 유비를 찾아가 눈물로 재회했다.

유비는 두 아우를 조조에게 인사시킨 뒤 조조를 따라 서주로 갔다. 미축이 달려와서 유비를 맞이하고, 가족이 모두 무사하다며 안부를 전했다. 이에 유비는 크게 기뻐했다.

조조는 크게 잔치를 벌여 모든 장수의 수고를 위로했다. 잔치가 끝나자 조조는 진규 부자의 공로를 칭찬하고 포상한 후 진등에게 복파장군의 칭호를 내렸다.

서주 땅을 차지한 조조는 매우 흡족해했다. 그는 이번에야말로 하비성을 쳐서 여포를 제거하겠다고 굳게 다짐했다. 조조가 자신의 결심을 밝히자 정욱이 말했다.

"여포에게 남은 것은 이제 하비성뿐입니다. 우리가 너무 급하게 공격하면 여포는 죽을 각오로 싸워 길을 연 뒤 원술에게 달려갈 것입니다. 만약 여포가 원술과 힘을 합치면 사태가 복잡해집니다. 그러니 먼저 군사들을 보내 회남으로 가는 길을 차단해야 합니다. 또한, 산동으로 도망친 장패와 손관의 무리 역시 경계해야 합니다."

조조는 정욱의 의견에 따라 유비를 보내 회남으로 가는 길목을 지키게 했다. 그리고 자신은 대군을 이끌고 하비성으로 진군했다.

한편 하비성에 머물게 된 여포는 풍족한 식량과 사수 지역의 험준한 지형만 믿고 편안한 생활을 누렸다. 그는 조조군이 진격해 오고 있다는 보고를 받고도 여유를 부렸다. 보다 못한 진궁이 여포에게 권했다.

"조조군은 먼 길을 오느라고 몹시 지쳐 있습니다. 저들은 아직 진영을 세우기 전이고, 날씨마저 춥습니다. 당장 역습을 가한다면 우리가 쉽게 승리할 수 있습니다."

그러나 여포는 진궁의 의견을 무시했다. 진궁이 두 번 세 번 거듭 권했지만, 여포는 끝내 진궁의 의견을 무시했다. 그사이 조조군은 무사히 진영을 세우고 전투 준비를 마쳤다. 조조는 즉시 하비성을 포위하게 했다. 이에 진궁이 다시 여포에게 권했다.

"조조의 군사는 멀리서 달려와서 그 기세가 오래갈 수 없습니다. 주공께서 군사를 이끌고 성 밖에 주둔하시면 저는 나머지 군사를 데리고 성을 지키겠습니다.

조조가 주공을 공격하면 제가 그들의 뒤를 칠 것이며, 반대로 성을 공격하면 주공께서 조조군의 뒤를 치십시오. 이렇게 열흘만 버티면 저들의 군량이 바닥날 것입니다. 그때 주공과 제가 성 안팎에서 동시에 저들을 치면 어렵지 않게 섬멸할 수 있습니다."

여포도 이번에는 진궁의 계책을 따랐다. 그가 성 밖으로 나가 싸울 준비를 하자 아내 엄씨가 펄쩍 뛰었다.

"남에게 성을 맡기고 처자식을 버려둔 채 성을 나갔다가 무슨 변고라도 생기면, 저희는 어찌합니까?"

여포는 아내의 만류에 출전을 주저하며 집에서 사흘이나 나오지 않았다. 이에 진궁이 찾아와 출전을 재촉했다.

"조조가 성을 포위하고 있으니 서두르지 않으면 곤경에 처할 것입니다."

"내가 생각해 보니, 나가서 싸우는 것보다 성을 지키는 것이 더 유리할 것 같소."

여포가 주저하자 진궁이 새로운 소식을 전하며 채근했다.

"요즈음 조조 진영의 양식이 부족해서 허도에서 군량을 수송해 오는 모양입니다. 지금 그 보급로를 끊어 버리면 조조군에게 치명적인 타격을 줄 수 있습니다."

여포는 진궁의 말이 옳다고 여겨 그의 계책을 따르려고 했다. 그러자 아내 엄씨가 통곡하며 만류하고 초선도 옆에서 거들었다. 이에 여포의 마음도 다시 돌아섰다.

"조조는 속임수를 잘 쓰니 함부로 움직일 수 없소."

진궁은 밖으로 나와서 길게 탄식했다.

"우리는 이제 죽어서 묻힐 땅마저 없겠구나."

이후 여포는 밤낮을 가리지 않고, 엄씨와 초선과 함께 술을 마시며 근심을 달랬다.

어느 날 진궁의 수하인 모사 허사와 왕해가 여포를 찾아와서 권했다.

"주공께서는 회남의 원술에게 도움을 청해 보십시오. 지난날의 혼사를 다시 진행하자고 요청하면 원술도 마다하지 않을 것입니다. 만약 그가 군사를 이끌고 와서 우리와 함께 협공한다면 적을 단숨에 격파할 수 있습니다."

여포는 그 말에 귀가 솔깃했다. 그는 즉시 편지를 써서 두 사람을 원술에게 보냈다. 원술은 여포의 변덕스러움을 잘 알기에 의심부터 했다. 하지만 그는 여포가 무너지는 것을 바라지 않았다.

'여포가 없어지면 조조의 다음 공격 목표는 내가 될 것이 분명하다.'

원술은 생각이 이에 미치자 여포에게 먼저 딸을 보내면 돕겠다고 대답했다.

회남에 갔던 허사와 왕해가 돌아와 여포에게 원술의 뜻을 전했다. 그 사실을 알게 된 조조는 각 영채에 명령을 내려 철통같은 경계 태세를 갖추도록 지시했다.

경계가 삼엄해지자 여포는 직접 딸을 데리고 조조의 포위망을 뚫기로 했다. 하지만 장비와 유비가 겹겹이 에워싸고 서황과 허저까지 합세하자 결국 포위망을 뚫지 못하고 하비성으로 되돌아와야 했다.

이후 여포는 성에 틀어박혀 답답한 마음을 술로 달랬다. 그런데 조조 역시 답답하기는 마찬가지였다. 성을 공격한 지 두 달이 넘도록 함락하지 못하고 있었기 때문이다. 더구나 계절이 겨울철로 바뀌면서 얼어 죽는 군마가 점점 늘어났으며 식량도 부족했다. 이에 조조는 휘하의 장수들을 불러 의논했다.

"하비성을 공격한 지 벌써 두 달이 넘도록 우리는 저 성을 함락시키지 못하고 있소. 지금 북쪽에서는 원소가, 동쪽에서는 유표와 장수가 이 조조의 힘이 빠지기만을 기다리고 있소. 차라리 여포를 버려두고 일단 허도로 돌아가서 잠시 군사들을 쉬게 하고 싶은데 그대들의 생각은 어떻소?"

조조의 말에 순유가 정색을 하며 만류했다.

"안 됩니다. 여포는 우리에게 여러 번 패하여 이미 기세가 꺾였고, 진궁도 아직 계책을 세우지 못하고 있습니다. 이럴 때 우리가 속히 공격하면 여포를 사로잡을 수 있습니다."

곽가도 순유를 거들었다.

"제게 하비성을 단숨에 함락시킬 계책이 하나 있는데, 이는 능히 20만 대군이 공격하는 힘과 필적할 만합니다."

순유가 빙그레 웃으며 곽가의 말을 받았다.

"혹시 기수와 사수의 물줄기를 돌려 하비성을 물바다로 만들자는 계획이 아니오?"

곽가는 껄껄 웃었다.

"바로 그거요."

이에 조조는 크게 기뻐했다. 그는 즉시 군사들을 시켜 하비성을 둘러싸고 있는 사수와 기수의 두 강에 둑을 쌓은 뒤 물줄기를 한데로 터놓고, 그 물줄기를 하비성으로 돌렸다.

하비성은 순식간에 물바다로 변했다. 오직 동문만이 물에 잠기지 않았을 뿐 다른 문들은 모두 물에 잠겼다. 여포의 부장 하나가 급히 이 사실을 보고하자, 술에 취해 있던 여포는 오히려 부장을 꾸짖었다.

"나의 명마 적토마는 물 위를 평지 걷듯이 하는데 무얼 그리 걱정하느냐?"

여포는 성이 물에 잠겨도 아랑곳하지 않고 매일 밤낮으로 술만 마셔 댔다. 그러던 어느 날 문득 거울을 비춰 본 여포는 자신의 모습을 보고 깜짝 놀랐다.

"그동안 주색에 빠져 지내느라 내 몸이 심하게 상했구나. 오늘부터는 둘 다 끊어야겠다."

여포는 즉시 성안에 금주령을 내렸다.

"오늘부터 지위 고하를 막론하고 술을 마시는 자는 누구든지 목을 벨 것이다."

며칠 후, 여포의 휘하 장수인 후성이 말 열다섯 마리를 도난당할 뻔했다가 되찾았다. 동료 장수들이 이 일을 축하하자, 후성은 그들에게 술을 대접하기 위해 여포에게 허락을 청했다.

그러자 여포는 크게 화를 내며 후성의 목을 베게 했다. 송헌과 위속 등 모든 장수가 달려와 애원하자 그제야 여포는 참형을 거두고 곤장 50대를 치게 했다. 겨우 목숨을 구한 후성은 분함을 참지 못하고 위속, 송헌과 함께 배반할 것을 모의했다.

"내가 먼저 적토마를 훔쳐 내 조조를 만나 보겠소."

그날 밤 후성은 몰래 적토마를 끌고 조조의 진영으로 찾아갔다. 그는 조조에게 적토마를 바친 후 자신이 투항하게 된 까닭을 밝혔다.

"송헌과 위속이 백기를 올리고 성문을 열기로 저와 약속했습니다."

조조는 후성의 말을 듣고 크게 기뻐했다.

이튿날 새벽, 여포는 집무실로 가던 중 멀리서 들려오는 함성을 듣고 깜짝 놀랐다.

"이게 무슨 소리냐?"

여포가 방천화극을 집어 들고 급히 성루로 뛰어 올라가 보니 조조군이 강을 건너오고 있었다. 조조군은 강을 건너자마자 성안으로 화살을 마구 쏘아 댔다. 여포는 직접 군사를 이끌고 조조군을 맞아 한낮이 되도록 치열한 전투를 치렀다. 조조군이 잠시 물러나면서 전투는 소강상태에 접어들었다.

전투에 지쳐 휴식을 취하던 여포는 깜박 잠이 들었다. 기회를 엿보던 송헌이 여포의 무기인 화극을 몰래 숨긴 후 위속과 함께 여포의 몸을 밧줄로 단단히 결박했다.

송헌은 물에 잠기지 않은 동문을 열고, 위속은 백기를 흔들면서 큰 소리로 외쳤다.

"여포는 이미 사로잡았다! 이것이 그 증거다!"

송헌은 감춰 두었던 여포의 방천화극을 성문 아래로 던졌다. 그것을 본 조조의 군사들은 물밀듯이 성안으로 밀고 들어왔다.

서쪽 성문을 지키던 고순과 장료는 사로잡혔고, 진궁은 남쪽 성문으로 달아나다가 서황에게 사로잡혔다. 전투가 끝난 후 조조군에게 사로잡힌 여포의 군사만 천여 명에 이르렀다.

조조가 유비와 함께 문루 위에 앉자 관우와 장비가 양쪽에 서서 호위했다. 이윽고 조조 앞에 여포가 끌려왔다. 온몸이 밧줄로 꽁꽁 묶인 여포가 애원하듯이 조조에게 부탁했다.

"내 비록 패장이지만 이건 너무 심한 것 같소. 우선 묶은 밧줄이라도 좀 느슨하게 풀어 주시오."

조조가 쓴웃음을 지으며 대답했다.

"사로잡은 호랑이를 어찌 느슨하게 묶어 위험을 부르겠는가?"

여포는 조조 주위에 늘어선 장수 중 자신의 부하인 후성과 위속, 송헌을 발견하고 그들을 꾸짖었다.

"내 그대들을 섭섭하게 대하지 않았거늘 어찌하여 나를 배반했는가!"

후성이 차갑게 대꾸했다.

"나에겐 주색에 빠져 있던 장군에게 곤장을 맞고, 핍박받은 기억밖에 없소."

이어 고순이 끌려오자 조조는 그의 목을 치게 했다. 뒤이어 끌려온 것은 진궁이었다. 동탁 암살에 실패한 조조가 장안을 탈출하다가 관군에게 붙잡혔을 때, 목숨을 구해 준 것이 바로 진궁이었다.

진궁은 동탁의 폭정에서 나라를 구하기 위해 조조와 뜻을 모았으나, 조조가 여백사를 죽이자 실망하여 그의 곁을 떠났었다. 지난날의 기억이 떠오르자 조조는 부드러운 어조로 진궁에게 말했다.

"진궁, 그동안 잘 지냈는가?"

"보는 바와 같다. 나는 그대처럼 마음이 바르지 못한 자는 기억 속에서 지운 지 오랜데 어찌 아는 체를 하는가?"

"내 마음이 바르지 않다면, 여포의 마음은 올바르다는 말인가?"

"여포는 우매하고 포악스럽지만 정직하다. 반면 그대는 간교하고 음흉하다. 여포는 적어도 그대처럼 거짓 대의를 내세워 황실을 넘볼 간웅은 아니다."

진궁의 말에 조조는 정색하며 물었다.

"그대를 어떻게 처분하기를 원하는가?"

"오늘 나에게는 죽음이 있을 뿐이다. 어서 내 목을 쳐라!"

진궁이 죽기를 자청하자, 조조는 지난날의 정을 생각하여 진궁의 마음을 돌리려고 했다.

"그대에게는 모셔야 할 부모와 가족이 있지 않은가? 그들은 어찌 할 텐가?"

조조의 말에 진궁은 잠시 생각에 잠기더니, 곧 태연한 표정으로 말했다.

"옛사람이 말하기를 효로써 천하를 다스리는 자는 남의 부모를 해치지 않으며, 덕으로 천하를 다스리는 자는 남의 후손을 끊지 않는 법이라 했다. 내 가족이 살고 죽는 것은 모두 그대의 마음에 달렸다. 나는 이미 사로잡힌 몸, 어서 죽기를 바랄 뿐이다."

진궁은 말을 마치자 스스로 사형장을 향해 걸음을 옮겼다. 조조는 일어서서 그의 뒷모습을 바라보며 눈물을 지었다. 좌우의 장수들이 조조의 마음을 읽고 진궁을 만류했으나 그는 듣지 않았다. 조조가 부하들에게 명했다.

"진궁의 일가족을 허도로 보내 정중히 모시도록 하라. 이를 게을리하는 자는 목을 베겠다."

진궁은 그 말을 들었지만 침묵한 채 형장에 가서 목을 내밀어 칼을 받았다. 진궁의 죽음과 조조의 애틋한 마음을 지켜본 여러 장수와 군사들은 모두 숙연해졌다.

여포가 이러한 분위기를 기회로 여겨 유비에게 처량한 어조로 말을 건넸다.

"유 공은 상석에 앉고 나는 계단 아래 무릎 꿇은 신세가 되었구려. 공은 어찌 나를 위해 너그러운 말 한 마디 해 주지 않는 거요?"

그 말을 듣자 유비는 가만히 고개를 끄덕였다. 여포는 유비가 자기의 청을 받아들인 것으로 알고 자신감을 얻어 조조에게 애원했다.

"승상께서 나를 부장으로 삼으신다면, 나는 승상의 오른팔이 되어 천하를 평정하는 데 견마지로를 다하겠소이다. 부디 기회를 주십시오."

조조는 평소 여포를 신뢰하지 않았지만, 그의 용맹만은 누구보다 귀하게 여겼다. 여포의 애원에 살짝 미련이 남은 조조가 유비를 돌아보며 물었다.

"어떻게 생각하시오?"

조조의 물음에 여포는 기대에 찬 눈빛으로 유비를 바라보았다. 그는 유비가 자신을 위해 변호해 줄 것으로 여겼다. 하지만 유비는 여포의 기대를 산산조각 내 버렸다.

"승상께서는 지난날 여포가 자신의 양아버지였던 정원과 동탁을 배신한 일을 잊으셨습니까?"

여포의 얼굴은 순식간에 흙빛으로 변했다. 여포는 유비를 집어삼킬 듯이 노려보며 울부짖듯이 크게 소리쳤다.

"닥쳐라! 네놈이야말로 의리가 없는 놈이다. 공손찬을 버리고 내게 왔다가 이젠 나를 배신하느냐?"

이때 조조가 차갑게 명령을 내렸다.

"당장 여포를 끌고 가서 목을 베라!"

여포는 끌려가면서도 유비에게 고래고래 욕설을 퍼부었다.

"이 당나귀처럼 못생긴 배은망덕한 놈아! 지난날 내가 너에게 베풀었던 은혜를 잊었느냐?"

때마침 군사들에게 끌려온 장료가 그 모습을 보고 크게 꾸짖었다.

"여포, 부끄럽지도 않은가? 당당하게 사내대장부답게 죽을 일이지 어찌 그렇게 말이 많은가?"

죽음을 마주한 여포는 제정신이 아니었다. 장료의 꾸짖음이 귀에 들어올 리 없었다.

천하제일의 무용을 자랑하던 영웅의 모습은 오간 데 없고 살겠다며 발버둥 치는 한 마리 짐승과 다를 바 없었다. 결국, 여포는 비참한 최후를 마쳤고, 시신은 길거리에 효수되었다.

2권에서 계속

1 전국 7웅: 전국시대에 있었던 일곱 나라. 중앙의 위·한·조나라와 동방의 제나라, 남방의 초나라, 서방의 진나라, 북방의 연나라를 이르는 말.

2 매관매직(賣官賣職): 돈이나 재물을 받고 벼슬을 시켜 주는 일.

3 탐관오리(貪官汚吏): 백성의 재물을 빼앗는 행실이 깨끗하지 못한 관리.

4 인산인해(人山人海): 사람이 산을 이루고 바다를 이루었다는 뜻으로, 사람이 수 없이 많이 모인 상태.

5 태평성대(太平聖代): 슬기롭고 너그러운 임금이 잘 다스리어 태평한 세상.

6 삼공(三公): 조정의 최고위 관직인 태위, 사도, 사공을 합하여 이르는 말.

7 삭탈관직(削奪官職): 죄를 지은 자의 벼슬을 빼앗는 일.

8 효렴(孝廉): 부모를 잘 섬기고 성품이 맑아 욕심이 없는 사람을 뽑아 조정 에 추천하는 제도.

9 의기투합(意氣投合): 마음이나 뜻이 서로 맞는다는 뜻.

10 우국충정(憂國衷情): 나랏일을 걱정하는 충성스러운 마음.

11 일당백(一當百): 혼자서 백 사람을 당해 낸다는 뜻으로, 매우 용감함을 이르 는 말.

12 일촉즉발(一觸卽發): 한 번 건드리기만 해도 폭발할 것같이 아주 위태롭고 급한 상태.

13 전광석화(電光石火): 번갯불이 번쩍거리는 것과 같이 매우 짧은 시간이나 매우 재빠른 움직임을 비유적으로 이르는 말.

14 오합지졸(烏合之卒): 까마귀가 모인 것처럼 질서가 없는 병사라는 뜻으로, 규율이 없고 무질서한 병사 또는 군중을 이르는 말.

15 일사불란(一絲不亂): 한 가닥 실도 엉키지 않는다는 뜻으로, 가지런하고 조금도 흐트러지지 않음을 이르는 말.

16 경거망동(輕擧妄動): 경솔하게 생각 없이 이상하게 행동함.

17 문전박대(門前薄待): 집으로 들이지 않고 문 앞에서 내쫓을 정도로 야박하게 대함.

18 자초지종(自初至終): 처음부터 끝까지의 과정.

19 이실직고(以實直告): 있는 그대로의 사실을 고함.

20 좌지우지(左之右之): 이리저리 제 마음대로 휘두르거나 다룸.

21 사리사욕(私利私慾): 개인적인 이익과 욕심.

22 일사천리(一瀉千里): 강물이 빨리 흘러 천 리를 간다는 뜻으로, 어떤 일이 거침없이 빨리 진행됨을 이르는 말.

23 부귀영화(富貴榮華): 재산이 많고 지위가 높으며 귀하게 되어서 온갖 영광을 누림.

24 우유부단(優柔不斷): 어물어물 망설이기만 하고 결단성이 없음.

25 권모술수(權謀術數): 목적을 달성하기 위해 수단과 방법을 가리지 않는 온갖 계책이나 방법.

26 유언비어(流言蜚語): 아무 근거 없이 널리 퍼진 소문.

27 대의명분(大義名分): 사람으로서 마땅히 지키고 행하여야 할 도리나 본분.

28 중과부적(衆寡不敵): 적은 숫자로 많은 숫자를 당해 내지 못함.

29 아비규환(阿鼻叫喚): 아비지옥과 규환지옥을 아울러 이르는 말. 아비지옥은 한 겁(劫) 동안 끊임없이 고통을 받는다는 지옥. 규환지옥은 펄펄 끓는 가마솥에 들어가거나 뜨거운 불 속에 던져져 울부짖는다는 지옥.

30 안하무인(眼下無人): 눈 아래에 사람이 없다는 뜻으로, 무례하고 건방져서 다른 사람을 하찮게 여김을 이르는 말.

31 무소불위(無所不爲): 하지 못하는 일이 없음.

32 산전수전(山戰水戰): 산에서도 싸우고 물에서도 싸웠다는 뜻으로, 온갖 고생과 어려움을 다 겪었음을 이르는 말.

33 단도직입(單刀直入): 혼자서 칼 한 자루를 들고 적진으로 곧장 쳐들어간다는 뜻으로, 바로 요점이나 본문제를 중심적으로 말함을 이르는 말.

34 득의만만(得意滿滿): 뜻한 것을 이루어 뽐내는 기색이 가득함.

35 천인공노(天人共怒): 하늘과 사람이 함께 화를 낸다는 뜻으로, 누구나 분노할 만큼 증오스럽거나 도저히 용납할 수 없음을 이르는 말.

36 임기응변(臨機應變): 그때그때 처한 상황에 맞추어 즉각 그 자리에서 결정하거나 처리함.

37 허송세월(虛送歲月): 하는 일 없이 시간만 헛되이 보냄.

38 이구동성(異口同聲): 입은 다르나 목소리는 같다는 뜻으로, 여러 사람의 말이 한결같음을 이르는 말.

39 비분강개(悲憤慷慨): 슬프고 분하여 마음이 북받침.

40 동문수학(同門修學): 한 스승 밑에서 함께 공부함.

41 난공불락(難攻不落): 공격하기가 어려워 쉽사리 함락되지 아니함.

42 파죽지세(破竹之勢): 대나무를 쪼개는 기세라는 뜻으로, 적을 거침없이 물리치고 쳐들어가는 기세를 이르는 말.

43 용호상박(龍虎相搏): 용과 호랑이가 서로 싸운다는 뜻으로, 강자끼리 서로 싸움을 이르는 말.

44 절체절명(絕體絕命): 몸도 목숨도 다 되었다는 뜻으로, 어찌할 수 없는 다급한 경우를 비유적으로 이르는 말.

45 사생결단(死生決斷): 죽고 사는 것을 살피지 않고 끝장을 내려고 함.

46 중상모략(中傷謀略): 중상과 모략을 아울러 이르는 말. 중상은 근거 없는 말로 남을 헐뜯어 명예나 지위를 손상하는 일. 모략은 사실을 왜곡하거나 속임수를 써 남을 해롭게 하는 일.

47 혼비백산(魂飛魄散): 혼백이 어지러이 흩어진다는 뜻으로, 몹시 놀라 정신을 잃음을 이르는 말.

48 반신역당(反臣逆黨): 임금에게 반역하고 나라를 어지럽히는 신하를 뜻하는 말.

49 설상가상(雪上加霜): 눈 위에 서리가 덮인다는 뜻으로, 난처한 일이나 불행한 일이 잇따라 일어남을 이르는 말.

50 배은망덕(背恩忘德): 남에게 입은 은덕을 저버리고 배신하는 태도를 이르는 말.

51 진퇴양난(進退兩難): 이러지도 저러지도 못하는 어려운 처지.

52 천우신조(天佑神助): 하늘이 돕고 신령이 도움.

53 무인지경(無人之境): 사람이 살지 않는 외진 곳.

54 추풍낙엽(秋風落葉): 가을바람에 떨어지는 나뭇잎.

55 일거양득(一擧兩得): 한 가지 일을 하여 두 가지 이익을 얻음.

56 망연자실(茫然自失): 멍하니 정신을 잃음.

57 경국지색(傾國之色): 임금이 반하여 나라가 기울어져도 모를 정도의 미인이라는 뜻으로, 뛰어나게 아름다운 미인을 이르는 말.

58 견마지로(犬馬之勞): 개나 말 정도의 하찮은 힘이라는 뜻으로, 윗사람에게 충성을 다하는 자신의 노력을 낮추어 이르는 말.

59 순 임금, 요 임금, 우 임금: 중국 전설의 나라 하나라의 임금들.

60 백배사죄(百拜謝罪): 거듭 절을 하며 잘못한 일에 대해 용서를 비는 일.

61 대성통곡(大聲痛哭): 큰 소리로 몹시 슬프게 곡을 함.

62 종횡무진(縱橫無盡): 자유자재로 행동하여 거침이 없는 상태.

63 위기일발(危機一髮): 여유가 조금도 없이 몹시 절박한 순간.

64 일진일퇴(一進一退): 한 번 앞으로 나아갔다 한 번 뒤로 물러섰다 함.

65 절천야차(截天夜叉): 하늘도 끊어 버릴 듯한 기세의 악귀.

66 명불허전(名不虛傳): 명성이나 명예가 헛되이 퍼진 것이 아니라는 뜻으로, 이름날 만한 이유가 있음을 이르는 말.

67 지리멸렬(支離滅裂): 이리저리 흩어지고 찢기어 갈피를 잡을 수 없음.

68 천재일우(千載一遇): 천 년 동안 단 한 번 만난다는 뜻으로, 좀처럼 만나기 어려운 좋은 기회를 이르는 말.

69 번쾌: 한고조 때의 공신. 원래는 개를 잡는 도축업자였으나 한고조 유방이 군사를 일으키자 그를 따랐다. 항우와 비교할 만큼 괴력이 뛰어나 선봉에서 수많은 공을 세웠다.

70 부지기수(不知其數): 헤아릴 수가 없을 만큼 많음.

71 춘추시대 다섯 패자: 제환공, 진문공, 초장왕, 오왕 합려, 월왕 구천.

72 논공행상(論功行賞): 해낸 일의 크고 작음 따위를 따져 그에 알맞은 상을 줌.

73 이호경식지계(二虎競食之計): 두 마리 호랑이가 먹이를 다투도록 만드는 계책.

74 구호탄랑지계(驅虎呑狼之計): 호랑이를 몰아세워 늑대를 집어삼키게 만드는 계책.

75 죽마고우(竹馬故友): 대나무 말을 타고 놀던 친구라는 뜻으로, 어릴 때부터 같이 놀며 자란 친구.

76 천군만마(千軍萬馬): 천 명의 군사와 만 마리의 군마라는 뜻으로, 아주 많은 수의 군사와 군마를 이르는 말.

77 소불간친지계(疎不間親之計): 사이가 가깝지 않은 사람이 가까운 사이를 이간질할 수 없다는 뜻.

78 두문불출(杜門不出): 집에만 있고 바깥출입을 하지 않음.

79 역발산(力拔山): 산을 뽑을 만큼 힘이 매우 셈을 비유적으로 이르는 말.

80 구사일생(九死一生): 아홉 번 죽을 뻔하다 한 번 살아난다는 뜻으로, 죽을 고비를 여러 차례 넘기고 겨우 살아남을 이르는 말.

온고지신 시리즈

빅데이터 시대에 10대가 꼭 알아야 할

삼국지 1 도원결의

초판 인쇄일	2024년 7월 10일
초판 발행일	2024년 7월 25일

지은이	양승욱
펴낸이	김순일
펴낸곳	주니어미래
신고번호	제2024-000016호
주소	경기도 고양시 덕양구 삼송로 222, 현대헤리엇 업무시설동(101동) 301호
전화	02-715-4507
팩스	02-713-4805
이메일	mirae715@hanmail.net
홈페이지	www.miraepub.co.kr
블로그	blog.naver.com/miraepub

ISBN 978-89-7299-572-2 (44140)
ISBN 978-89-7299-565-4(세트)

주니어미래는 미래문화사의 청소년 브랜드입니다.